财经法治

贸大法律評論

UIBE LAW REVIEW

第 2 卷·2017

对外经济贸易大学法学院《贸大法律评论》编委会
石静霞 主编

法律出版社
LAW PRESS·CHINA

《贸大法律评论》编委会

• 卷首语

《贸大法律评论》(以下简称《评论》)第2卷与大家如期见面了,与第1卷一样,本卷的出版同样离不开《评论》编委会诸位同学的辛苦努力和法律出版社各位编辑的大力协助。学生编辑出版物不易,持续更不易,除了需要相关的组织和动员外,更需要各位同学付出大量心血以及发自内心的热爱。我很高兴看到,贸大法学院始终有这样一批同学存在而且能不断地传承与更新,也很高兴有一种机制能够将他(她)们组织和动员起来。

本卷基本延续了第1卷设置的各个栏目。"主题研讨"栏目关注的是"PPP法律问题研究",由对外经济贸易大学法学院的两位在读博士研究生王淼和刘璐同学分别撰写的《PPP资产证券化"真实出售"法律问题研究》和《论PPP合同争议的可仲裁性》组成,分别从实体和程序两个角度对PPP目前存在的主要法律问题进行了研究。

在"各科专论"栏目中,我们收录了不同专业的代表性论文。华东政法大学的冯硕同学和对外经济贸易大学法学院的陈思同学,分别撰写了《论共享经济时代的软法治理——以个人数据跨境保护为视角》和《志愿服务侵权中的赔偿责任问题研究》,对民法中的财产权和侵权责任问题进行了新的探讨。北方工业大学的王斐民教授和乔星同学撰写的《个人债务清理基本法律制度的中国塑造》一文,则就商法中的个人破产问题进行了系统阐述。

在经济法部分,对外经济贸易大学法学院的赵玲副教授和现就职于金诚同达律师事务所的郑媛同学,撰写了《我国股权众筹的法律监管及其完善》,现就职于海问律师事务所的李盼盼同学和华东政法大学的吴佩乘同学,围绕"网约车"的法律问题分别撰写了《网约车背景下公共承运人的强制缔约义务——以出租车行业为例》和《政府规范性文件的公平竞争审查问题研究——以北京市网约车新政为例》,提出了不少新颖见解。清华大学法学院的刑法学博士研究生陈文昊同学和毕业于对外经济贸易大学法学院的诉讼法学硕士研究生刘静同学,分别撰写了《归责限制下的归因论——条件说的规范性改造》和《以审判为中心视角下的公诉证明标准研究》,对刑法学和诉讼法学中的相关问题进行了分析。

在"国际法论坛"栏目,我们选取了英国格拉斯哥大学法学院商法学博士研究生张弛同学撰写的《英格兰信托"二元所有权"新论:起源,比较与功能》,以及现就职于北京市金杜律师事务所的胡嘉卿同学撰写的《欧盟对华反倾销"类比国方法"的存废与应对——基于〈中国加入议定书〉第15条部分失效的分析》两篇论文。

"实务论坛"栏目收录了北京市海问律师事务所的傅鹏律师撰写的《〈网络安全法〉体系下的数据跨境传输监管框架研究》,以及现就职于北京市第三中级人民法院执行三庭的李若柳同学撰写的《Cookie 的合理使用法律问题研究》两篇论文。

"贸大法学优秀本科学位论文汇编"栏目由现就读于香港大学金融法(L. L. M.)专业的王亚静同学和对外经济贸易大学法学院国际法学硕士的张骏同学,分别撰写的本科毕业论文《反垄断法下的企业高管个人责任》和《从"替代国法"到"新方法":WTO 视角下的欧盟对华反倾销措施》组成。

"贸大法学院学生法律沙龙综述"收录了法学院本年度举行的5期法律沙龙论文。与《评论》一样,"贸大法学院学生法律沙龙"从无到有,每月1期,很快也办到第10期了。希望沙龙活动能够吸引更多同学参与,孵化出更多的优秀论文在《评论》上正式发表。

客观来说,无论是对于学生还是教师,在现行的学术评价标准下,《评论》在吸引稿源上并无优势,但是从本卷收录的论文来看,每一篇文章都倾注了作者的研究心血,体现出严谨的治学态度和较高的研究水平。行动者的努力和投入不同,在任何一种规则约束下都会有不同产出。贸大法学院和编辑部的所有成员会继续努力,不忘初心,不断提升《评论》的学术水平。

最后向本卷论文的各位作者致谢,也希望各位同人继续对《评论》予以大力支持!

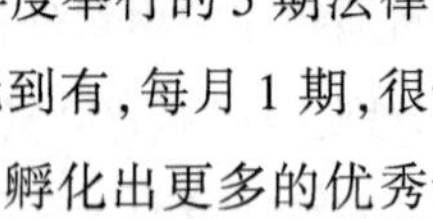 *

2017年12月1日

* 对外经济贸易大学法学院院长,教授,法学博士(武汉大学、耶鲁大学)。

目　录

• 主题研讨:PPP 法律问题研究

• 各科专论

• 国际法论坛

• 实务论坛

• 贸大法学优秀本科学位论文汇编

• 贸大法学院学生法律沙龙综述

• 主题研讨:PPP 法律问题研究

PPP 资产证券化“真实出售”法律问题研究

王　淼*

摘　要:近年来,PPP 项目资产证券化在我国得到了快速发展,但在现行法律制度下,PPP 资产证券化中基础资产“真实出售”的实现仍然面临一系列障碍,主要表现在 PPP 项目转让受限,PPP 项目的未来收益权作为未来债权转让的效力不明确,PPP 项目资产证券化真实出售法律标准缺失。为了保证“真实出售”的实现,支持我国 PPP 资产证券化的顺利进展,需要在法律中明确真实出售的标准,确认未来债权转让的效力,并提升有关 PPP 资产证券化法律规定的层级。

关键词:PPP;资产证券化;真实出售;未来债权转让

Legal Issues of “True Sale” in PPP Asset Securitization

Wang Miao

Abstract: PPP asset securitization has gained rapid development in China recently. However, under the current legal system, the realization of “true sale” of underlying assets in PPP securitization still faces a series of obstacles. The major obstacles are the limits of transfer of PPP projects, the ambiguity in validity of future creditors' rights assignment and the lack of legal standards of “true sale”. In order to ensure the realization of “true sale” and the smooth progress of PPP asset securitization in China, it is necessary to clarify the standard of “true sale”, confirm the validity of future creditors' rights assignment as well as enhance the level of

* 对外经济贸易大学法学院 2014 级国际法学博士研究生。

legislations regulating PPP securitization.

Key Words: PPP; asset-backed securitization; true sale; future creditors' rights assignment

随着政府和社会资本合作(Public-Private Partnership,PPP)项目在我国日益广泛的开展,该模式存在的问题也开始凸显。PPP项目的周期一般长达数年或数十年,社会资本前期投入巨大,成本的收回是一个长期且不确定的过程。退出渠道的缺失使社会资本的大量资金沉淀于项目,流动性降低,加大了社会资本的经营负担和面临的风险。这直接影响了社会资本的投资热情。①

鉴于这种情况,我国目前已对社会资本退出PPP项目的机制作出了一定探索,其中具有代表性的就是将资产证券化机制引入PPP项目中。2016年8月30日,国家发改委发布《关于切实做好传统基础设施领域政府和社会资本合作有关工作的通知》,明确提出推动PPP项目与资本市场深化发展相结合,依托各类产权、股权交易市场,通过股权转让、资产证券化等方式丰富PPP投资项目退出渠道。② 2017年上半年,发改委先后推进了两个批次PPP资产证券化项目的落地,PPP资产证券化在我国实践中呈现稳步发展的态势。2017年6月7日,财政部、中国人民银行和证监会联合发布《关于规范开展政府和社会资本合作项目资产证券化有关事宜的通知》(以下简称《通知》),进一步明确了PPP资产证券化的项目类型、基础资产、风险隔离等法律问题。国家部委在一年之内两度发布文件支持PPP项目的资产证券化,体现了对这一模式的高度重视。

但是,关于PPP项目的资产证券化,仍有一些重要问题在我国法律上不甚明确,尤其是PPP资产证券化过程中的"真实出售"问题,以及作为真实出售前提的基础资产适格性问题。真实出售是资产证券化项目得以顺利进行和完成的前提和基础,是保护投资者利益的关键。在PPP资产证券化已在实践中得到推进的情况下,法律规定的缺失和模糊将给市场和交易当事人都带来风险。因此,本文将在厘清PPP资产证券化基本流程和特点的基础上,重点关注我国PPP资产证

① 参见黄华珍:《PPP项目资产证券化退出机制的法律分析》,载《招标采购管理》2015年第11期。

② 参见李康:《PPP项目资产证券化结构剖析及法律风险探讨》,载《法制博览》2017年第3期(下)。

券化面临的真实出售问题，并通过借鉴发达市场的经验，为我国通过立法解决这一问题提出可行建议。

一、PPP 资产证券化的概念及基本流程

资产证券化，是指原始权益人（发起人）将其持有的不能在短期变现，但可以产生稳定的可预期收益的金钱债权，作为拟证券化的基础资产转移给特殊目的载体（Special Purpose Vehicle，SPV），[①]SPV 将取得的基础资产进行重组和信用升级后，再以此为担保发行资产支持证券，并以该基础资产的收益作为保证支付证券本息。[②] 资产证券化的主要作用就是对流动性较差，但是能在未来产生稳定现金流的资产进行处理。资产证券化的基本过程包括建立资产池，设立发起人，发起人将资产转移给 SPV，信用增级，发行和销售证券。在 PPP 的语境下，资产证券化的交易流程如图 1 所示。

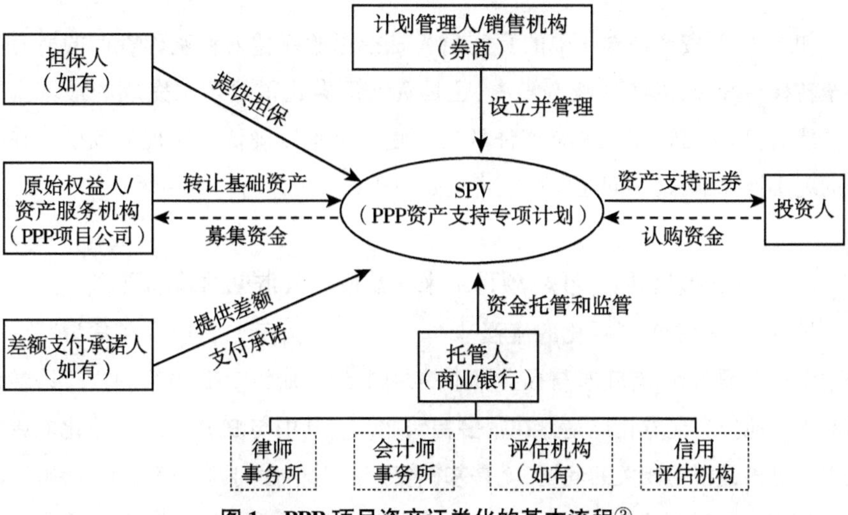

图 1　PPP 项目资产证券化的基本流程[③]

① SPV 包括多种形式，但从我国的法律规定以及实践来看，目前在 PPP 资产证券化项目中使用的 SPV 形式主要是资产支持专项计划。

② 参见陈冰：《资产证券化法律问题研究》，载《武汉大学学报》（哲学社会科学版）2011 年第 6 期。

③ 参见翁燕珍、王利：《谈收费公路 PPP 项目资产证券化路径》，载《中国公路》2017 年第 3 期。

资产证券化制度的核心是保护投资者的利益,[①]PPP项目的资产证券化也理应如此。资产证券化的发起人需要以未来获得的收益偿付投资人,这就要求基础资产的未来收益是稳定的,可预见的。但另外,即使项目基础资产满足现金流可预见性的要求,资产证券化的过程中也对基础资产进行了信用增级,项目发起人自身破产的风险仍然无法完全避免。因此,为了保护投资者的利益,资产证券化程序的设计中必须重点强调通过真实出售实现破产隔离的问题,即项目发起人将基础资产的所有权完全、彻底地转移给SPV,由SPV管理。这当然包括基础资产所有收益权的完全转移。只有这样,才能实现将项目发起人自身的破产风险与基础资产完全隔离,在发起人自身破产时,资产证券化的基础资产不被作为破产财产,不受债权人追索,避免投资者因为项目发起人的经营状况的变化而付出额外代价。

二、PPP资产证券化真实出售的法律障碍

如上所述,资产证券化中的真实出售是指原始权益人将基础资产的所有权完全转移给SPV,以实现破产隔离,这是资产证券化得以顺利完成的最基本要求。然而,真实出售在PPP资产证券化中是一个难以确认和实现的问题。在我国的现实情况下,这一问题的产生主要是由于以下三个方面的原因。

(一)PPP项目转让受限,项目未来收益权是最常见的基础资产

虽然与一般资产证券化的流程基本一致,但是由于PPP项目经常为基础设施建设等大型项目,有政府与社会资本的共同参与,所以PPP项目的资产证券化相对于其他资产证券化还是存在很多特殊之处。其中与PPP资产证券化能否实现真实出售最密切相关的问题,就是基础资产的适格性问题。综合来看,由于法律及PPP合同对项目转让的限制,PPP项目本身并不适合作为资产证券化的基础资产,只有PPP项目的未来收益权才具有成为基础资产的可能性。

---

① 参见陈冰:《资产证券化法律问题研究》,载《武汉大学学报》(哲学社会科学版)2011年第6期。

1. PPP 合同对项目转让的限制

由于 PPP 合同规定的限制，PPP 资产证券化模式下基础资产的真实出售往往难以实现。PPP 合同中大多包含一些限制性条款。例如，为了保障在项目的建设期或运营期内，由社会资本方承担项目的建设和运维责任，合同会对社会资本在目标公司的股权设置一个锁定期，规定这部分股权在初始的一定年份中不可转让。在此种规定的情况下，若通过直接转让 PPP 项目实现“真实出售”，则只能导致当 PPP 基础合同出现违约时，风险无人承担。①

2. 特许经营权的转让在法律上受限

特许经营权的不可转让性，构成了 PPP 基础资产真实出售的更大障碍。PPP 项目的本质是通过签订 PPP 协议，政府将项目的特许经营权在一定期限内授予企业，由社会资本参与项目的建设和运营中。政府特许经营是行政许可的一种类型。根据 2015 年 4 月国家发改委、财政部等六部委联合发布的《基础设施和公用事业特许经营管理办法》（以下简称《管理办法》）第 3 条的规定，基础设施和公用事业特许经营，是指政府采用竞争方式依法授权中华人民共和国境内外的法人或者其他组织，通过协议明确权利义务和风险分担，约定其在一定期限和范围内投资、建设、运营基础设施和公用事业，提供公共产品或者公共服务。由此可见，PPP 项目是一种典型的政府特许经营项目。

通读《管理办法》，可以发现其中并没有明确规定，在协议期间项目的特许经营权是否可以转让。而作为《管理办法》上位法的《中华人民共和国行政许可法》则明确规定，除非法律法规规定某些行政许可可以按照法定的程序和条件进行转让，否则其他的行政许可不得转让。因此，把 PPP 项目资产直接作为基础资产进行转让，在现阶段是不受法律支持的。

3. 只有 PPP 项目收益权可能作为合格的基础资产

资产证券化项目的基础资产本身流动性较差。为了保护投资者的利益，必须要求基础资产在未来能够产生可预见的稳定现金流，以作为资产证券化产品的偿付支持。因此，并不是所有的资产都适合进行证券化。常见的可以满足上述要求的资产包括应收账款、金融债权、个人住房抵押贷款、收益权等。而且如

---

① 参见郭璐庆：《PPP 资产证券化应需而生　社会资本“真实出售”有难度》，载《第一财经日报》2017 年 1 月 5 日，A06 版。

前所述,PPP项目在我国尚不能实现自由转让。因此,若要实现PPP项目的资产证券化,不能将PPP项目本身作为基础资产。

PPP项目大体可分为三种:经营性项目、准经营性项目、非经营性项目。经营性项目的收入来源为使用者付费,准经营性项目的项目收入来源为使用者付费及政府支付的可行性缺口补助,非经营性项目的项目收入来源则为政府付费。[①] 上述三种项目类型虽然有不同的收入来源,但都可以在未来产生稳定的现金流作为偿付支持。从我国现行的法律规定来看,以上述三种收益权作为基础资产的PPP资产证券化方式也获得了支持。但是,从我国首单PPP资产证券化项目落地至今,目前最常见的PPP资产证券化项目基础资产还是高速公路、供水、供热、供电等产生的收益权。[②] 无论是学界的讨论还是实践上的做法,都集中在由使用者付费产生项目收入的经营性项目。综上所述,根据我国目前的法律规定和实践探索,现阶段适合作为PPP项目资产证券化基础资产的只能是PPP项目的未来收益权,在最广泛使用的经营性项目中,体现为PPP项目建成后的收费权。

但是,即使项目未来收益权可以作为适格的基础资产,它在我国的法律规定和实践中是否能真正实现"真实出售"依然存疑。为了实现破产隔离的目标,基础资产必须满足权属明确、交易基础真实、权利上不附带其他负担、能够实现完全出表的要求。若PPP项目资产证券化的基础资产只能是项目在未来将要产生的收益权,就会产生一系列问题。一方面,PPP资产证券化项目运行时,相应的基础设施尚未建设完成或尚未投入使用,其未来预期收益尚不确定,属于一种未来的金钱债权,[③]而我国目前的法律规定本身就没有明确未来债权的转让效力;另一方面,我国法律目前对于"真实出售"标准的规定仍然缺失。本文接下来就将对这两个问题展开讨论。

---

① 参见张晓峰、谭凯:《PPP项目进行资产证券化需要考虑的主要法律问题》,载搜狐财经网:http://www.sohu.com/a/131064328_475876,最后访问日期:2017年10月30日。

② 参见郭上等:《PPP资产证券化的基本内涵》,载金融界:http://trust.jrj.com.cn/2016/12/29144821905641.shtml,最后访问日期:2017年10月30日。

③ 参见管辉寰:《PPP项目资产证券化"基础资产"中"特许经营权"的法律问题研究——以"云南水务水费收费权资产支持专项计划"为例》,载《当代经济》2017年第2期。

(二)未来债权转让的效力在法律上尚不明确

未来债权,是指尚未真实发生,但可预计在将来发生的债权。按照权利基础是否已经存在,可以将其分为已有基础的未来债权和无此基础的未来债权。[①] 本文所讨论的 PPP 项目未来收益权属于未来债权的一种。由于 PPP 项目周期较长,在实行资产证券化之时往往尚未建成,项目发起人的收费收益权还不能实现,因此,PPP 项目的未来收益权属于无基础法律关系的未来债权。

到目前为止,作为未来债权的 PPP 项目未来收益权能否转让,在我国法律上还没有明确的依据。《通知》虽然意在鼓励和推进 PPP 资产证券化项目的实施,但并没有具体规定未来收益权转移的问题。从更大范围的民商事法律制度来看,对于债权转让,我国现有的法律规定仅体现在《中华人民共和国合同法》第79 条。该条对债权让与的范围进行了规定:“债权人可以将合同的权利全部或者部分转让给第三人,但有下列情形之一的除外:(一)根据合同性质不得转让;(二)按照当事人约定不得转让;(三)依照法律规定不得转让。”该条概括地规定了债权的转让问题,但没有单独涉及未来债权的转让。虽然法律没有禁止未来债权的转让,但是鉴于未来债权的特殊性,仅有这一规定还不足以为未来债权的转让提供指引。另外,我国最高人民法院《关于适用〈中华人民共和国担保法〉若干问题解释》第 97 条肯定了收费权质押的效力,《中华人民共和国物权法》第 181 条规定了浮动抵押制度,承认了未来财产担保。但是上述规定都只是肯定了未来债权可以用于担保,而没有明确未来债权是否可以转让。

按照传统民法的理论,未来债权并不具有可转让性。这是由于在约定转让时,作为标的的未来债权尚未发生,转让并不满足法律行为的成立要件。若要维持理论上的严密,当事人只有在待到将来债权真实发生时才能够进行转让,[②]但这显然不能满足现代经济金融发展的要求。未来债权作为一种金融资本,在市场上已经彰显了其独立价值,[③]迫切需要获得在金融市场上畅通、自由流通的机会,这样才能实现资产的自由流转,保护投资者的利益。

---

① 参见黄立:《民法债编总论》,中国政法大学出版社 2002 年版,第 616 页。

② 参见董京波:《资产证券化中的将来债权转让制度研究》,载《中国政法大学学报》2009 年第 2 期。

③ 参见代瑞:《资产证券化中的将来债权让与》,载《上海政法学院学报》2013 年第 1 期。

(三)我国真实出售认定法律标准的缺失

目前,我国关于资产证券化"真实出售"方面的法律制度和会计制度尚不健全,在如何认定资产转让到底是"真实出售"还是"抵押融资"方面几乎仍是一片空白。[①] 具体来说,"真实出售"这一要求仅在近年来出现于银监会的部门规章中,较高层级的法律法规中并没有提出真实出售的概念和判断标准。2017年发布的《通知》明确指出,在PPP资产证券化项目中,要"坚持真实出售、破产隔离原则,在基础资产与发起人(原始权益人)资产之间做好风险隔离",但也没有提出真实出售的具体标准。这就引发了虽然发起人和中介机构在设计交易结构时认为该交易已经实现了基础资产的真实出售,却在事后被法院判定为"抵押融资"的风险。此时,若原始权益人进入破产程序,破产债权人便享有了对基础资产的追索权,使资产证券化投资者投入的财产陷入危险的境地。

涉及本文讨论的未来收益权证券化的一个典型的例子是,在我国现有的实践中,已存在以收费收益权作为资产证券化基础资产的实例,且一般采用资产支持专项计划作为SPV的形式。一方面,根据我国相关部门规章的规定,设立资产支持专项计划的主体是证券公司,其相关法律问题受到证监会《证券公司及基金管理公司子公司资产证券化业务管理规定》的规制。然而,该规章并没有涉及基础资产真实出售的标准问题,而只是规定"专项计划资产独立于原始权益人、管理人、托管人及其他业务参与人的固有财产;原始权益人、管理人、托管人及其他业务参与人因依法解散、被依法撤销或者宣告破产等原因进行清算的,专项计划资产不属于其清算财产"。另一方面,原银监会(2018年改为中国银行保险监督管理委员会)发布的《金融机构信贷资产证券化试点监督管理办法》中的确涉及基础资产真实出售的判断标准问题,但却因为其适用范围的限制而不能适用于资产支持专项计划真实出售问题的判断。

---

① 参见陈冰:《资产证券化法律问题研究》,载《武汉大学学报》(哲学社会科学版)2011年第6期。

三、结合域外经验，解决我国 PPP 资产证券化的真实出售问题

根据上文所讨论的 PPP 证券化真实出售在法律上遇到的障碍，应当从改进我国现行立法入手寻找合理的措施，在这一过程中，也有必要对其他国家成功的经验加以参考。

（一）提升相关法律规定的层级

当前，无论是对于 PPP 还是对于资产证券化，我国都仅有行政法规和部门规章进行规制，没有在高层级的法律中作出规定，更不用说 PPP 资产证券化及其真实出售这一具体事项。目前，系统规定 PPP 资产证券化法律问题的规范性文件只有上文讨论过的《通知》。作为国家部委发布的规范性文件，《通知》层级较低。一旦项目在运行过程中出现诸如是否实现真实出售等纠纷诉诸法院，法院必须根据法律一级的文件作出判决，《通知》不能被直接适用，只能起到参考作用。因此，在现行的法律制度下，PPP 资产证券化的投资者将面临极大的风险和不确定性。因此，提升有关 PPP 资产证券化问题法律规定的层级非常必要。

但是，在我国法律规定的现实情况下，资产证券化制度和 PPP 制度都没有在高层级的法律中形成系统规定，单独提升 PPP 资产证券化问题的立法层级是不可能的。这个过程不能一蹴而就，需要在完善我国 PPP 法律制度和资产证券化法律制度的过程中逐步实现。

（二）完善未来债权转让等配套法律制度

在短期内无法提升 PPP 资产证券化及其真实出售问题法律规定层级的情况下，就需要考虑通过完善其他已有的法律规定来解决问题。其中比较重要的法律制度就是上文讨论的未来债权转让制度。

从国外经验来看，美国、德国等主要国家在法律上已经允许未来债权的转让。根据美国《统一商法典》的规定，未来权利可以转让，只要有关的文件是适当

填写的,①并且未来债权的转让应通过登记完成公示。德国联邦最高法院也早在1903年就通过判例认可了未来债权作为让与标的的效力,使未来债权转让在德国具有了习惯法效力。② 可见,在立法上明确设立未来债权转让制度,是顺应经济金融发展的必然要求。

为了实现保证PPP证券化基础资产真实出售的目的,首先,应在《中华人民共和国合同法》关于债权转让的部分单独设一条文,规定未来债权的转让问题。该条文应明确未来债权的可转让性,并且规定未来债权的转让在转让协议达成时即生效,而不论债权本身成立与否。只有这样,才能保证作为PPP证券化基础资产的未来收益权与债权让与人(原始权益人)的其他资产真正隔离开来,达到真实出售的目的。

此外,还应赋予未来债权对世效力,并规定在未来债权转让时,通过登记完成公示。在传统民法上,债权是相对权,转让仅需要通知相对人,不需要进行公示。但是,在资产证券化的语境下,若没有预设公示机制,债权让与就无法取得对世效力,无法阻隔金融风险。而且未来债权在转让时并没有确定发生,若没有公示机制的存在,第三人在参与交易时就无法及时知晓让与人的债权状况,交易安全也就无法得到维护。③ 因此,对未来债权的转让进行登记,既是一种比较经济便捷的方法,也便于当事人查询债权转让情况,增加了债权交易的确定性,④是一种适宜采用的公示方法。

(三)统一规定资产证券化的真实出售标准

为了确保资产证券化交易的顺利进行,法律必须对真实出售的认定标准加以明确。目前,我国对于资产证券化真实出售标准的明确表述,仅体现在会计准

---

① 参见刘卿涛:《将来债权让与法律问题分析——以知识产权证券化之将来债权让与为中心》,载《今日中国论坛》2013年第7期。

② 参见代瑞:《资产证券化中的将来债权让与》,载《上海政法学院学报》2013年第1期。

③ 参见刘卿涛:《将来债权让与法律问题分析——以知识产权证券化之将来债权让与为中心》,载《今日中国论坛》2013年第7期。

④ 参见董京波:《资产证券化中的将来债权转让制度研究》,载《中国政法大学学报》2009年第2期。

则中,且运用的是通用的“出表”标准。[①] 而在我国的法律规定上,并没有明确判断资产是否完成“出表”的标准,更缺少对于 PPP 项目资产证券化的针对性规定。对此,世界上其他国家的经验是值得讨论和借鉴的。

在资产证券化真实出售的标准问题上,美国传统上倾向于采用实质重于形式的标准。资产转移是否构成真实出售,不是由某一个法律条文写明的,而是需要法官结合合同条款、当事人意图等多种因素进行综合判断。其中,最重要的一个考量因素就是与资产所有权相关的风险与收益是否已经完全从发起人转移到了 SPV。另外,SPV 对于发起人的追索权也是必须考虑的一个因素,SPV 对原始权益人的追索程度越大,资产转移越容易被认定为担保借款而非真实出售。[②] 此外,法官还需要考虑双方当事人的主观意图或契约文字、利益保留情况。[③]

我国是成文法国家,在司法实践中,法官没有像美国法官一样大的自由裁量权。但是,美国资产证券化已经过多年的发展,法律制度也较为成熟,可以借鉴美国通过判例总结出的真实出售标准,制定我国资产证券化真实出售的法律标准。我国的认定标准可采用概括加列举的方式加以制定,并应坚持实质主义为主,以使得资产转移更加规范化。其中,应由概括条款指明真实出售的定义,即资产的所有权完全从原始权益人转移至 SPV,原始权益人不再承担与资产所有权相关的风险与收益;由列举条款列明判断真实出售的具体标准,包括 SPV 的追索权限度、原始权益人的风险自留比例等。

另外,我国的真实出售标准应首先由较高层级的法律统一制定,接下来再由各部委细化包括 PPP 资产证券化在内的真实出售标准。若没有较高层级的法律作为统领,直接由部委各自制定规章,未来的法律适用中就又将出现分业监管所带来的监管重叠和监管缺失的情况,无法使法律规定的作用得到应有的发挥。

---

① 《企业会计准则第 23 号——金融资产转移》第 7 条规定,真实出售,是指“企业已将金融资产所有权上几乎所有的风险和报酬转移给转入方的,应当终止确认该金融资产;保留了金融资产所有权上几乎所有的风险和报酬的,不应当终止确认该金融资产”。其中的“终止确认”,是指将金融资产或金融负债从企业的账户和资产负债表内予以转销,即“出表”要求。

② See KN Klee, BC Butler, “Asset-Backed Securitization, Special Purpose Vehicles and Other Securitization Issues”,35 *Uniform Com. Code L. J.* 23,43(2002 - 2003).

③ 参见黄荷懿:《我国资产证券化“真实出售”之探析与完善刍议》,载《法学杂志》2010 年第 10 期。

论 PPP 合同争议的可仲裁性

刘　璐*

摘　要：可仲裁性的范围在不同国家、不同历史时期存在明显差异。究其根本，可仲裁性理论的内在逻辑在于仲裁程序私密性、去规范性和以商事纠纷见长的特点，以及解决涉“公共利益”纠纷所需要的严肃、严格、透明的程序性要求之间的对立关系。国外学者对 PPP 项目合同的可仲裁性鲜有质疑声音，而我国学界对 PPP 项目合同争议的可仲裁性的争论却仍未停止，其争议焦点在于 PPP 项目合同争议是否应当适用行政诉讼程序。笔者认为，行政诉讼法对于“政府特许经营协议”受案范围的规定，并不天然排斥 PPP 争议采取仲裁的方式解决纠纷。并且由于可仲裁性受公共政策影响，国内对 PPP 项目合同争议可仲裁性的质疑将逐渐平息。

关键词：可仲裁性；PPP 合同；PPP 项目合同；公共利益

Arbitrability of PPP Contract Disputes

Liu Lu

Abstract: The concept of arbitrability in different countries varies significantly in different historical periods. The inherent logic of arbitrability reveals the contradiction positions between the characters of arbitration, i. e. confidentiality, non-informality, expertise in commercial disputes, and the requirement of formality, precision, transparency in resolving disputes relating to " public interests". The question of

* 对外经济贸易大学法学院 2014 级国际法学博士研究生。

arbitrability of PPP dispute was rarely discussed among non-Chinese scholars, however it is still in dispute in China. The core issue of this question is whether PPP project agreement disputes should be resolved only through administrative litigation. The author argued that the stipulation regarding jurisdiction of Government Concession Agreement in the PRC Administrative Procedure Law does not necessarily exclude the possibility of resolving PPP dispute through arbitration. The author concluded that the dispute of the arbitrability of PPP Project Agreement disputes will soon be vanished because of the apparent tendency of the pro-arbitration public policy in China.

Key Words: arbitrability; PPP contract; PPP project agreement; public interests

争议事项的可仲裁性(arbitrablity),系指某项争议可以由仲裁进行解决,而非由法院专属管辖。反过来说,作为仲裁基石的意思自治并非绝对,即便双方当事人对某种争议的解决方式达成合意、提交仲裁,当该种争议因某种特点而被认定为不宜通过仲裁解决时,仲裁庭就不能进行裁决。

各国对可仲裁性判断标准差异较大,但普遍认为决定可仲裁性的关键在于财产争议是否涉及公共利益,而"公共利益"概念的模糊性和可仲裁性的明显政策导向使可仲裁性的范围具有较强的任意性。本文将在分析可仲裁性基础理论的基础上,对 PPP 争议的可仲裁性加以分析,并最终落脚于我国 PPP 争议可仲裁性的讨论。

一、可仲裁性理论概述

争议事项的可仲裁性,又称"仲裁范围"。[①] 尽管中外学界对可仲裁性定义的表述有细微分别,但总体与《贸易法委员会国际商事仲裁示范法》(以下简称《示范法》)和 1958 年《关于承认和执行仲裁裁决的纽约公约》(以下简称《纽约

① 国内部分学者将"可仲裁性"与"仲裁范围"概念等同。参见黄进、宋连斌、徐前权:《仲裁法学》,中国政法大学出版社 2008 年版,第 21 页;乔欣:《仲裁法学》,清华大学出版社 2015 年版,第 25 页。

公约》)所使用的概念一致,即某项争议可以(capable of)由仲裁进行解决,[①]而非由法院专属管辖。反过来说,作为仲裁基石的意思自治并非绝对,即便双方当事人对某种争议的解决方式达成合意、提交仲裁,当该种争议因某种特点而被认定为不宜通过仲裁解决时,仲裁庭就不能对其进行裁决。

应当指出,美国法上的"可仲裁性"与其他诸多国家、《示范法》和《纽约公约》所使用的概念有所区别,在美国判例中出现的"arbitrablity"一词,系指仲裁庭对某一争议的管辖权(涉及仲裁协议的范围、当事人是否具有仲裁合意的问题),而并不限于仲裁庭的客观权限问题。[②]

而具体到可仲裁性的判断标准,不同国家在不同历史时期的做法存在明显差异。在大陆法系国家,"经济利益"说载于德国、瑞士民事诉讼法相关规定中,即一般而言,涉及经济利益(财产关系)者即可仲裁。[③] 与德国、瑞士不同,法国采"公共政策"说,原则上凡涉及公共政策的争议即不可由仲裁庭决定。[④]

在美国,可仲裁性以20世纪70年代为分水岭,传统上不可仲裁的反垄断纠纷、证券法纠纷等逐渐松绑,美国联邦最高法院一改对仲裁的保守态度,将仲裁庭的权限延伸至证券法、反垄断法等领域。发生此种转变的原因在于美国自20世纪70年代以来对商事仲裁,特别是国际商事仲裁的鼓励政策,表现之一在于1970年加入《纽约公约》。[⑤]

1994年《中华人民共和国仲裁法》第2条与第3条是我国判断可仲裁性的主要法律依据。第2条规定:"平等主体的公民、法人和其他组织之间发生的合同纠纷和其他财产权益纠纷,可以仲裁。"第3条进行了列举式排除,即规定"婚姻、收养、监护、扶养、继承纠纷和依法应当由行政机关处理的行政争议"不得仲裁。第2条对可仲裁的"财产纠纷"的界定与德国、瑞士两国的做法一致,体现了较宽松的判断标准。而仲裁法对"平等主体"的限定,则似乎是对《中华人民共和国民

---

① See Model Law Art. 1(5),34(2)(b)(i),36(1)(b)(i);New York Convention Article Ⅱ(1), Article Ⅴ(2)(a).

② See W. Michael Reiman, W. Laurence Craig, William W. Park, Jan Paulsson, *International Commercial Arbitration: Cases, Materials and Notes on the Resolution of International Business Disputes* (2nd edition), Foundation Press, 2015, p. 157.

③ 参见德国《民事诉讼法典》第1030条, Swiss Federal Act on Private International Law Article 177(1)。

④ See French Civil Code Article 2060.

⑤ See Scherk v. Alberto-culver Co; Mitsubishi Motors Corp. v. Soler Chryslerplymouth, Inc.

法通则》第 2 条中“平等主体”这一概念的延续，是商品关系主体的另一种表述。[①] 第 3 条以否定式列举，明确排除了人身关系的纠纷和行政争议，进一步明确了第 2 条中的“平等主体之间的财产关系”这一判断标准。

二、可仲裁性判断标准的内在逻辑和政策导向性

（一）“公共利益”与可仲裁性

尽管各国对可仲裁性判断标准差异较大，但无论是德国、瑞士、中国的“经济利益说”还是法国、美国的“公共政策”说，究其根本，在于某一争议是否以及在多大程度上涉及公共利益，以至于使用“高效、专业、保密、弱规范化”的仲裁程序解决纠纷不再适宜。这一观点见于美国、法国的诸多判例中，也与国际仲裁庭对《纽约公约》第 5 条第 2 项的解释一致。[②] 英国学者雷德芬、亨特与我国宋连斌教授亦持此种观点。[③]

缘何涉及公共利益的争议在某种程度上不能由仲裁进行解决？这一问题可转化为仲裁相较于诉讼的不同特点上。从仲裁的定位和性质出发，仲裁起源于解决商事交往中的纠纷，以解决私人商事纠纷见长，而被认为在处理有关公共利益的问题时存在“先天不足”。

首先，仲裁程序设计在“公平”与“效率”之间向后者倾斜，且程序的进行以意思自治为原则。仲裁程序淡化对形式的要求，仲裁员无须身着法袍、端坐高台，双方当事人也无须剑拔弩张针锋相对，仲裁各参与方在会议室中进行开庭，且出现鼓励在仲裁程序中进行和解的趋势。[④] 仲裁程序的进行以意思自治为原则，在不违反正当程序要求和平等原则的基础上，只要双方当事人达成一致，申请材料的递交、庭审的组织、证据规则、仲裁员的计费标准等均可由双方自行决

---

① 参见朱庆育：《民法总论》，北京大学出版社 2013 年版，第 7 页。

② See Interim Award in ICC case No. 6149.

③ 参见[英]艾伦·雷德芬、马丁·亨特等：《国际商事仲裁法律与实践》（第 4 版），林一飞、宋连斌译，北京大学出版社 2005 年版，第 147 ~ 148 页；宋连斌主编：《仲裁法》，武汉大学出版社 2010 年版，第 17 页。

④ 2017 年 9 月 1 日，香港国际仲裁中心规则修订委员会拟对 2013 年版香港国际仲裁中心《仲裁规则》进行修订，其中一条修订意见为“增加条款明确允许当事人在仲裁程序启动后使用其他争议解决模式，并经一方当事人请求后可恢复仲裁程序”。

定。这一原则以成文化的形式载于《示范法》第19条中。程序自治在国际商事仲裁中体现得尤为突出,甚至有相当一部分学者推崇国际商事仲裁的完全意思自治,主张国际商事仲裁法不以任何国内法规定为依据,而是自成体系,其内容完全取决于当事人的合意。① 笔者虽不完全同意这一学说的主张,但该说集中地体现了仲裁,特别是国际商事仲裁"意思自治为王"的突出特点,并由意思自治延伸出仲裁"灵活性"(flexibility)的特点,国际商事仲裁得以满足来自不同法域的当事人的需要。

其次,裁判者的选任与专业背景。众所周知,在仲裁程序中,双方当事人对裁判者的选任具有主动权,独任仲裁员可以由双方共同选任(尽管争议发生后双方很难协商出一个共同人选),三人仲裁庭通常由申请人、被申请人各自委任一名仲裁员,再由双方指定的仲裁员共同选定第三名仲裁员或由仲裁机构(或其他指定仲裁员的主体)指定第三名仲裁员。尽管现在普遍认为三位仲裁员均应客观、公正,但历史上曾一度默许当事人选定的仲裁员具有倾向性,当事人自行指定的仲裁员被称为"口袋仲裁员"(pocket arbitrator)。现今,仲裁员的中立性由仲裁员回避等制度加以保障,仲裁机构(或其他指定仲裁员的主体)对仲裁员的中立与公正进行把关。回归仲裁解决专业商事纠纷的本源,仲裁程序的优势还体现在所选任的仲裁员的专业程度上。在国际商事仲裁中,当事人在选任仲裁员时考虑仲裁员的商业背景和在某一领域的专业知识,对仲裁员的法律背景的重视程度,弱于争议所需要的其他专业背景。这也就解释了国际商事仲裁中具有金融、建筑工程、软件开发等专业背景的仲裁员频频被选任的现象。以当事人商业利益至上的优秀仲裁员致力于解决双方的纠纷,对公共利益的相对轻视似乎显得顺理成章了。

再次,仲裁程序的私密性特点。与法院公开审判原则不同,仲裁程序以保密性为特点。尽管有的仲裁机构在隐去当事人姓名后公开部分仲裁裁决,但原则上双方的主张、庭审程序、仲裁裁决均不予公开。伦敦玛丽女王大学(Queen Mary)调查报告显示,保密性是当事人选择适用仲裁程序解决纠纷最重要的考量因素之一,原因在于仲裁程序保密不仅可以很好地保护当事人的商业秘密,避免

---

① See W. Michael Reisman, W. Laurence Craig, William W. Park, Jan Paulsson, *International Commercial Arbitration: Cases, Materials and Notes on the Resolution of International Business Disputes* (2nd edition), Foundation Press, 2015, pp. 161, 162.

诉讼对商誉和股价的影响，更能在相对灵活的仲裁程序中更好地维护当事人的商业关系。仲裁程序的私密性为解决私人之间的争议量身打造，同时也成为仲裁不宜解决关系公共利益纠纷的有力证据。

最后，对仲裁裁决的审查。一裁终局是仲裁的又一显著特点，也是仲裁程序高效性的重要体现。各国仲裁法普遍规定，原则上法院只对仲裁裁决进行程序性审查，且除非发生重大程序瑕疵或存在仲裁协议无效的情形，法院不评判裁决内容。由于不存在对纠纷的实质性内容再救济的可能性，仲裁一裁终局的特征亦被作为不宜处理公共利益的理由之一。

（二）可仲裁性的任意性与“公共政策”

前述内容总结了仲裁被认为不宜解决涉及公共利益纠纷的主要原因。一言以蔽之，可仲裁性理论的内在逻辑在于仲裁程序私密性、去规范性、以商事纠纷见长的特点，以及解决“公共利益”纠纷所需要的严肃、严格、透明的程序性要求的对立关系。该种理论能够在一定程度上解释仲裁庭处理刑事、行政纠纷、涉及人身关系纠纷的局限，然而，细究之下，以仲裁的“先天不足”为由阻挡当事人选择仲裁进行纠纷解决不能解释各国仲裁法在不同历史时期对争议事项可仲裁性的不同限制，且所谓的“仲裁程序的先天不足”有时只是一种想当然的形式逻辑。

首先，争议是否涉及“公共利益”的界限本身就十分模糊。私人纠纷的解决同样关乎公共利益，哈耶克甚至认为，从根本上来说，私人目的在自由秩序中顺利实现才是真正的维护公共利益之道，通过政府组织实现公共福祉，反倒是拾遗补阙之举。[①] 由此可见，对公共利益的解读具有较大的任意性，这种任意性导致了在不同国家、不同历史时期对可仲裁性的不同态度。

其次，前述仲裁程序区别于诉讼的四个特点，是否真正会导致涉及“公共利益”的纠纷不宜用仲裁解决呢？仲裁程序的保密性的确与涉及公共利益争议的审判所要求的透明度原则不符，但仲裁程序的保密性并不绝对，且仲裁案件容易在法院承认执行环节公之于众。仲裁程序的高效便捷和一裁终局从形式上来看导致程序缺乏严肃性、规范性和多重救济的可能性，但对仲裁员作出公正、合理

---

① 参见[英]弗里德里希·奥古斯特·冯·哈耶克：《法律、立法与自由》(第1卷)，邓正来等译，中国大百科全书出版社2000年版，第209~210页。

裁决的要求并无丝毫降低:一方面,仲裁员在逐渐市场化的"仲裁员池"中对自身的声誉十分在意;另一方面,公平公正进行的仲裁程序是可执行仲裁裁决的前提条件。而以仲裁员专业背景推知仲裁庭容易忽视公共利益这一点,在很多个案中并不会出现,相反,仲裁庭的专业性更促进了争议的解决。

最后,一国对可仲裁性事项的不同规定似乎与"公共利益"概念的演变并无直接关联,而具有较大的任意性。以美国为例,在"沃尔科诉斯旺公司案"(Wilko v. Swan)中,美国联邦最高法院判决涉及美国证券法案的纠纷不能通过仲裁解决。① 而1970年后,在"谢尔克诉雅涛公司案"(Scherk v. Alberto-Culver Co)中美国联邦最高法院却允许投资人的证券纠纷仲裁解决争议。在判决理由中,法官重笔渲染了在国际商事交往当中当事人自由选择法律和争议解决方式的重要性,并强调,如果坚持美国法院对国际商事交往的专属管辖将挫伤商事主体进行国际贸易的信心。② 在"三菱汽车公司诉克莱斯勒公司案"(Mitsubish Motors Corp. v. Soler Chryslerplymouth Inc.)中,美国联邦最高法院进一步明确:1970年美国加入《纽约公约》以来,对国际商事交往中的仲裁协议的支持是一种联邦政策。直到1989年,在"希尔森公司诉麦克马案"(Shearson/American Express v. McMahon)中,对证券交易法案下的争议的可仲裁性完全放开,而不仅仅限于国际商事仲裁。③ 再如,传统上被认为不可仲裁的涉及贿赂、腐败的纠纷和知识产权纠纷,目前也渐渐被许多国家所认可。时至今日,将涉经济利益的纠纷归于不可仲裁的做法已经十分罕见,有学者将这种逐渐减少的可仲裁性限制称为可仲裁性理论的"消亡"。④

(三)可仲裁性之判断标准总结

考察各国在不同历史时期对可仲裁性的不同做法,可总结出如下三点判断

---

① See Gary B. Born, *International Arbitration: Cases and Materials* (Second Edition), Kluwer Law International 2015.

② Ibid.

③ Ibid., pp. 522 – 525.

④ See KarimAbou Youssef, "Part I Fundamental Observations and Applicable Law, Chapter 3 – The Death of Inarbitrability", Loukas A. Mistelis; Stavros L. Brekoulakis (eds.), *Arbitrability: International and Comparative Perspectives, International Arbitration Law Library*, 2nd edition, Kluwer Law International 2009, pp. 47 – 68.

标准:第一,决定可仲裁性的关键在于财产争议是否涉及公共利益,但同时具有较大的政策任意性。具体而言,一国对仲裁的总体认识和友好程度对可仲裁性有较大影响,但并不能因此而武断地得出结论,还需要对个案中争议所涉及的部门法(何种公共利益)与促进仲裁的政策进行平衡。第二,对待同一法律问题,国内和国外争议的可仲裁性可能存在差异。考虑到国际商事仲裁促进和保障国际贸易的特殊意义,加之各国适用《纽约公约》时对国际商事仲裁裁决的普遍友好态度,一国法院对待带有涉外因素的仲裁协议和仲裁裁决更为谨慎,将"促进国际商事仲裁"作为隐形的公共政策加以贯彻。第三,各国普遍对公法争议可仲裁性的限制逐渐放松,表现出仲裁友好之大趋势。这种现象的出现,一方面与仲裁程序的自我发展和改良有关;另一方面则是由于仲裁对法院受案压力具有减轻作用。

三、可仲裁性理论在 PPP 合同争议中的适用

(一)PPP 合同争议的种类与可仲裁性

按照世界银行《政府和社会资本合作操作指南》(2.0 版)(*Public-Private Partnerships Reference Guide*:*Version* 2.0)对 PPP 合同(PPP contract)的定义,PPP 合同是指"调整 PPP 交易中公共主体(public)与私营部门之间关系的一系列合同安排,这些安排规定了各方当事人的权利义务、风险分配、变更机制"。财政部《PPP 项目合同指南》对 PPP 合同的表述为"在 PPP 项目中,除项目合同之外,项目公司的股东之间,项目公司与项目的融资方、承包商、专业运营商、原料供应商、产品或服务购买方、保险公司等其他参与方之间,围绕 PPP 项目合作订立一系列合同来确立和调整彼此之间的权利义务关系,共同构成 PPP 项目的合同体系"。①

一言以蔽之,PPP 合同是围绕公共主体(或中国法律语境下的政府主体)与私营主体之间的合作所进行的一系列合同安排。那么,PPP 合同争议的类型也是多种多样的,可能发生于政府与签订合同的企业之间,也可能发生在各企业操

---

① 参见《PPP 项目合同指南》,载中华人民共和国财政部网:http://jrs.mof.gov.cn/zhengwuxinxi/zhengcefabu/201501/P020150119548143802998.pdf,最后访问日期:2017 年 11 月 9 日。

作项目的过程中,从设计、采购、建设、运营各个阶段都有可能发生争议。

如前所述,对可仲裁性的判断需要具体看某种争议所涉及的公共利益、法律关系的性质,PPP 争议是否可以仲裁需要根据争议的类型进行判断,不能一概而论。按照主体划分,PPP 合同可大致分为两大类:一类是政府与私营部门之间的"项目合同";另一类是围绕着 PPP 项目的开展、由 PPP 项目公司与其他私人参与方所签订的功能性合同。对于后者而言,争议本身系私人主体之间的财产关系争端,原则上并不存在可仲裁性的疑问。如果争议涉及知识产权法、反垄断法,其判断标准应依个案,在平衡促进仲裁的公共政策与该法律关系所涉及的公共政策后作出判决,此处不再展开。而前者所述"项目合同",意指政府方(政府或政府授权机构)与社会资本方(社会资本或项目公司)依法就 PPP 项目合作所订立的合同。PPP 项目合同是整个合同体系的基础和核心,政府方与社会资本方的权利义务关系以及 PPP 项目的交易结构、风险分配机制等均通过 PPP 项目合同确定,并以此作为各方主张权利、履行义务的依据和项目全生命周期顺利实施的保障。[①] 国内对 PPP 合同争议可仲裁性的争议就是围绕"项目合同"展开,下文将主要讨论 PPP"项目合同"争议的可仲裁性问题。

(二)国际 PPP 项目合同争议的可仲裁性之判断

如前所述,判断某一争议是否具有可仲裁性的关键在于该项争议是否以及在何种程度上涉及公共利益,但同时也取决于一国对仲裁程序的基本认识和友好程度。不论从合同主体、项目数额还是从合同标的来看,PPP 项目合同无疑涉及公共利益。然而,在实践中,国外学者对 PPP 项目合同的可仲裁性鲜有质疑声音。即便是被视为在仲裁法方面较为保守的俄罗斯法院,在"涅瓦斯卡特许经营公司案"(Nevskaya Concession Company)中也认可了特许经营协议的可仲裁性。[②]

各国对涉外 PPP 项目合同争议可仲裁性的普遍认可一方面是由于对国际商

---

① 参见《PPP 项目合同指南》,载中华人民共和国财政部网:http://jrs. mof. gov. cn/zhengwuxinxi/zhengcefabu/201501/P020150119548143802998. pdf,最后访问日期:2017 年 11 月 9 日。

② See Mikhail Samoylov, "Arbitrability of Disputes Arising out of a Concession Contract: The Russian Perspective", Accessed Nov. 4, 2017, http://arbitrationblog. kluwerarbitration. com/2016/08/30/arbitrability-disputes-arising-concession-contract-russian-perspective/.

事仲裁这一争端解决方式的认同,另一方面似乎是由于受到投资仲裁理念的间接影响——众所周知,在投资仲裁中特许经营项目争议是常见,甚至是典型的争议内容。

(三)我国法下的 PPP 项目合同争议的可仲裁性

我国学界对 PPP 项目合同争议的可仲裁性的争论仍未停止,总结起来,学界的争议焦点在于 PPP 项目合同争议是否应当适用行政诉讼程序。

该争议源于《中华人民共和国行政诉讼法》(以下简称《行政诉讼法》)第 12 条第 1 款第 11 项规定的不同适用。2015 年 5 月 1 日修改后的《行政诉讼法》第 12 条第 1 款第 11 项规定:"公民法人或者其他组织对行政机关不依法履行、未按照约定履行或者违法变更、解除政府特许经营协议、土地房屋征收补偿协议等协议行为提起行政诉讼的,属于行政诉讼的受案范围。"依循字面解释,特许经营协议争议应当通过行政诉讼进行解决。然而,在最高人民法院的判决和财政部出台的相关文件中出现了不同解释。

财政部《关于规范政府与社会资本合作合同管理工作的通知》(财金〔2014〕156 号)附件《PPP 项目合同指南(试行)》中针锋相对地指出:"就 PPP 项目合同产生的合同争议,应属于平等的民事主体之间的争议,应适用民事诉讼程序,而非行政复议、行政诉讼程序,这一点不因政府是 PPP 项目合同的一方签约主体而有任何变化。"厦门市中级人民法院在(2016)闽 02 民特 52 号民事裁定书中将行政补偿合同认定为民事合同,驳回了申请人请求确认仲裁条款约定无效的诉讼请求,维持了仲裁条款的效力。裁定书中指出,虽然行政补偿合同一方主体为行政机关,但并非行政机关做出的行为都是行政行为,根据协议内容来看,该协议是针对补偿款的金额及支付方式作出的约定,属于财产权益纠纷,在性质上属于民事合同纠纷。最高人民法院(2015)民一终字第 244 号民事裁定书中,进一步明确了涉案 BOT(建设—运营—转让,Construction-Operation-Transfer)模式的政府特许经营协议的性质为民商事合同,不属于 2015 年《行政诉讼法》第 12 条的情形。

笔者认为,财政部和最高人民法院对 PPP 项目合同的不同解释看似是对《行政诉讼法》的偏离,但细究之下,并非是错误适用《行政诉讼法》的结果。行政诉讼法对于"解除政府特许经营协议"受案范围的规定,并不天然排斥 PPP 争议采取仲裁的方式解决纠纷。依循目的解释,行政诉讼法是行政法的程序法,目的是解决行政纠纷,争议的主要内容为政府是否合理合法地行使了行政权力。而在厦门市中级人民法院和最高人民法院的两个判例中,不存在政府行为对公民的权利约束和指令关系,合同当事人在订立合同时享有充分的意思自治,并不受单方行政行为强制。虽然存在对行政审批或行政许可事项的约定,但合同涉及的相关行政审批和行政许可等其他内容,为合同履行行为之一,属于合同的组成部分,不能决定涉案合同的性质。

进一步说,在决定 PPP 项目合同的可仲裁性时,仍然要回归到具体的合同内容和争议所涉的法律关系中。如果争议涉及的是合约的履行(如期限的延长、费用的承担、利润的分摊、项目的移交),那么这一问题应当属于可以仲裁的范围,如果涉及的是政府特许经营权的行使,则依国内法不应当允许仲裁解决该种纠纷。

总体而言,国内对 PPP 项目合同争议的可仲裁性的质疑将逐渐平息。正如在本文第二部分中所强调的,一国对某项争议可仲裁性的态度具有明显的政策导向性。尽管行政诉讼法对特许经营协议的争议解决进行了特殊规定,但仍难阻挡国内仲裁解决 PPP 争议的政策倾向。国务院于 2017 年 7 月 21 日公布的《基础设施和基础设施和公共服务领域政府和社会资本合作条例(征求意见稿)》明确指出,合作项目争议可以依法申请仲裁或者向人民法院提起诉讼,① PPP 争议仲裁中心的成立更是该种政策倾向性的明确信号。② 由于可仲裁性受公共政策影响极大,PPP 争议的可仲裁性将会更加明确。

---

① 参见《国务院条例拟明确 PPP 争议可仲裁》,载法制网:http://www.legaldaily.com.cn/index/content/2017-07/23/content_7252664.htm?node=20908,最后访问日期:2017 年 11 月 9 日。

② 参见《首家 PPP 争议仲裁中心成立,为"一带一路"建设保驾护航——贸仲委 PPP 争议仲裁中心揭牌仪式在京隆重举行》,载中国国际经济贸易仲裁委员会网:http://www.cietac.org/index.php?m=Article&a=show&id=14248,最后访问日期:2017 年 11 月 20 日。

• 各科专论

论共享经济时代的软法治理

——以个人数据跨境保护为视角

冯　硕*

摘　要:随着技术的快速发展,互联网日益成为经济发展的重要推动力,而以共享经济为代表的商业新模式的出现,更引发了我们对其治理的思考。共享经济所呈现的数据化、全球化和高速化,使个人数据跨境保护成为当下的热点,而随着共享经济的全球发展,个人数据的跨境流通已成趋势。在现有体制下,区域的立法差异和国际法原则与操作的固定已然成为个人数据跨境保护的障碍。然而,共享经济时代的软法勃兴为该领域跨境保护提供了新思路,长期以来,软法在个人数据保护领域的示范作用与硬化趋势,也让我们看到了通过软法进行治理的可行性。因此,站在中国立场上,在坚定维护我国利益的同时选择软法进行个人数据跨境保护的体系构建具有现实意义,而在具体操作层面上以政府监管与商业自治相结合的方式进行运作则有利于相关软法走向世界。

关键词:共享经济;软法治理;个人数据;跨境保护

Softlaw Governance in the Era of Shared Economy

—From the Perspective of Cross Border Protection of Personal Data

Feng Shuo

Abstract: With the rapid development of technology, the internet has become an important driving force for economic development, and to share the new business

---

* 华东政法大学国际法学院2017级法学硕士研究生。

model as the representative of the economy caused us to think more of the governance model. With the development of sharing economy, the cross-border circulation of personal data has become a trend. Under the current system, regional legislative differences and the fixation of international law principles and operations have become barriers to cross-border protection of personal data. However, sharing economy prosperity of soft law in the field of cross-border protection provides a new idea for a long time, soft law demonstration role in the field of personal data protection and hardening trend also allows us to see the feasibility of soft law governance. Therefore, standing in the China position, to firmly safeguard China's interests and personal data protection of cross-border soft law system has practical significance, and from the operational level by the combination of government supervision and the autonomy of business is conducive to the soft law in the world.

Key Words: shared economy; soft law governance; personal data; cross border protection

随着技术的快速发展,互联网日益成为经济发展的重要推动力,其促进了全球资源配置并催生出了新的商业模式,共享经济便是其中的代表。与传统经济不同,共享经济是利用现代互联网信息技术,通过建立一个平台把那些具有暂时且分散的供需信息的人员连接起来,由此促成供需双方建立不需要转移所有权的共享机制。① 因此,共享经济所呈现的是一种数据化、全球化和高速化的商业模式,而面对这一新模式的出现,如何对其进行有效的治理则需考虑。近年来,"软法之治"成为学界热议的话题,而软法能否成为互联网时代治理共享经济的可行选择则需要加以探讨。因此,本文站在共享经济全球发展的背景下,以个人数据跨境保护为视角展开论述,以期以小见大探寻共享经济时代的软法治理。

一、共享经济时代个人数据跨境保护软法治理的必要性

谈及共享经济时代个人数据软法治理的必要性,首先要明确为何需要对个

① 参见唐清利:《"专车"类共享经济的规制路径》,载《中国法学》2015年第4期。

人数据进行跨境保护，在明确需要跨境保护的前提下便要探讨在现有模式下的治理有何障碍。

（一）共享经济与个人数据的关系

从共享经济内涵出发，正是个人数据的收集和流通才促进了资源所有者与资源需求者关系的搭建。而以共享经济为代表的新经济模式，正在颠覆性发展中加速经济全球化。① 因此，个人数据的跨境流通与保护正逐渐成为新一轮全球化的重点。

一方面，个人数据共享极大地促进了共享经济的发展。经济的发展离不开人与人之间的交易往来，而交易行为一定是在特定的社会关系中展开的，受到特定社会关系的制约。② 在早期熟人社会中，基于对相对方的信赖使交易的风险相对较小，然而，随着熟人社会向生人社会转型，交易的风险逐步增加。因此各种交易规则的诞生本质上便是为了降低生人社会交易所带来的普遍风险，而商人进行充分的前期调查更是为了降低自身的交易风险。也正是这一过程，交易成本不断上升，如何有效地平衡交易风险和交易成本成为传统经济模式下的一个重要话题。然而，共享经济的到来却改变了这一局面，依托互联网而展开的共享经济由于实现了个人数据的共享，使供给方可以依据大数据分析筛选出目标消费人群进行交易，而需求方更能依靠个人数据的获取来选择最适合自己的交易相对方，从而实现了在最小成本的前提下保障交易的安全与顺畅。③

另一方面，个人数据保护所形成的壁垒，也可能影响共享经济的全球化发展。在现行的WTO（世界贸易组织，World Trade Organization）体系之下，贸易壁垒多是以非关税壁垒的方式出现的。所谓非关税壁垒多是指政府根据法律法规以非关税方式实施的，对商品和服务的国际流动具有一定限制作用的管理措施。④ 然而，近年来，随着欧美等国在个人数据保护领域的法律法规不断增多，尤

① 参见汤天波、吴晓隽：《共享经济"互联网＋"下的颠覆性经济模式》，载《科学发展》2015年第12期。

② 参见刘少杰：《陌生关系熟悉化——优化市场交易秩序的本土化选择》，载《福建论坛》（人文社会科学版）2014年第4期。

③ 参见卢现祥：《共享经济：交易成本最小化制度变革与制度供给》，载《社会科学战线》2016年第9期。

④ 参见邓纲：《非关税壁垒论纲》，载《贵州民族学院学报》（哲学社会科学版）2005年第5期。

其是在个人数据日益成为国际经济与贸易发展的重要资源的情况下,这一系列的立法极有可能违反相关全球性经贸协定。因此,以非关税壁垒的方式阻碍个人数据的全球共享与流通,已然成为共享经济全球发展过程当中的一大阻碍并极有可能引发贸易争端。①

综上,一方面,个人数据的共享在一定程度上降低了交易成本并保障了交易安全,从而促进了共享经济的全球化发展;另一方面,对个人数据的保护也极易以非关税壁垒的方式出现,从而阻碍共享经济的全球化。因此,如何更好地平衡两者之间的关系需要我们的思考。

(二)个人数据跨境保护的区域立法障碍

想要减少个人数据保护的负面效应,尤其是实现个人数据跨境保护的有效运作,首先就需要明确相关的障碍所在,而这便离不开对相关立法的检视。早在20世纪欧美诸国便针对个人数据保护问题加强立法,并逐步实现了国内、区域两个层次的相关立法规制,从而也构筑了跨境保护的障碍。

首先,从国内立法层面来看,欧洲诸国与美国依据本国的法律体系与立法传统,形成了不同倾向的立法。欧洲采用统一公法模式以维护个人尊严为核心,对个人数据进行体系化的构建,通过赋权等方式实现对个人数据的有效保护。长期以来,欧洲人始终坚信个人数据虽然与人格权尤其是隐私权有所重合,但从功能上来看,人格权主要强调对个人尊严的保护,②而个人数据除了保护以外更强调利用。因此,在已然构建了完备的人格权体系的大陆法系国家,其多选择以单独赋权的方式对个人数据进行规制,其中德国法上的"信息自决权"便是代表。反观美国,由于个人数据与个人隐私有着千丝万缕的关系,而长久以来美国人对隐私权的保护尤为重视,早在1974年美国制定的《隐私法》就以隐私权为基础对个人数据进行规制,此后有学者便提出隐私权本质上就是个人数据控制权。③ 因此,美国以一种开放的大隐私权概念将个人数据涵摄其中,并通过其日臻完善的

---

① 参见黄志雄:《互联网监管政策与多边贸易规则法律问题探析》,载《当代法学》2016年第1期。

② See James Q. Whitman, "The Two Western Cultures of Privacy: Dignity Versus Liberty", 13 *The Yale Law Journal*, 1161(2004).

③ See Daniel J. Solove, Paul M. Schwartz, *Information Privacy Law*, Wolters Kluwer, 3rd ed, 2009, p. 9.

判例去不断完善和发展。① 因此，从国内立法层面可以看出，欧美诸国虽然都针对个人数据保护展开立法，但在诸如立法精神及权利划分等方面产生了较大差异，而这一差异也为该领域的跨境保护增添了障碍。

其次，从区域立法体系构建来讲，由于欧盟的一体化使欧洲在该领域立法上呈现出一种自下而上的态势。1981 年欧共体在整合成员各自立法的基础上，通过签订《有关个人数据自动化处理之个人保护公约》(以下简称《公约》)开始建立统一的个人数据保护体系。之后欧盟开始在相关公约之下，以指令和条例的形式逐步加以细化，并以此来协调欧盟各方的相关立法。目前欧盟在尊重成员方立法权的基础之上已然形成了一个较完善的个人数据保护的法律体系，并通过发挥区域统一立法的外溢效应实现整个欧洲在该领域的立法协调。反观美国，除了通过联邦统一立法之外，其更加强调市场调节和私法在个人数据保护中的作用。② 其倡导各州对该问题作出符合本州实际的立法，并希望各行业能通过制定行业准则来进行自我规制。目前美国针对个人数据保护实际上形成了联邦、各州以及行业等多个层次的立法体系，从而更加灵活地展开对个人数据的保护。欧美双方不同的立法体系构建上的差异虽然符合了本区域内情况，却也对个人数据的跨境保护在实践上增添了一定障碍，因为分层立法所带来的复杂性极易导致相关主体在个人数据跨境流通当中动辄得咎，从而阻碍其跨境保护。

(三)个人数据跨境保护的国际法障碍

国际法的重要功能之一便是协调各国在相关领域的利益，并推动该领域朝着规则化与体系化的方向发展。共享经济以互联网为依托正在推动新一轮的全球化发展，而互联网作为新的国际公共空间也离不开国际法的调整。

从国际法基本原则来看，国家主权原则作为《联合国宪章》所确立的基本原则，构成了现代国际法体系的基石。而在互联网国际公共空间的建立过程中，该原则的延续势在必行。③ 以中国为主导的众多发展中国家，早在 2011 年便提出

---

① 参见王利明：《论个人数据权的法律保护——以个人数据权与隐私权的界分为中心》，载《现代法学》2013 年第 4 期。

② 参见龙卫球：《数据新型财产权构建及其体系研究》，载《政法论坛》2017 年第 4 期。

③ 参见黄志雄：《国际法在网络空间的适用：秩序构建中的规则博弈》，载《环球法律评论》2016 年第 3 期。

国家主权原则在网络空间治理的重要性,而这一观点得到了联合国众多成员方的认可与支持。[①] 因此,从该原则出发,网络主权下的个人数据保护问题带有强烈的属地色彩,对其进行跨境保护也极易触及各国主权利益的敏感地带,这无疑为个人数据的跨境保护增添了难以逾越的障碍。

从具体的国际法操作来看,1995 年欧盟制定的《关于与个人数据处理相关的个人数据保护及此类数据自由流动的指令》(以下简称《指令》)确立了"充分性"保护标准,即欧盟内的相关个人数据在对外传输过程中,接受该数据的国家对数据的保护必须得到欧盟的认可,而美国便被欧盟归入了不充分保护国家,从而引发了美国的不满。因为就美国而言,其认为数据的跨境自由流动是现代商业的常态,应当在限制滥用的情况下鼓励跨境流动创造更大的商业价值,[②]欧盟此举无疑切断了美国的商业命脉,是典型的贸易保护主义的表现。

因此,从国际法层面来看,基于国家主权原则,各国具有制定本国有关个人数据保护法律的权力,而这无疑使该领域的跨境保护蒙上了强烈的属地色彩。也正是基于此,在具体的操作上,美欧之间在有关个人数据流通与保护上的立场分歧使得个人数据跨境保护难以推进。仅仅是双边层次便已困难重重,如果进一步向国际统一协调的模式走,其前景也是不容乐观的。

综上,共享经济的发展离不开个人数据的共享与流通,然而在现有体制下无论是从区域立法层面还是国际法层面都已障碍重重。因此,在传统的模式下继续开展个人数据跨境保护已然前景黯淡,而面向未来我们如何推动该领域走向规则化与法治化仍需思考。

二、共享经济时代个人数据跨境保护软法治理的可行性

(一)互联网共享经济时代的软法勃兴

共享经济模式是依托互联网平台的构建而产生的,对其治理方式的思考本质上是在互联网时代社会治理的理论命题之下展开的。而在互联网时代,社会

---

① 参见苏金远:《"信息安全国际行为准则"草案简评》,载《中国信息安全》2013 年第 8 期。

② See Ronald Wellington Brown, "Economic and Trade Related Aspects of Transborder Data Flow: Elements of a Code for Transnational Commerce", 6 *N. W. J. INT' LL. & BUS.* 1, 20(1984).

治理软法的作用在不断凸显，可以说互联网时代是呼唤软法治理的时代。[①]

软法概念产生于国际法，自麦奈尔勋爵（Lord Mcnair）提出这一概念以来，[②]学界对其概念与属性始终有所分歧。但争与不争它就在那里，抛开概念之争目前学界的基本共识便是"软法是原则上不具有法律约束力但可能产生实际效果的行为规则"。[③] 从国际法领域来看，软法并不能被纳入国际法渊源中。因为作为确定国际法原则和规则的现实存在及其法律效力的表现形式的国际法渊源，在长期的国际法实践中已然被固定为国际条约、国际习惯和一般法律原则。[④] 因此，国际软法的表现形式主要为国际组织、多边外交会议通过的包括决议、宣言、声明、指南或者行为守则等在内的一些能产生重要法律效果的非条约协议。这些协议文件与条约存在很大差异，其内容通常包含原则、标准、规范，一般不涉及具体可执行的权利义务。[⑤] 21 世纪以来，随着公共治理的复杂化和多元化，软法逐渐在国内公共治理领域发挥作用。从国内法国家治理视野来看，软法是不依赖国家强制力保证实施的规范，其主要表现为公共政策、自律规范及行业标准。[⑥]

进入互联网时代，技术的革新改变了社会的结构，互联网时代社会的不可预测性和不可控制性不断加强，国内国际两个领域都呈现出以去中心、分布式和离散化为特征的社会新结构，从而也给予了软法治理的空间。从国内领域来看，互联网带动的个体崛起，为网络空间治理带来了新挑战。传统的治理模式显然难以应对飞速发展的互联网社会，复杂的制定、机械的治理也缺少了可接受性。因此，互联网时代软法治理应运而生，一场以从填补到建构的升级、从渐进到爆发的跨越、从国家向民间的位移以及从经验到创新的突破为特点的"软法革命"也悄然开启。[⑦] 而从国际领域来看，近年来逆全球化趋势风起云涌，互联网的出现更是让每个个体参与到国际治理当中。WTO 多边回合谈判身陷重围更让我们

---

① 参见陈惊天、耿振善：《互联网时代呼唤软法硬法的协同治理——专访罗豪才教授》，载《人民法治》2015 年第 12 期。

② See A. J. P. Tammers, *Soft Law*, *Essays on International & Comparative Law*: *In Honor of Judge Erades*, Hague, Matinus Nijhoff Publishers, 1983, p. 187.

③ See Snyder F, "The Effectiveness of European Community Law: Institutions, Processes, Tools and Techniques", 56 *Modern Law Review*, 19(1993).

④ 参见王虎华：《国际法渊源的定义》，载《法学》2017 年第 1 期。

⑤ 参见陈海明：《国际软法在国际法律秩序中的作用》，载《新疆社科论坛》2010 年第 1 期。

⑥ 参见罗豪才等：《软法亦法》，法律出版社 2009 年版，第 300 页。

⑦ 参见马长山：《互联网 + 时代"软法之治"的问题与对策》，载《现代法学》2016 年第 5 期。

看到单纯依靠国际公约等硬法加以调整已是困难重重,而国际软法具有成本低、程序简、修订易、弹性大等优势,[①]从而更易协调各方利益诉求,平衡新形势下权力去中心化后多级世界的关系。

因此,无论是从软法自身的特性还是近年来互联网推动下国际、国内两个方面的发展变化都可以发现,互联网时代已然成为软法治理的新领域,互联网时代共享经济的软法治理正在向我们走来。

(二)个人数据跨境保护中软法的示范作用

从全球来看,早在1980年,经济合作与发展组织(Organization for Economic Cooperation and Development,OECD)为协调各成员方之间在个人数据流通与保护上的立法差异主动出台了《隐私保护和个人数据跨境流动指南》(Guidelines Governing the Protection of Privacy and Transborder Flows of Personal Data)。该指南作为典型的软法,尽管其对成员方没有强制约束力,但其所创设的诸如个人数据保护基本原则[②]却得到了国际社会的普遍认可,并在之后相关领域国际与国内规则制定中发挥了示范作用。联合国作为全球最具广泛性和影响力的国际组织,其在1990年出台的《联合国关于计算机化个人数据的处理指南》(UN Guidelines concerning Computerized Personal Data Files),更是基于联合国宪章在数据跨境传输、监督与处分机制等方面作出了进一步的规定,该指南除了凭借着联合国的广泛国际影响力进一步发挥软法的示范作用以外,更向世界表明了个人数据的保护不仅仅是发达国家的事,更是包括广大发展中国家在内的全世界所应关注的重大议题。[③]

从区域来看,伴随着电子商务的飞速发展,早在1998年亚太经合组织(Asia-Pacific Economic Cooperation,APEC)便提出《电子商务行动蓝图》,强调只有通过

---

① 参见石亚莹:《论软法的优势和作用——以国际法为视角》,载《法学杂志》2015年第6期。

② 该八项原则为有限收集原则、数据质量原则、目的具体原则、有限使用原则、安全保障原则、开放性原则、个人参与原则和问责原则。See "OECD Guidelines on the Protection of Privacy and Transborder Flows of Personal Data,(Sept,30,2017)",Accessed Nov. 20 2017. http://www.oecd.org/internet/ieconomy/oecdguidelinesontheprotectionofprivacyandtransborderflowsofpersonaldata.htm.

③ See Lee A. Bygrave, "Privacy and Data Protection in an International Perspective", 56 *Scandinavian in Law*,168(2010).

政府与商业的合作才能够更好地实现个人数据的安全传输与隐私权的保护。① 在这一理念的倡导下,2004 年 APEC 制定了具有软法性质的《APEC 隐私框架》(APEC Privacy Framework)并在此基础上通过《跨境隐私规则》(Cross-border Privacy Rules,CBPR)建立了一个 APEC 成员方企业个人数据跨境传输活动的自愿的多边数据隐私保护体系。该体系以成员方企业自愿加入的方式展开,从而有效地回避了成员方之间的利益冲突更不会涉及其国内立法,而这也恰恰凸显了软法的色彩。② 尽管《APEC 隐私框架》作为软法仅仅是倡导亚太地区相关国家采用这一标准进行个人数据保护,然而在实践发展中,我们也发现其所倡导的理念和相关原则与制度正深深地影响着区域内诸多国家的立法,从而印证了国际软法在引导国内立法的示范作用。③

因此,无论是从全球层面还是从区域层面,软法在个人数据跨境保护问题上的示范作用是有目共睹的。其通过理念推广凝聚世界各国在个人数据保护领域的共识,从而为弥补各国立法差异发挥作用。其更通过创设原则与构建框架引导各国在执法层面的体制对接和政策协调,从而为更广泛的个人数据跨境保护体制建立奠定基础。

(三)个人数据跨境保护中软法的硬化现象

综观个人数据保护领域,软法除了发挥其示范作用以外,近年来日益表现出向具有拘束力的硬法转化的趋势,而这最早则是从欧盟个人数据保护体系建立过程中显现出来的。欧洲作为个人数据保护法的发源地,早在20 世纪70 年代就开始关注这一领域。1981 年《公约》尽管开启了欧洲个人数据立法统一化的时代,但其仅仅是止步于原则的确立和框架的构建,也并不具有对成员方的拘束力而带有一定的软法色彩。1995 年颁布有间接法律拘束力的《指令》则进一步要求成员方有义务在3 年内将其转化为内国法,从而意图对各方境内立法进行统一。然而直到 1998 年德国仍未将其转化,因此,2000 年欧盟向德国提起诉讼称

---

① See APEC,"APEC Blueprint for Action on Electronic Commerce", Accessed Nov. 20,2017. http://www.apec.org/Meeting-Papers/Leaders-Declarations/1998/1998_aelm/apec_blueprint_for.aspx.

② 参见邵朱励:《个人信息保护的国际协调》,载《武陵学刊》2017 年第 1 期。

③ See APEC,"The Electronic Commerce Steering Group", Accessed Nov. 20,2017. http://www.apec.org/Groups/Committee-on-Trade-and-Investment/Electronic-Commerce-Steering-Group.aspx.

其未履行成员方义务导致该个人数据保护标准过低。虽然德国在被诉后加快进行了转化,然而这也引发了欧盟在该领域的反思。因此,欧盟理事会和欧洲议会开始计划于2018年颁布具有直接拘束力条例的取代指令,从而防止类似德国的情况再次出现。[①] 所以,从欧盟个人数据保护立法的历程来看,其从公约到指令再到条例的立法历程展现了一种从无拘束力到间接拘束力再到直接拘束力的软法硬化过程。

从双边来看,自欧盟确定"充分性"标准以来,美国便通过各种方式企图打破这一障碍。因此,带有强烈软法色彩的《个人信息跨国流通安全港协议》(以下简称《安全港协议》)便在这一背景下产生。该协议通过企业自愿加入和欧盟有限干预的方式,实现了美国企业对欧盟个人数据的获取。其并不强制要求企业对其国内数据处理方式进行修正,更不会导致美国本国有关个人数据保护相关法律的修改。[②] 然而,2013年"棱镜门事件"的爆发使该协议受到冲击,因此,美欧两国在《个人信息跨国流通安全港协议》的基础上进一步达成了《隐私盾协议》,该协议在继承《安全港协议》的自愿加入、商业信息交换的基础上开始关注政府相关行为,进一步将该协议硬化以凸显其硬法作用。[③]

因此,从欧盟的个人数据立法历程来看,其由公约到指令再到条例的历程呈现了软法硬化的过程,而在以美欧为代表的个人数据双边保护上,从《安全港协议》到《隐私盾协议》也呈现出一种软法硬化的趋势。

综上,互联网共享经济时代的到来为软法发挥其治理作用打开了方便之门,从个人数据保护领域来看,全球与区域两个层次的软法都已然开始发挥其示范作用,而在区域与双边的实践来看,软法更呈现出硬法化的趋势。因此,在个人数据跨境保护领域进行软法治理具有较强的可行性。

---

① 参见黄宁、李杨:《"三难选择"下跨境数据流动规制的演进与成因》,载《清华大学学报》(哲学社会科学版)2017年第5期。

② 参见贾开:《跨境数据流动的全球治理:权力冲突与政策合作——以欧美数据跨境流动监管制度的演进为例》,载《汕头大学学报》(人文社会科学版)2017年第5期。

③ 参见张金平:《跨境数据转移的国际规制及中国法律的应对》,载《政治与法律》2016年第12期。

三、共享经济时代个人数据跨境保护的中国立场

近年来,以共享经济模式为代表的互联网经济在中国飞速发展,而个人数据的跨境流通与保护问题也日益受到关注。自2013年起,尽管相关部门针对个人数据保护连续制定多份规范性文件,但均未涉及有关个人数据跨境保护的问题。但伴随着"一带一路"倡议的全球推广,以我国为主导的个人数据跨境流通会日益增多,而有关该领域跨境保护的问题也需要我国明确立场、选择路径及优化操作。

首先,从基本立场出发,当前网络空间相关国际法规则和制度尚未成型,这为我国参与网络空间国际法治提供了前所未有的契机。[①] 党的十八大以来,中央高度重视网络安全体系的构建。构建网络空间命运共同体是目前国际社会努力的方向,坚持多边参与、多方参与,完善网络空间对话协商机制,研究制定全球互联网治理规则更是我国所倡导的。[②] 2017年施行的《中华人民共和国网络安全法》第7条规定:"国家积极开展网络空间治理、网络技术研发和标准制定、打击网络违法犯罪等方面的国际交流与合作,推动构建和平、安全、开放、合作的网络空间,建立多边、民主、透明的网络治理体系。"其首次表明了在互联网领域开展国际合作的必要性,从而也明确了包括个人数据跨境保护在内的互联网各领域国际合作的目标所在。因此,在个人数据跨境保护上,我们应站在构建网络空间命运共同体的高度加以思索,要牢牢把握维护我国网络安全这一基本立场,从而选择可行的实施路径。

其次,针对路径选择,笔者认为,要充分发挥软法的治理作用,以软法为路径展开个人数据跨境保护的制度设计。在国际法上软法出现的领域往往是那些具有高度国际共识却又极度敏感、存在相当多立法"瓶颈"的领域,暴露出了跨境保护中纷繁复杂的矛盾和冲突。[③] 而个人数据跨境保护问题也由于各方立法差异

---

① 参见黄志雄:《网络空间国际法治:中国的立场、主张和对策》,载《云南民族大学学报》(哲学社会科学版)2015年第4期。

② 参见习近平:《在第二届世界互联网大会开幕式上的讲话》,载《人民日报》2015年12月17日,第2版。

③ 参见万霞:《国际法中的"软法"现象探析》,载《外交学院学报》2005年第1期。

明显,各国利益诉求多元而得到了国际社会的普遍关注。我们要看到该领域软法治理的灵活性,充分发挥软法硬化和硬法软化的双向作用。理论上,国际法学者韦斯曾指出:“随着时间的推移,软法大致会向以下四个方向发展:一是以具有约束力的形式被批准,或者说进入条约规定中;二是作为国内法的一部分被通过;三是成为进一步合作的框架和制定更为具体规则的过程之一;四是成为习惯法。”①实践中,如上所述也让我们看到了软法通过发挥示范作用有着逐步硬法化的趋势。因此,从短期来看,我国应当借“一带一路”之风,尽快制定个人数据跨境保护领域的软法文本,在这一过程当中尽量凝聚国际共识、体现国际标准、推广中国理念。让符合我国基本立场的软法尽早进入国际社会,从而以“润物细无声”的方式发挥软法的示范作用,引领该领域的立法与完善。而从长期来看,在软法发挥其示范作用的同时要不断总结国际社会在个人数据跨境保护领域的最新共识,适时且适当地对相关软法进行硬化,从而推动该领域的体制建构与立法完善。

最后,从具体操作来看,我们应当看到当前软法的发展大有国内与国际相融合的趋势。个人数据保护既是国内问题,更是国际问题。21世纪以来,中国的互联网经济可谓引领世界潮流,互联网治理路径的探索更是转型升级阶段的重要内容。近年来以《大淘宝宣言》《新浪微博商业行为规范办法(试行)》为代表的互联网软法日益发挥作用,而在诸如摩拜单车、滴滴出行等共享软件的使用当中,其与用户达成的服务协议也涉及用户个人数据保护的问题。笔者认为,伴随着互联网时代共享经济的进一步发展,这一系列软法规则会伴随着经济全球化而走出国门并走向世界。因此,我们应当建立起以软法为核心的政府监管与行业自治相结合的治理模式。具体而言,便是倡导商业机构主动制定相关软法进行自我规制,而政府则要站在维护国家基本利益的高度上对相关软法进行审查,从而实现国家意志与商业力量的融合。② 在审查过程当中要强调对相关软法的整合,注意增强软法道德理性、规范软法制定程序等方面完善软法的效力,③为其全球推广奠定基础。

---

① See Edith Brown Weiss, Conclusions: Understanding Compliance with Soft Law, Dinah Shelton 2nd, 2000, pp. 535 - 553.

② 参见曹杰、王晶:《跨境数据流动规则分析》,载《国际经贸探索》2017年第4期。

③ 参见何志鹏、尚杰:《国际软法的效力、局限及完善》,载《甘肃社会科学》2015年第2期。

四、结　语

综上,本文以共享经济时代个人数据跨境保护为视角,通过理顺共享经济与个人数据的关系明确了个人数据跨境保护的必要性。之后通过对个人数据保护区域内立法差异的对比和国际法原则及操作的介绍,明确了在传统模式之下个人数据跨境保护存在诸多障碍。而从软法角度出发,共享经济时代软法的勃兴为个人数据跨境保护的路径选择提供了新思路,长久以来,软法在个人数据保护领域发挥的示范作用与硬化现象使我们看到了个人数据跨境保护软法之治的可行性。最后,笔者站在中国的立场上提出要坚定我国基本立场不动摇。路径上选择依托软法展开个人数据跨境保护,以充分发挥软法的示范作用和软法硬化与硬法软化的灵活性。而在具体操作层面上,要看到软法国内国际相融合的趋势,以政府监管与行业自治相结合的方式推动我国相关软法走向世界。

志愿服务侵权中的赔偿责任问题研究

陈　思*

摘　要：志愿服务在社会各领域中已随处可见，然而，我国目前尚没有在全国范围内统一适用的志愿者立法，也没有统一适用的志愿者服务侵权中的赔偿责任制度。这导致我国存在大量志愿服务侵权行为无法得到赔偿。据此，我国应该完善志愿服务侵权赔偿责任制度，建立赔偿基金，强化赔偿保险，并以行政赔偿作最后保障。

关键词：志愿服务；侵权责任；赔偿制度

Research on Tort Liability Compensation on Volunteer Services

Chen Si

Abstract: Voluntary services are everywhere in society. However, there is no nationwide unified legislation that is applicable for volunteers in our country and no unified voluntary service system of tort liability, which leads to voluntary service tort in our country could not be compensated. Accordingly, our country should perfect the voluntary service tort liability compensation system, establish compensation fund, strengthen compensatory insurance, and make the final safeguard with administrative compensation.

Key Words: Volunteer Service; tort liability; compensation system

* 对外经济贸易大学法学院2017级博士研究生。

一、引　　言

志愿服务作为全社会乃至全世界十分重要的一项社会事业,越来越成为一种国际潮流,也越来越得到我国大众的关注。志愿者自古以来就是奉献、付出的代名词,如今更是志愿服务事业这台大机器不可或缺的一个个铆钉,志愿者推动了志愿服务的可持续性发展,传播了志愿服务的无私奉献精神。但我国至今仍没有全国普遍适用的志愿者相关的立法,目前仅有36个省、市、自治区颁布了志愿者法规及青年志愿者等社会团体的规定。这些规定只能在特定区域内对志愿者的志愿服务行为产生一定的保护与约束,尚不能形成统一的法律层次上的规定,成为我国目前立法上的空白。

随着我国志愿服务事业的迅速成长及志愿服务活动的快速增多,仅仅保护志愿者的权益还远远不够,志愿者在志愿服务活动中对他人的侵权问题也逐渐凸显出来,虽然大多数的志愿服务行为属公益性行为,但仍然要对志愿服务活动中的侵权行为进行责任认定及定损赔偿。本文收集研究了我国目前36个省、市、自治区有关志愿者的法规,发现我国现行各省、市、自治区在志愿服务侵权中的赔偿责任方面存在诸多问题,志愿者侵权后责任主体及赔偿主体不明确,赔偿规则不确定,对赔偿缺乏具有针对性的法律规定,志愿服务赔偿保险不完善,政府资金支持不足等。本研究旨在解决志愿服务侵权赔偿主体的界定、具体赔偿法律原则的适用,提出建立志愿服务赔偿基金制度,强化志愿者赔偿保险制度,以及引入行政赔偿制度可行的立法建议。

二、志愿服务侵权责任的基本问题

要讨论志愿服务侵权赔偿的问题,先要明确志愿服务侵权责任。在志愿服务侵权责任的认定中,其具有特殊性的方面主要体现在志愿服务侵权责任的构成要件、志愿服务侵权责任主体认定以及志愿服务侵权产生责任后的救济思路。

(一)志愿服务侵权责任的构成要件

志愿服务侵权责任,是指志愿者在志愿服务活动中,由于故意或过失致使服务对象人身损害或财产损失应当承担的民事责任。志愿服务侵权行为并不属于《中华人民共和国侵权责任法》(以下简称《侵权责任法》)中的特殊侵权行为,仅仅是一般侵权行为的特殊情况。因此,在我国现行的法律制度下,适宜按照《侵权责任法》的一般规定,确定志愿服务侵权责任的构成要件。

1. 存在志愿服务关系

志愿服务关系,是指志愿者自愿地以为社会奉献等公益目的向需要帮助的服务对象无偿提供服务的权利义务关系。[①] 志愿者是以志愿者组织成员的身份为服务对象提供服务,且其提供的志愿服务行为是代表志愿者组织的行为。志愿者与服务对象之间存在志愿服务关系,这是构成志愿者服务活动侵权行为的一个前提条件。

2. 存在损害事实

志愿者在进行志愿服务时,由于故意或过失等原因造成了服务对象人身损害或者财产损失,这一事实必须是客观存在的。损害事实的存在是志愿服务侵权责任构成的一个重要条件,是认定该责任的逻辑起点。无论志愿者的行为是否违反法律规定,也无论服务对象是否也同样存在过错,只要志愿服务对象有人身损害或财产损失的事实存在即可。

3. 存在因果关系

志愿服务侵权的因果关系,是指志愿者在志愿服务活动中的侵权行为与造成损害的客观事实之间存在因果关系。也就是说,损害事实的发生必须是志愿者在提供志愿服务中产生的。若即使存在损害事实,但损害事实不是志愿者为了提供志愿服务而造成的,那么该损害事实与志愿服务侵权行为之间就不存在因果关系。因果关系是志愿服务侵权行为成立的基础,因果关系的认定是确定志愿者志愿服务侵权中赔偿责任的前提。[②]

4. 主观上存在过错

主观过错是志愿者侵权行为的主观构成要件,是志愿者实施侵权行为时的心理状况。志愿者在志愿服务活动中故意实施侵权行为,或能够预见到自己的行为会对服务对象造成损害结果,却仍实施该行为。对于志愿者的志愿侵权行

---

① 参见邱志炉:《论志愿者与志愿者组织的法律关系》,载《知识经济》2011年第5期。

② 参见张网成:《中国公民志愿行为研究》,知识产权出版社2011年版,第79页。

为而言,志愿者主观上的过错是志愿者承担侵权责任的必要条件。

(二)志愿服务侵权责任承担主体的界定

根据侵权责任法的规定,将我国志愿服务侵权责任主体分为志愿者组织承担替代责任、志愿者个人承担责任以及志愿者与志愿者组织承担连带责任,但要明确最终承担责任的主体,应当首先确定志愿者的划分界限,将志愿者分为注册志愿者与非注册志愿者。注册志愿者是指在依法设立的志愿者组织注册,获得相应的志愿者注册号的志愿者。非注册志愿者则是指未在志愿者组织注册也未获得相应的志愿者注册号的志愿者。

1. 志愿者个人承担责任

志愿者个人承担责任,即志愿者侵权行为产生的责任由志愿者本人承担。注册志愿者在从事志愿服务时未按照志愿者组织的安排,超越志愿者组织的授权范围,肆意地实施了不受志愿者组织控制的服务行为,此时志愿者的行为已经超出了志愿服务范围,不属于志愿服务行为,因其过错行为而造成的一切人身损害或财产损失等法律后果不应由志愿者组织承担而应由志愿者本人承担过错责任。当注册志愿者在志愿者组织授权的范围内故意实施侵权行为,并且志愿者组织对志愿者故意实施的侵权行为不存在任何过错,即已经对志愿者可能产生的侵权行为履行了提醒义务及注意义务时,则志愿者组织同样不承担最终的侵权责任。

非注册志愿者主动、无偿地参与志愿服务活动,由于其未在具有相应资质的志愿者组织登记注册,故不受《中国注册志愿者管理办法》的保护,不属于法律意义上的志愿者,因而在从事志愿服务活动时,无论其行为是否超出志愿者组织授权的志愿服务范围,只要其行为存在过错,对服务对象造成了损害后果,该后果产生的法律责任都应由非注册志愿者自身来承担。[①] 虽然这种将所有的后果都归责于非注册志愿者自身的规定有些不"人道",因为非注册志愿者参与志愿服务活动大多是突发事件,并且非注册志愿者本身也是本着服务他人、贡献社会的信念和责任积极投入其中的,但由于非注册志愿者本身存在过错行为,并且为了规范志愿者的管理,为了保障社会弱势群体的正当权益,法律不得不规定非注册

---

① 参见莫于川主编:《中国志愿服务立法的新探索》,法律出版社2009年版,第37页。

志愿者承担更多的责任。[①] 随着社会活动的多样性,无论是志愿者还是服务对象,其遭受损害的可能性都越来越大,活动中潜在的损害风险越来越不易控制,潜在风险演变成实际损害的情形也越来越无法预见,因此,上述情况的志愿者应当承担过错责任。

2.志愿者组织的替代责任

志愿者组织的替代责任即由志愿者组织替代志愿者来承担志愿者造成的志愿服务侵权责任,该替代责任仅仅适用于注册志愿者。根据侵权行为法的基础理论,侵权行为人一般都要为自己的行为承担侵权责任,但随着社会发展,也逐渐衍生出了因他人的侵权行为而承担责任的方式即替代责任。替代责任是一种特殊的侵权责任,只有注册志愿者才能享有志愿者组织对其进行的权益保障。[②] 注册志愿者服从志愿者组织的安排,并在参与志愿者服务活动中对外代表志愿者组织提供服务行为,且提供志愿服务产生的侵权行为并不存在故意或重大过失时,才符合志愿者组织承担替代责任的条件。

3.志愿者与志愿者组织承担连带责任

志愿者与志愿者组织承担连带责任,即志愿者组织要与志愿者一同对志愿者在志愿服务活动中产生的侵权行为承担责任。该连带责任同样仅适用于注册志愿者。注册志愿者在对外代表志愿者组织提供志愿服务行为时,在志愿者组织授权服务行为的范围内由于过失实施了侵权行为,志愿者组织应当与志愿者承担连带责任。当注册志愿者在志愿者组织授权范围内故意实施了侵权行为,且志愿者组织对于该侵权行为存在过错,即能制止而未制止,没有尽到对志愿者服务行为必要的监督和管理职责时,此时志愿者组织要与志愿者共同承担连带责任。[③]

(三)志愿服务侵权责任的救济思路

志愿服务作为侵权行为的一种特殊方式,在侵权责任救济思路方面也不同于一般的侵权责任。如果一味按照传统侵权法认定责任和赔偿问题,可能导致

---

① 参见袁文全、杨天红:《志愿者侵权行为的责任分配》,载《天津大学学报》(社会科学版)2012年第3期。

② 参见曹艳春:《志愿者的雇主替代责任研究》,载《政治与法律》2008年第6期。

③ 参见田军主编:《志愿服务理论与实践》,立信会计出版社2007年版,第95页。

志愿者负担过重,可能缩小志愿者提供志愿服务的范围,甚至影响志愿者参与志愿服务活动的积极性。志愿服务侵权责任适用传统侵权法的基础上,要适当考虑法经济学的理念。①

1. 传统侵权法为主

由于上文已经从侵权责任法的角度对志愿服务的构成要件及归责原则进行了详细的阐述,故在此不再赘述。因此,当在志愿服务活动中发生志愿者侵害服务对象的权利时,如果志愿者存在故意行为,则由志愿者本人对侵权造成的损失承担责任,但如果志愿者不存在主观故意,则该责任的第一承担者应该是志愿服务组织。并且应遵循以下顺序承担责任:志愿者组织的替代责任、志愿者组织向志愿者追偿;志愿者本人承担责任,即使志愿者组织替代志愿者承担了责任,该侵权责任的最终承担者仍然可能是志愿者本人。②

2. 法经济学为辅

法经济学是要求在对志愿者的侵权行为进行追责时,不仅要考虑法律效果,而且应当考虑经济效果。法律上对志愿者归责及承担赔偿责任的同时,要适当考虑志愿者为社会带来的经济利益,尽量使两者达到一种平衡。由前述可知,即使是志愿者并非出于故意产生的侵权责任,最终也有可能由志愿者本人承担。志愿者故意侵权产生的责任由志愿者本人承担毋庸置疑,但志愿者过失造成的侵权责任最终也由志愿者承担可能导致许多负面影响,如志愿服务队伍的缩小、志愿服务质量的下降等,这与法经济学的观点是相悖的。③ 志愿服务的本质是为社会增加福利,但对志愿者过失行为的严格规制,则可能导致志愿者在志愿服务活动中畏首畏尾,不能提供更优质的志愿服务,阻碍了志愿事业的发展,势必会影响社会福利及经济效益。

三、我国志愿服务侵权中赔偿责任存在的问题

截至 2016 年 12 月,我国现行有效的地方性志愿者服务法规共有 36 部,尚有诸多省市未出台任何与志愿者相关的地方性法规。现已出台的地方性志愿者服

① 参见谭建光、杨旭主编:《当代中国志愿服务研究》,中山大学出版社 2012 年版,第 114 页。

② 参见杨立新:《侵权损害赔偿》,法律出版社 2010 年版,第 256 页。

③ 参见穆青主编:《志愿服务理论与实践研究》,北京理工大学出版社 2010 年版,第 89 页。

务法规效力层级不高,涉及范围狭窄,太过于简单和原则化,无法具体实施,更无法应对现实社会中出现的志愿者侵权问题,志愿者侵权行为的责任分配与赔偿问题也无从解决,志愿服务侵权责任赔偿仍然是我国志愿服务事业道路上的一大难题。

(一)对赔偿缺乏具有针对性的法律规定

在我国36部志愿者法规中,没有任何一部法律提出志愿者在志愿服务活动中造成损害的赔偿方法,也没有单独出台相关法律对该问题予以明确。志愿者侵权后的赔偿规则大多依照其他相关法律规定,目前仅仅依照《侵权责任法》中规定的传统侵权责任赔偿的方法来确定责任及赔偿问题,但这并不能完全照顾到志愿服务的特殊性。志愿者侵权行为造成的人身损害参照一般人身损害赔偿的法律规定,即按照最高人民法院《关于审理人身损害赔偿案件适用法律若干问题的解释》中的赔偿规则来确定志愿者侵权赔偿规则,赔偿金额的计算标准按照《侵权责任法》中的规定来确定。而志愿者侵权行为造成的财产损失通常以损失财产的价值为标准,赔偿金额即财产损失发生时的市场价格,该物已经使用多年的,其全价应当是市场相应的折旧价格。

志愿服务侵权虽然是一般侵权行为,但其本身也具有一定的特殊性和复杂性。因此,仅依靠现行法律很难恰当实现志愿服务侵权赔偿问题,我国应当制定合理的志愿服务侵权赔偿规则,而不是仅仅依靠参照其他法律或司法解释来实现志愿服务的侵权赔偿。比如,明文规定赔偿的范围、赔偿的金额等,使被侵权人在行使求偿权时有合理明确的法律依据,能有明文的法律保护被侵权人的合法权益及获得赔偿的具体实现办法。

(二)法律未明确志愿服务侵权的责任与赔偿主体

针对我国现有的36部地方性法规,其中14部法规中根本就没有提及侵权责任的问题,对于其余的22部法规,虽然有法条明文规定需要承担侵权责任,但对各地方性法规对于责任主体的规定就很不明确,对赔偿主体问题更是完全没有提及。

如前所述,根据侵权法现有的规定,可以划分志愿服务侵权中的责任主体,即分为志愿者组织、志愿者个人及志愿者与志愿者组织共同承担责任。但是,由于现行的地方性法规过多,当出现侵权行为地和结果地不一致时,志愿者身份界定这一前提性问题都无法统一,则后续的赔偿主体问题更不能得到明确界定。例如,侵权行为在甲地发生,但损害结果在乙地发生;或侵权行为在甲地发生一直持续到乙地。这种情况对选择适用哪一部地方性法规存在争议,这归根结底还是我国没有统一的立法对志愿者侵权责任进行明确的规定,在面临跨省市的志愿服务侵权案件的具体实施时仍是一项严峻的考验。

认定责任主体是确定赔偿主体的前提,当前,各地责任主体认定标准的不统一,必将导致将来认定赔偿主体时无法形成一致规定,这势必影响最终的赔偿结果,从而使被侵权人遭受的侵害无法更好地得到赔偿。①

(三)志愿服务侵权赔偿保险制度不健全

志愿者侵权赔偿无法实现的一大原因,就是志愿者组织和志愿者自身往往都缺乏相应的资金支持。我国仅仅有 19 部法规规定志愿者组织应当为志愿者购买保险,对志愿者保险有了强制性的规定以及法律上的依据。但其余省、市、自治区完全没有提及志愿者的保险问题,说明目前全国近一半的省、市、自治区还是没对志愿者个人的权益有更多的关注,缺乏赔偿的风险分担意识,一切赔偿都要由侵权志愿者独自承担,既加大了志愿者经济负担,又不利于志愿事业的可持续发展。② 并且在规定赔偿保险制度的省、市、自治区中,保险内容的差异性比较大,在保险范围、险种及强制程度方面也都有很大差别。

(四)政府保障支持力度不够

我国志愿者组织的资金来源主要依靠政府补助,政府在保障志愿者组织的持续发展及维护志愿者组织、志愿者与被侵权者三者之间的利益平衡中,起到了举足轻重的作用。政府的政策、领导人的支持等都将是被侵权者强大的保障力量。但我国政府在对被侵权者权益及财产方面的保障都还远远不够。一旦出现意外事件损害致使服务对象人身或财产损害的情况,就会出现被侵害者找不到

---

① 参见翁王婷、明平:《志愿者受损害赔偿责任分配研究》,载《湖北警官学院学报》2015 年第 5 期。

② 参见邱服兵、涂敏霞、沈杰主编:《中国志愿服务典型项目研究》,人民出版社 2015 年版,第 107 页。

承担赔偿主体,所受到的侵权无法获得赔偿,这时就要依靠政府的财力保障被侵权者的合法权益。

四、我国志愿服务侵权赔偿制度的完善建议

针对以上提出的问题,我国应当从明确赔偿主体及诉讼方式、确立实现赔偿的法律原则、建立志愿服务赔偿基金制度、强化志愿者赔偿保险制度并引入行政赔偿制度等方面完善相关法律规定。

(一)明确赔偿主体及选择诉讼方式

1.赔偿主体

目前我国志愿者侵权责任的赔偿主体,主要是志愿者组织和志愿者本人。狭义志愿者在志愿者服务活动中对于在志愿者组织授权范围内造成的侵权责任应当由志愿者组织承担,相应的赔偿也应当由志愿者组织承担;狭义志愿者超出志愿者组织授权范围或广义志愿者的志愿服务侵权责任的最终承担者应当是志愿者本人。[①] 因此,被侵权人可请求的赔偿主体即赔偿方式有三种:首先,被侵权人可以向实施直接侵权行为的志愿者请求赔偿;其次,被侵权人既可以直接向造成侵权的志愿者请求赔偿,也可以向志愿者所属的志愿者组织请求赔偿;最后,被侵权人根据侵权的不同情形,可分别向志愿者和志愿者组织请求赔偿。

2.诉讼方式

目前我国常见的志愿服务侵权大多数是个人的行政诉讼,被侵权者在选择诉讼方式时可根据志愿服务的侵权类型和结果选择不同的诉讼方式。

首先,相关法律可规定,被侵权人若想获得赔偿数额,可通过和解或诉讼的方式,如果被侵权人与赔偿主体之间就赔偿数额等问题不能达成一致意见,则被侵权人可以向人民法院提起诉讼。因志愿服务侵权行为造成损害的,被侵权人可以选择单独诉讼或者共同诉讼的方式提起诉讼,当被侵权人为多人即大于3人时,要求被侵权人应当选择共同诉讼,有利于减轻各被侵权人的诉讼压力。被侵权人在共同诉讼中,被侵权人的人数应当在开庭审理前确定,人民法院判决被

① 参见佘双好主编:《志愿服务概论》,武汉大学出版社2013年版,第178页。

告对人数众多的被侵权人承担侵权责任赔偿时,要将每个被侵权人的姓名、相应的赔偿金额等列表附于民事判决书之后。因此,志愿服务侵权责任赔偿的共同诉讼是人数确定的共同诉讼。①

其次,除了常见的行政诉讼外,法律应当注重民事诉讼制度在志愿服务侵权赔偿问题中的运用,明确规定被侵权人可以通过提起民事诉讼的方式维护自己的合法权益,获得相应赔偿。我国应当明确规定赔偿程序,每一项赔偿都要经过相应的程序受害人才会获得赔偿数额。首先,由受害人提出书面申请,在申请书中被受害人应当明确提出赔偿的数额等赔偿相关事项,然后将赔偿申请书提交志愿者组织进行审查,经过志愿者组织的核实及核对。其次,如果志愿者组织或志愿者接受受害人在赔偿申请中提出的赔偿请求,则应当与受害人签署赔偿协议,向受害人支付赔偿金额;如果志愿者组织或志愿者就受害人在赔偿申请中提出的赔偿请求不能达成一致意见,且经过双方协调后仍不能达成共识,则受害人可以向志愿者组织所在地或志愿服务侵权行为发生地的人民法院提起诉讼。

(二)确立实现赔偿的法律原则

我国在实现志愿服务侵权赔偿时应当确立全部赔偿为主,考虑实际经济为辅的赔偿原则。志愿服务活动全部赔偿原则即财产赔偿原则,是指志愿者侵权损害赔偿责任范围的大小,应当以志愿者对其侵权行为所造成的财产损害的大小为依据,按照志愿服务侵权责任原则由志愿者或志愿者组织承担全部责任。换言之,就是赔偿以志愿者所造成的损失为限,被侵权人损失多少就赔多少。这是由志愿服务侵权损害赔偿的性质所决定的。同时应当考虑志愿者经济状况原则,只有在志愿者确定无能力赔偿的情况下,才可以根据具体情况适当减免志愿者赔偿责任。② 这一原则不是对全部赔偿责任的否定,而是对全部赔偿原则的补充和变通,在通常情况下,即在志愿者有赔偿能力的情况下,应当对志愿者适用全部赔偿的原则。在志愿者确实无力全部赔偿的情况下,可以适用考虑志愿者经济状况原则,适当减免志愿者的赔偿责任,减轻志愿者自身的压力。

首先,适用该原则必须查明志愿服务侵权事实,弄清志愿者是否应负赔偿责

---

① 参见党秀云、蒋欣:《我国志愿者权益保障:困境、问题与对策》,载《新视野》2010 年第 3 期。

② 参见孔东菊:《从关系类型区分探析志愿者组织对志愿者服务侵权的责任》,载《广东行政学院学报》2011 年第 10 期。

任。其次,应明确志愿者对被侵权人的赔偿范围,确定赔偿数额。查清志愿者的真实经济情况,包括志愿者的个人收入、财产、债务等,只有在这些情况都调查清楚的时候,才能根据实际情况,确定赔偿责任的减免。再次,还需要得到被侵权人的谅解。被侵权人的损失是客观存在的,而志愿者的责任又是明确的,只有得到被侵权人的原谅时,才可以适当减轻志愿者所应承担的赔偿责任。最后,在志愿者与被侵权人双方的经济状况都困难的情况下,可请有关部门对被侵权人予以适当救济。在志愿服务侵权行为发生后,志愿者赔偿责任的减免必然会造成被侵权人的部分或全部财产损失得不到补偿。如果被侵权人的经济状况也不是很好,则减少赔偿金额也会使被侵权人陷入严重的生活困难。

(三)建立志愿服务赔偿基金制度

目前承担志愿者侵权赔偿责任的是志愿者组织和志愿者,但志愿者服务具有无偿性和公益性,志愿者组织不是以营利为目的的组织,而且由于志愿者组织具有侵权责任的财力保障不足,资金来源渠道少但支出范围广等特点,导致志愿者组织没有相应的富余资金作为侵权行为的赔偿保障,一旦发生重大的侵权赔偿时,就会严重影响志愿者组织的发展,进而影响我国志愿服务事业的发展。而对于志愿者承担赔偿主体,则似乎更缺少了一点保障性,因为志愿者作为一个自然人其承担赔偿责任的能力比志愿者组织还弱,让其来承担赔偿责任不但不利于志愿者个人生活,更不利于鼓励更多的志愿者参与志愿服务活动。[①] 那么,在志愿者组织和志愿者承担赔偿责任都不是最合适的情况下,志愿者侵权行为赔偿基金制度的建立则体现出重大的意义。

1. 侵权责任赔偿基金制度建立的模式

我国目前基金制度的模式,可以采用信托型基金即契约型投资基金,志愿者侵权行为导致的赔偿基金主要由信托型基金的管理者来管理,管理者遵守基金制度的原则,在发生志愿者侵权行为时承担给予被侵权者的赔偿责任;信托型基金主要是为了被侵权人的利益管理财产,志愿者组织应定期向基金缴纳一定数额的资金作为基金代替承担赔偿的责任基金。同时,也是为了确保在志愿者组织承担责任且无力赔偿时,被侵权人照样可以通过信托型基金的模式获得及时、充分的

① 参见毛立红:《中国志愿服务法制化研究》,中国人民大学出版社2013年版,第132页。

赔偿;信托型基金在很大程度上做到了财产的相对独立性,其财产不受政府、志愿者组织等任何机构的干预,不容易将基金的财产与志愿者组织的财产相混淆。

2. 侵权责任赔偿基金制度的资金筹资问题

基金的筹资问题是志愿者侵权行为赔偿基金制度建立的一个重要问题,只有资金达到一定数目,基金制度才能很好地建立起来。目前我国现行的基金筹资方式主要有政府拨款、社会途径捐款以及捐赠、志愿者组织缴纳的一定资金。首先,政府拨款是指政府每年无偿向基金拨款作为常设性的资金,这确保了基金的正常运行;其次,社会途径的捐款及捐赠是指社会团体及个人无私的对基金提供资金帮助,如可以通过慈善机构、福利彩票等形式;最后,志愿者组织缴纳的一定资金是指以志愿者组织为单位,每年定期向基金缴纳一定资金作为责任资金。

3. 侵权责任赔偿基金的使用方式

基金的使用方式,是侵权赔偿基金制度能够持续发展的最重要的问题。首先,对于基金的使用情况,只要是由志愿者及志愿者组织最终承担侵权赔偿责任的都属于基金制度的适用范围,我国诉讼时效有明确法律规定即为3年有效期,因此,被侵权人的索赔期限也可以为3年。其次,关于基金的支出程序,对于适用基金制度进行赔偿的被侵权人,应当首先确定赔偿的标准及数额,在双方都没有异议的情况下再进行赔偿,如果对赔偿的标准或数额存在异议,则可通过诉讼等程序请求司法救济。①

我国香港特别行政区就是以志愿者侵权行为赔偿基金制度的模式对志愿者服务活动中被侵权者进行赔偿的。

(四)强化志愿者赔偿保险制度

建立志愿者赔偿保险制度,无论对志愿者本人还是对志愿者组织都是最好的保护权益的方式,志愿者组织为志愿者购买保险不但能有效保护志愿者的合法权益,给志愿者内心安定踏实,而且在侵权赔偿过程中能够在一定程度上帮助志愿者组织分担风险。我国志愿者赔偿保险制度,应当结合社会保险和商业保险来建立。

1. 社会保险

社会保险是志愿者保障体系的根本。志愿者组织必须依法负责为志愿者投

---

① 参见鲍晓晔:《我国志愿者权益保护立法研究》,载《湖北社会科学》2012年第6期。

保,否则志愿者在志愿服务的过程中出现意外状况时造成的人身和财产上的损失,难以得到及时合理有效的赔偿。社会保险发挥的是社会稳定器的作用,在发生不可避免的志愿服务侵权损害事件时,既能保证被侵权人的正常医疗,又能保证志愿者本人的基本生活水平和志愿者组织的稳定发展,防止不安定因素的出现,有利于实现志愿者组织、志愿者、被侵权人三者之间的公平。

2. 商业保险

商业保险作为社会保险的重要补充,在保障志愿者身体和财物安全的过程中发挥了突出的作用。同时,商业保险由于其保险额度通常较大,还能够弥补志愿者社会保障金额不高的难题。社会保险对志愿服务提供的仅仅是"低水平、广覆盖"的保障,对一些数额重大的、人数众多的志愿服务侵权赔偿案件来说,仅依靠社会保险是远远不够的,因此,为了能够更好地规避重大侵权赔偿案件、分担赔偿风险,为志愿者购买适当的商业保险也是必不可少的。

(五)引入行政赔偿保障

引入行政赔偿即引入政府赔偿,政府的赔偿保障作为被侵权人的最后一棵稻草,应当承担最终的替代赔偿责任。虽然前文已经对志愿者侵权行为的责任分配及赔偿分担问题进行了深入的分析,并且也指出了合理的承担主体,但仍不能保证承担主体一定有能力对被侵权人进行实际赔偿。比如,即使已经确定由志愿者组织承担赔偿责任,但由于被侵权的人数过多或者志愿者组织出现资金短缺等情况而无法实际给付赔偿金额的情况时,为了更好地维护被侵权人的人身和财产利益,政府应当作为替代赔偿主体承担实际的金钱给付。同时,当出现意外事件造成服务对象损害的事实时,由于不存在侵权行为的责任主体,对被侵权者合法权益的赔偿很难找到合适的赔偿主体,此时政府的行政赔偿能更好地解决这一问题。① 政府保障必须经过严格的申请程序,应当由志愿者组织与被侵权人共同向所在地方政府申请赔偿,并且志愿者组织应当有足够充分的申请理由。政府赔偿保障的引入既保证了被侵权人能够得到应得的赔偿,也是对志愿者组织财务上的有力支撑,确保志愿者组织能够健康地发展下去。

① 参见张琴、王峰:《我国突发事件中的志愿者法律关系研究》,载《辽宁行政学院学报》2011年第1期。

个人债务清理基本法律制度的中国塑造

王斐民[*]　乔　星[**]

摘　要：在我国，个人投资经营、消费信贷等活动日渐活跃。随之引发的债权债务纠纷愈渐增多，陷入困境的个人如何脱困、如何进行债务清理引起各方关注。我国建立个人破产法律制度的文化背景和现存法律制度条件都还不够成熟，主要根源不仅在于宽容冒险、宽容失败的文化缺失，还在于现有法律制度缺乏识别陷入债务困境之人是诚信之人还是耍赖之人。因此，给个人破产法一个更中性的名称——个人债务清理法，同时在该法的具体制度建设中围绕个人信用的奖惩与修复机制为中心进行研究与探讨，是本文的核心命题。首先，需要对个人（自然人）破产抑或个人（自然人）债务清理，即名称上的争议进行辨析，确立一个与立法精神更相符合的名称；其次，就个人债务清理中的自由财产制度、免责制度、失权与复权制度，在借鉴域外经验和我国强制执行经验的基础上进行制度塑造；最后，衔接与配套制度的完善能够充分有效的健全整个债务清理机制。信用问题在个人债务清理法的每一项具体程序与制度当中都很重要，并需得到足够的体现。债务清理法和社会信用法相结合、相促进，对于提升现代社会治理体系和国家法治化建设具有很大促进作用。

关键词：个人破产；个人债务清理制度；免责；失权与复权；自由财产；信用

---

* 北方工业大学文法学院教授、硕士研究生导师，金融科技与信息安全法治研究所所长，法学博士。

** 北方工业大学经济法学专业2015级硕士研究生。

Chinses Establishment of the Basic Legal System of Individual Clearance

Wang Feimin　Qiao Xing

Abstract: Recently, the disputes between creditor and debtors are growing in volume with the activeness of individual investment and consumer credit in China. It has drawn greater concern that how debtors get rid of financial distress and conduct debt clearance. The cultural background and existing legal system conditions of establishing legal system of individual bankruptcy in our country are not mature enough, not only the lack of culture of tolerating venture and failure, but the existing system can't identify weather debtor have integrity or not. Therefore, the core proposition of this paper is to coin the term "individual Clearance Law", a neutral name of Individual Bankruptcy Law. At the same time, discussing the reward and punishment mechanism of individual credit system and credit repair specifically. Firstly, it is necessary that to establish a term consisting with legislative spirit in terms of individual (natural person) bankruptcy or individual (natural person) clearance. Secondly, on the basis of the experience of foreign countries' bankruptcy law (or debt clearance law) and compulsory enforcement of civil judgment in China, building the system of free property, the system of exemptions, limitation of rights and rehabilitation. Finally, the perfection of supporting system of individual debt clearance law would improve the whole individual clearance mechanism sufficiently and effectively. Credit issue is embodied in every specific procedures and systems of individual debt clearance law. The combination of individual debt clearance law and social credit law can enormously improve modern social governance system and rule of law in China.

Key Words: individual bankruptcy; individual debt clearance system; discharge; limitation of rights and rehabilitation; free property; credit

一、导　　言

随着经济发展水平的升级,个人乃至通过家庭、个体工商户、农村承包经营户、个人独资企业、合伙企业等组织形式参与生产、交易、分配、消费等经济活动的程度不断加深,其陷入债务困境的概率倍增,即使作为承担有限责任的公司、合作社的成员参与市场活动,有可能因为各种情形而直接向债权人承担财产责任,因此,个人在其现有资产不能清偿到期债务时,亦难免陷入债务困境。陷入债务困境的个人,甚至比企业更需要一个法律框架和程序进行破产保护,有序地清查资产、进行债务清理,这不仅是人权保障的内在需求,也是债权保护和社会信用链条顺利运转的外在要求。当今世界,诸多国家和地区通过立法确立了个人破产制度或者个人债务清理制度,并得到了一定程度的有效运行。我国学术界呼吁构建具有中国特色的个人破产法律制度的呼声也是一直存在的。但是,反对的声音也一直存在。其最主要的担忧是,在中国目前的个人财产不清晰(产权登记体系不完整、不规范),财产隐匿现象严重(财产登记在近亲属、朋友的名下),个人信用不彰(一些不诚信的个人可能利用破产法律制度逃债)的情况下,个人破产法律制度还不宜立法、实施。其中的争议焦点集中于个人的资产信息不对称。在个人与其多个债权人之间对于个人责任财产、个人债权数额及性质存在不对称信息的情况下,对个人信用及相关保障信用的法律机制的社会需求则非常强烈。诚如有学者所言,越是信息不对称的领域、行业、信誉、信用的重要性越高。① 本文从个人信用及其法治保障机制入手,以比较法、系统论的方法,深入讨论我国个人破产法律制度(更适合称为“个人债务清理法律制度”,后文详述)的塑造问题及其与个人信用法律制度之间的协同关系问题,期望能对破产法的完善、信用立法的出台有所助益。

① 信息不对称就产生了对信誉的需求,越是信息不对称的行业,信誉越重要;信誉是作为信用当中带有褒义性质的评价,而信用则是一个被普遍接受的法学用语。从法学角度来看,越是信息不对称,信用及相关法律制度就越重要。参见张维迎:《产权、政府与信誉》,生活·读书·新知三联书店2001年版,第144~145页;石新中:《论信用概念的历史演进》,载《北京大学学报》(哲学社会科学版)2007年第6期。

二、个人(自然人)破产抑或个人(自然人)债务清理:一个可争议的名称

(一)自然人与个人之辨析

用"个人"还是用"自然人",在学术界有较大争议,对此未有定论。我国使用的"个人"一词,直译于美国破产法中的"individuals",与自然人"natural person"之间是有所区别的。[①] 自破产(或叫债务清理)而言,个人(或自然人)破产与其他主体破产的最大不同点是,无论是进入哪种破产程序,在其结束之后,自然人仍要存续,不可以像企业一样通过注销登记而不再存续。因此,无论使用自然人还是个人,均符合其主体的内在规定性。世界银行于2014年发布的"Report on the treatment of the Insolvency of Natural Person"(《自然人破产问题处理报告》)中,使用的是"自然人"的术语,而并未使用"个人"这一术语。尽管该报告声称模糊地使用了"自然人破产""个人破产"这一术语,而且将报告限定于应对个人破产而产生的问题,而非应对商业活动、商业信用而产生的问题,但这是为了在更广泛的包括各种法域的不同情况而刻意地排除了商自然人破产的问题。我国作为一个民商合一的国家,对于作为个体的人,不仅具有民事的法律意义,而且具有商事的法律意义,因此,立法中区分自然人和商自然人,并分别适用"破产规则"并无实益。

2017年3月15日,由第十二届全国人民代表大会通过的《中华人民共和国民法总则》(以下简称《民法总则》)将民事主体明确为自然人、法人以及非法人组织,将《中华人民共和国民法通则》中的公民调整为自然人。自然人从出生起到死亡时止,具有民事权利能力,依法享有民事权利并承担民事义务。根据《民法总则》的规定,自然人还包括个体工商户和农村承包经营户。[②] 民(商)事主体出现债务困境需要进行债务集中清理时,企业法人适用《中华人民共和国企业破

---

① 参见文秀峰:《个人破产法律制度研究》,中国政法大学民商经济法学院2004年博士学位论文,第10页。

② 根据《民法总则》第56条的规定,个体工商户的债务,个人经营的,以个人财产承担;家庭经营的,以家庭财产承担;无法区分的,以家庭财产承担。农村承包经营户的债务,以从事农村土地承包经营的农户财产承担;事实上由农户部分成员经营的,以该部分成员的财产承担。

产法》(以下简称《企业破产法》)自不待言,其他类型的法人以及非法人组织,依据其组织法的相关条款和《企业破产法》第135条的规定,参照适用《企业破产法》亦无不可。但是,对于自然人的债务清理,在现有立法体系中几乎空白。尽管有参与分配、①限制高消费和失信被执行人名单、强制执行中保留必要生活用品、执行终结等可以适用于个人债务清理之中,但是这些规定限于强制执行领域,而且分散零碎,有关自然人债务清理中的挽救、保护债务人以及鼓励债务人诚实信用的理念与规则处于空白状态。从《民法总则》确立的民事主体体系和公司法、合伙企业法、个人独资企业法确立的企业法体系的现有路径出发,在企业破产法之外制定个人破产法或个人债务清理法,不仅能够实现高效立法、避免因为提出公因式的困难导致立法上的理论难题,而且能够同时应对自然人因生活消费行为限于困境的问题和个人因投资于企业或从事其他商业行为限于困境的行为。

(二)个人破产更迭为个人债务清理的优越性与可行性

"破产"一词最早的起源说法不一,有《十二铜表法》和《汉谟拉比法典》之争,②但在当代,这一用词因为学科差异和国别和地区、发展阶段的差异而具有不同含义。

经济学意义上的"破产"是指一种支付不能的状态,是对事实的客观描述;法学意义上的"破产"是指通过一系列法律手段和程序,对债务人的财产进行清理与分配,以解决债权债务关系。

随着立法目的、价值观以及对破产观念理解的变化,破产概念的内涵历经变化与丰富。英国早期的破产立法带有惩罚债务人以及保护债权人合法权益的意味,因此在制度的订立以及法案的制定上,都带有较强的保护债权人利益的色彩,例如,1705年法案的标题为"防止破产人频繁诈欺法案"。到了19世纪,由于社会对于不能清偿的债务人所持观点出现分歧,不再全盘持强硬的惩罚态度。1861年至1914年修订多次的英国《破产法》规定公司、个人均可破产,并逐渐呈现出对债务人的保护倾向。1982年《无力偿债的法律和实践》和2001年7月的

---

① 参见最高人民法院《关于适用〈中华人民共和国民事诉讼法〉的解释》第508~512条。

② 参见汤维建:《破产概念新说》,载《中外法学》1995年第3期。

《生产力与企业——破产:第二次机会》的目的在于给予诚信的债务人东山再起的机会,2002年在英国《企业法》中对个人破产的内容进行改革,建立了明确的个人债务人的保护与奖惩机制。德国现行破产法是1994年10月5日颁布,1999年1月1日生效实施的“Insolvenzrecht”,有人译为破产法,有人译为支付不能法。在这部法律中增加了重整程序,对消费者破产设置了特别程序,增加了免责制度。日本有《破产法》《公司更生法》《民事再生法》等多个破产立法,而且还规定有特殊的ADR(Alternative Dispute Resolution)程序(包括特定调解以及信贷咨询制度),尤其是《民事再生法》在消费者破产案件高发的情境下,对自然人以及消费者的重整性倒产程序进行了强化,引入了有关自然人重整的特殊规定,对小规模个人再生、工资所得者等再生程序以及关于住宅资金贷款债权的特则进行了规定。美国《破产法典》中,也有“有固定收入的个人债务调整程序”的规定。韩国《债务人回生法》、我国台湾地区的“消费者债务清理条例”、中国香港特别行政区《破产条例》的“个人自愿安排制度”,对个人破产更倾向于使用回生、重整、个人债务清理等术语,尤其是我国台湾地区自2005年以来修订“破产法”过程中一直在尝试用“债务清理法”替代“破产法”的叫法。这种从“破产法”到“支付不能法”再到“债务清理法”的演变趋势,逐渐呈现出更加照顾债务人主观意愿与感受的用词,用以替代“破产”这一含有贬义和冲击色彩的用语。

对于债务人和受理破产案件的法官而言,“破产”一词表明处于债务无力清偿的不利境地,具有强制性、惩罚性等消极含义。而“个人债务调整”“债务人回生”“消费者债务清理”“个人自愿安排”等说法,更多地是从鼓励、帮助债务人振兴复兴的角度进行规定,目的在于给予债务人东山再起的机会,从而促使债务得到清偿,展现出立法理念变化、救济比例的增加、社会对破产的接受程度提高以及债务人所处困境的包容,现代的破产法已经基本变成债务人的救济手段。因此,“破产”这一带有明显惩罚色彩的用词,已经不适应于现代破产法尤其是个人破产法,使用“个人债务调整”“个人债务清理”能够更好地凸显这一系列程序的属性以及所要实现的功能。

目前,我国个人参与的信贷业务呈现急速增长的趋势,在现实生活中,个人陷入债务困境的情形屡见不鲜,如何减轻债务人的负担、保障债权人的利益,如何对债务人进行债务清理、防止欺诈,则是亟待深入研究的课题。

个人征信系统、财产登记制度、重要领域的实名制、个人信用信息平台建设、大数据为基础的个人信用评级以及社会保障体系的建设，对于建立健全我国的个人债务清理法律制度奠定了信用基础，但是信用体系自身建设尚不完整，其与个人债务清理的协同作用还没有得到有效发挥。如世界银行的报告所言，自然人破产的制度框架，是消费信用和商业信用的基本规则的一部分，是一个国家消费信贷发放和债务收偿机构发展不可或缺的有机组成部分，①因此，制定个人债务清理的法律框架，也必须协同个人信用的基本立法，对二者之间的关系进行深入研究。

三、个人债务清理中的基本制度：经验与再塑

个人债务清理中，有一些实体上的基本制度，如自由财产制度、免责制度、失权与复权制度等，需要借鉴域外经验和我国强制执行程序中的成功经验予以重塑。

（一）自由财产制度

自由财产也可以称为豁免财产，是指出于人道主义的考虑因素，为了维系债务人个人及其抚养或赡养的家属（以下简称家属）能够进行正常的生活，即便处于债务清理程序中，也能够由债务人自行管理与处置的部分财产。自由财产制度是人类文明的产物，经历了较长期的发展才成为一项成熟的法律制度。

自由财产不能被查封、扣押或用于清偿，类似于其他法律中规定的不能被执行的财产，是基于基本生存权而确定的，以维持处于困境的个人及其家属的基本生存需求，保障其生活的基本水平。自由财产制度不仅为债务人及其家属提供了基本生活保障，而且有助于打消或削减债务人不诚实行为或产生轻生的念头，促进其积极参与法律程序、保障程序的顺利进行。

自由财产制度是为了保障债务人的人权，并同时维护债权人的合法权益而存在的一项基本制度，这项制度要同时兼顾各方的合法权益，因此，对于其中的每一项具体环节都需要进行审慎的研究与考量，从而制定适当的标准以供执行。

① 参见自然人破产处理工作小组起草：《世界银行自然人破产问题处理报告》，殷慧芬、张达译，中国政法大学出版社2016年版，第66页。

目前世界各国及地区中,放宽自由财产范围的趋势正在不断增强,自由财产的水平和范围也得到了提升,这与国家的现代化发展息息相关,同时也能够节省估值所带来的沉重负担。[①] 我国的《企业破产法》中未对自由财产进行规定,自由财产仅仅对于破产人为个人的情景而言具有研究的价值,对企业法人和其他非法人组织则不具有意义。《中华人民共和国民事诉讼法》(以下简称《民事诉讼法》)规定,要为被执行人留存足够的生活必需品以及维持基本生活水平的财产,这些规定对于强制执行的司法实践,即对于不可执行的个人财产的范围的类型,对于我国个人债务清理中的自由财产的范围确定具有重大参照价值。

对于自由财产的范围,由于世界各国和地区通行的做法是列举式和概括式。列举式的优点是方便执行,但是由于列举的同时把财产的种类或范围限定了,难以有回旋的余地,显得较僵硬与刻板,不能够灵活变通;而概括式通常是将不能用于执行的财产一笔带过,规定得较简单,能由法官进行自由裁量,概括式中有一种是与民事执行法律制度相结合,援引民事执行法中的不可执行的财产来界定自由财产的范围,[②]这种方式较简便。英美法系更多采取的是列举式的方法,大陆法系则主要采取概括式的规定。我国在构建自由财产制度时,不应偏向于某一种方式,而应当综合地考量适合我国国情与实际的具体方式,可以同时借鉴这两种方式当中的合理部分,构建具有中国特色的自由财产制度。我国可以列举一系列的财产种类作为自由财产,让人们能够做到心中有数,减少在财产执行中的争议,方便破产案件的审理,同时以兜底的方式规定"《民事诉讼法》等相关法规规定的不可执行的个人财产"。通过将两者结合起来,让债务人能够有效地预判破产程序开始之后的生活保障情况,从而减轻其心理压力,积极配合破产程序的进行。

在我国,财产种类繁多,难以穷尽列举,但是大体而言主要应当包括以下财产:(1)一定数量的能够保障基本生活水平的金钱,这部分金钱中还应当包括其所要抚养、赡养的同住亲属等人,具体的数额可以按照当地最低生活水平的标准;(2)生活所必需的动产及不动产,动产包括衣服、日用品等,不动产主要是房

---

① 参见自然人破产处理工作小组起草:《世界银行自然人破产问题处理报告》,殷慧芬、张达译,中国政法大学出版社2016年版,第93页。

② 日本破产法规定,"不得扣押的财产,不属于破产财团",对于不得扣押财产的规定,依据民事执行法的规定进行确定。德国《支付不能法》规定与日本类似。

屋,或能够承担其生活租房的费用,并可以酌情留出方便债务人继续创业的工业设备或物品;(3)对债务人而言具有独特价值或意义的财产,包括具有纪念意义的、具有精神价值的以及具有专属人身性的物品,这些物品由于其本身对债务人具有独特的含义,或者是专属于债务人个人的,即使作为破产财产而言也不会对债务的清偿产生太大的价值,因此应当留存给债务人。由于我国的生产力水平一直在稳步发展,人们的生活水平也在逐渐提高,因此要满足基本生活水平的条件也在发生着进步,对基本生活水平这一标准的界定对自由财产的范围也会有所影响。

自由财产是对债务人及其抚养对象人权的基本保障,经申请,法院依法进行核查,如果债务人或其抚养对象未进行申请,法院能否依职权主动要求债务人提供自由财产清单,是一个值得商榷的问题,目前对此问题尚未形成一致的定论。美国的破产法中对于这一问题的规定是,法院会通知债务人提交自由财产清单,同时会将这一通知告知其抚养的亲属,如果在规定的时限内没有提出清单,则不能获得自由财产。[①] 笔者认为,我国可以借鉴这一做法,在作出债务清算宣告的同时告知债务人及其抚养的亲属关于自由财产的事项,或将自由财产清单纳入申请需要提交的材料中,这样有利于保障债务人及其抚养亲属的生存权益。在提出申请之后,可以规定一定的时限进行公示以及提出异议,这是为了保护债权人的合法权益,对债务人提出的自由财产清单进行审议与讨论,最后经法院裁定,确定明确的自由财产交由债务人自行处置。

自由财产清单一旦确定,该清单上的财产便不能用于清偿债务,该部分财产独立于破产财产而存在,债务人有权以法院的裁定抗辩要求以这部分财产进行清偿的请求,并且当自由财产受到损失时,其有权要求补偿,但应以法院的裁定为法律依据。但是如果债务人自愿将自由财产用来清偿债务,这种做法也未尝不可,只要不损害其抚养亲属的利益,能够维持其自身以及抚养亲属的基本生活水平,则债务人可以自由地处置自由财产。对于自由财产与非自由财产之间的转换也是美国个人破产当中常常遇到的一个问题,债务人普遍都会为了增加自由破产的范围或额度而想办法将非自由财产转换为自由财产,这种做法是可以的,但是要区分债务人的主观意图,如果是为了进行欺诈,或阻碍债务的清偿,则

① 参见潘琪:《美国破产法》,法律出版社1999年版,第91页。

不能被允许。区分的标准,主要是以债务人的行为能否归类于正常的市场交易行为以及自由财产的价值来确定。如果债务人仅仅是为了维持生活水平而扩大自由财产的范围,则允许这种转换;如果债务人是为了别的目的,超过了必要生存的条件,则可以定性为是欺诈,对其行为进行刑事处罚和权利限制,尤其是要对这种不诚信的行为启动信用惩戒机制。

(二)免责制度

免责制度也是一项具有悠久历史的法律制度,从完全的不免责主义发展至今,免责主义逐渐得到多数国家和地区的接受与采用。免责制度,是指当出现一定的情形或具备一定的条件时,债务人负担的责任得以免除,随着债务清理程序的结束,相应的债务也予以终结的制度。免责制度是考虑到债务人的实际情况,当可供执行的财产已经履行完毕,实在无法继续履行或债权人的债权已经得到相对公平合理的受偿时,为了减轻债务人的负担,激励债务人积极履行清偿义务和促进其东山再起,给予善意且诚实的债务人一定程度的保护与支持的一种制度。

在域外立法中,破产免责制度主要包括当然免责与许可免责两种情形。当然免责,是指不需要经法院或任何人同意,破产程序终结,债务人当然地获得免责;许可免责,是指法院需要对破产程序进行审查,在符合条件的基础上宣布其免责。

我国台湾地区的"破产法"中采用的是当然免责的模式,台湾地区"破产法"第149条规定,"破产债权人依调协或破产程序已受清偿者,其债权未能受偿之部分,请求权视为消灭。但破产人因犯欺诈破产罪而受刑之宣告者,不在此限"。该条规定的内容即为当破产程序结束时,未清偿的债权自动消灭。除因债务人犯有欺诈破产罪以外,破产人当然地对剩余债务自动享有免责利益,债权人不得申请要求进行求偿。

德国采取的则是许可免责的模式,其《支付不能法》规定,"剩余债务的免除以债务人的申请为前提""在最后日期听取破产管理人及破产债权人对债务人免责的陈述意见后,破产法院以决定的形式作出裁判"。这种模式需要以债务人提出申请,并经由法院进行审查方能对债务人的免责申请作出裁判,法院对免责的申请享有裁量权与决定权。

澳大利亚采取的是混合模式,既规定有当然免责,也规定有许可免责,当然免责的时限为3年,许可免责的申请期限为6个月,由债务人自行选择相应的免责方式。①

当然免责主义与许可免责主义,各有其利弊。免责主义能够最大限度地保障债务人的权益,也能够给予债务人对债权债务履行情况有一个提前的预判,从而激励其更加自觉主动地进行清偿,但其缺点是易引发滥用的危险,由于缺乏法院的监督,仅仅依据程序的终结当然地免除其剩余债务,债权人的权益难以得到有效的保护,会引发债权人与债务人之间的纠纷,最终诉至法院解决争议,有违免责制度的初衷。许可免责主义则是需要当事人向法院申请,由法院进行裁量决定能否免责,这种方式对债务人的免责施以严格的限定,能够有效防止滥用,但其缺点是将造成时间以及程序上的延长,破产程序本身就已经较为复杂,免责制度是为了在一定程度上减轻破产程序带来的纠纷以及节约司法行政资源的,如果对免责制度制定过多的要求,则会带来一些不便。

目前在各国及地区的做法中,采取许可免责的国家及地区占据多数,由于免责所产生的法律效果涉及债权人的利益,因此需要由法院进行裁量与审查,以保证免责的正当性,维护债权人的合法权益。免责的审查需要进行严格的要求,确保真正善意的债务人能够得到奖励与激励,避免恶意的债务人利用这项制度逃避清偿债务,法院作为法律的执行者,需要通过裁量对免责制度进行审慎的适用。

由于破产免责实质上是给予债务人一定的特权,对债权债务的履行会造成实质性的影响,并产生相应的法律效力,因此,只有在符合相应的条件时,才能够赋予债务人这项特权,免责同时需要受到严格的制约与限制。

对于免责的条件限制,必须保证债务人是善意的,债务已经适当足额的履行。具体而言,包括以下条件:(1)债务人需要提供一定的证明文件,表明财务状况,给予债权人充分的知情权,对债务人的财产状况能够实现充分的了解。在达成和解或重整协议时,保障协议具有强制执行力,能够充分地按约履行。(2)能够免责的债务仅仅是全部债务的一部分,或者是特定的债务,类似于民事诉讼法当中的规定,恶意的债务、具有人身性的债务、非法手段形成的债务不能得到免

---

① 参见张卫:《澳大利亚自然人破产法律制度研究》,载《海南大学学报》(人文社会科学版)2002年第2期。

除,这些债务由于其独特性,不符合免除具备的条件,因此不能得以免除,同时也不符合公序良俗。(3)可以制定具体的期限,要求在固定的时限内申请破产免责,防止滥用免责制度。

如前所述,在个人债务清算之前,大多国家和地区的破产法要求债务人履行一定的义务、与债权人等进行先行和解或提供特定的材料等方式,通过这些前置要件,可以最大限度地考察债务人是否具有善意的主观目的,以保障司法资源的有效利用,避免债务人恶意逃避债务。当债务人是真实善意地申请破产时,对其适用破产免责制度则是对善意债务人的一种奖励以及激励方式,以促使破产程序有效进行。同时,还应当保障债权人的知情权,对于破产程序进行的实时情况要及时通知债权人知晓,并赋予债权人提异议的权利,通过这些前置程序为后续的破产免责制度奠定扎实的基础。

笔者认为,建立我国的免责制度应当注意以下几点:

首先,我国在免责制度中应当采取许可免责主义,法院应当重点考察债务人诚信、守信等信用行为的实际情况。

在个人债务清理中采取许可主义,当清偿达到一定比例的债务时,才能够获得免责,因此,个人债务清理制度也可以采取这一做法。而对于债务清偿比例的审查则需要由法院进行,这也能够最大限度地保障债权人的利益,由于破产免责通常是建立在债权人进行了一定程度让步的基础上的,所以更应当充分保障债权人的合法权益。对于债务人的实际履行情况,法院应当依法进行实时的审查与监督,保障债务人能够按照其自行提供的债务清偿计划严格的遵照执行。如果说自由财产制度是为了保障债务人的权益,免责制度则是应当在保障债权人利益基础上,对善意诚信的债务人进行奖励与激励的一项制度。

加强信用对免责的影响力度,是否免责以及免责的范围等,都需要建立在对信用进行考量的基础之上,信用的等级直接影响免责的事项,也能够防止免责制度成为债务人逃避的方式,真正保护善意且诚信的债务人。就我国目前的国情而言,要建立破产免责制度,需要良好的信用作为基础。

其次,应当扩大不能免责的债务种类或范围。

国外和地区立法对于不能免责的债务都进行了具体的规定,大多采取的是列举式。虽然不同法域的规定各有差异,但其相一致的内容都是当债务人具有欺诈等不诚实行为时,作为惩处的方式,限制其免责。我国构建免责制度时,除了包含欺诈等行为外,不能免责的债务还应当包括以下几类:(1)在破产程序开始之后新加入的债权,债权人未能在公告期间申报债权或被债务人刻意隐瞒等情形未能如期申报债权;(2)债务人因违法犯罪行为而须清偿的债务;(3)债务人须支付的赡养、抚养或扶养的费用;(4)债务人曾有过破产经历的,对其免责的范围进行限制;(5)债务人在破产宣告之后新负的债务。这些财产由于其所具有的特性或专属的人身性,须债务人继续履行,以保障免责制度的合理性与合乎法律原则。

再次,根据债务清偿不能的具体原因规定不同的免责适用对象。

导致债务人陷入债务困境的原因多种多样,包括消费借贷、进行商事活动、信用卡借款等涉及财产流通的活动,对于每一项债务清偿不能的原因,可以制定单独的免责要求。德国《支付不能法》规定,对于个体经营者,只有满足财产状况清晰,债权债务关系简单时才能够适用个人破产制度。[①] 我国台湾地区"消费者债务清理条例"第 2 条,也进行了类似的规定:本"条例"所称消费者,指 5 年内未从事营业活动或从事小规模营业活动之自然人。相对于从事营利性活动的经营者,消费者从众心理严重,对风险的估计不当,因此在制定免责条件时可以适当放宽。

最后,应当对免责的撤销进行规定。

免责制度是对善意债务人的奖励制度,要真正实现这项制度的价值,保护真正善意的债务人,须在破产程序以及程序终结等各个环节、阶段均须进行严格的审查、实时的跟踪监督。因此,在构建免责制度时,应当对撤销免责的事由进行规定,可以由债权人在一定的期限内向法院申请撤销免责,但需要提供能够证明债务人有欺诈等行为的证据,并要求债权人在一定的时限内行使该项权利。

综上,在塑造我国的免责制度时,可以比照《企业破产法》的规定进行设计,同时借鉴域外经验,以促使债务人更加自觉主动地清偿债务,激励诚实守信的行为,惩罚失信耍赖的行为。

---

① 参见德国《支付不能法》第 304 条第 1 款规定:"债务人为不从事或不曾从事独立经济活动的自然人的,以本章中未作出另外的规定为限,适用破产程序的一般规定。债务人曾经从事独立经济活动的,以其财务状况明晰并且以该债务人不存在因劳动关系所生的债务为限,适用本款第 1 句。"

(三)失权与复权制度

失权制度与复权制度是根据债务人所处的不同境况,所进行的相应的限制与解除限制的程序。当债务人明显难以履行债务,并有类似于转移财产、逃避债务等行为时,通过限制债务人的主体资格、消费行为以及出入境等行为,以这些限制方式保障债务人的财产状况,促使其积极履行偿还义务,避免造成更大的损害。而当债务人积极参与债务清理程序,或债务已经履行达到一定的比例时,则可以适当地采取复权制度,恢复债务人的各项资格或消费、出行等行为,法官可以结合破产程序的实际履行过程,对是否复权进行裁量。

失权制度是仅存在于个人债务清理制度中的一项制度,对于企业而言,法人不存在限制其资格或行为等限制,限制的是其高级管理人员等具体个人的权利,因此,只有个人才能成为失权制度的对象。失权具有惩罚的性质,由于个人的行为对社会或对经济的发展,或对债权人造成了一定程度的经济损失或经济秩序的混乱,因此需要债务人对其自己的不当行为负责,通过失权限制其权利,禁止从事特定的行为,从而对其起到约束的作用。这项制度是基于公序良俗、维护社会安全等道德基础的考量,同时也是为了间接强制债务人清偿债务,只有对债务进行清偿才能够恢复其被限制的权利,债务人要想像正常的个人一样进行生活与经济活动等就必须先对债务进行清偿,从而能够维护债权人的合法权益。同时,失权制度能够起到警醒的作用,警示债务人进行适度的商业活动或投资活动,从而避免由此导致的各项权利受限。

我国台湾地区区分公法资格与私法资格,并将其规定在专门的相关规定中,对公法上的身份以及具有私法意义的资格进行了规定,对债务人进行限制,涉及的范围与领域较宽泛。日本与我国台湾地区类似,限制规定主要集中在会影响公私利益、对拟任人有诚信要求的资格或职业上。在德国,涉及的范围较为狭窄,主要是对参审员、法官、监护人进行限制。以上国家和地区是"分散立法",涉及的范围限制也各有不同,限制的程度较广。在英美法系国家,则将限制规定在破产法当中,限制的范围与程度都较为简单。例如,在英国,破产法中规定了各种资格的限制条件。

复权制度是经法院审查,当债务人满足一定的条件时,对其在公私权利方面或主体资格上受到的限制进行恢复的一项制度。复权制度与失权制度是相对应的,在大部分的国家,受限的权利不能当然地进行恢复,而必须由法院进行裁定,这是基于对债权人利益的保护进行的考虑。复权制度是基于对债务人人格的尊重以及对于诚实守信的债务人的一种奖励方式,方便其回归到正常的社会生活当中,复权制度对于激励债务人清偿债务具有推进作用。

复权的方式依据各国及地区的规定,有当然复权主义以及申请复权主义。采取当然复权主义的国家和地区主要有英国和日本,这种方式在程序上方便了债务人,但对债务人履行情况的监督力较弱,故难以为公众所信服。采取申请复权主义的国家和地区占据较大比例,值得一提的是,日本同时兼采了两种复权主义,依据实际的情形进行适用。申请复权主义能够充分实现法院的监督作用,有利于维护债权人的合法权益,我国台湾地区采取的即是这种方式。

对于当然复权需要满足的条件,不同国家和地区的规定各具特色。在英国,满足特定的一项要求即可当然的复权,包括在免责的同时取得法院确认证书;取得法院撤销破产宣告的决定;破产免责被许可后经过5年。在法国,当法院确定的失权期限届满,或者因负债消灭而宣告终止清算程序的判决一经作出即可当然复权。在日本,当出现免责裁定确定时、强制和议认可的裁定或者同意破产废止的裁定确定时,以及破产宣告后经过10年时,可以当然复权。这些国家和地区采取当然复权的事由主要就是因免责,或债务消灭或债务由于某种原因而得以终止时,以及经过破产宣告后的一定期限时,当然地进行复权。

采取申请复权主义的国家和地区,则另有不同的规定。在日本,必须同时具备以下三个条件:(1)不能依据当然复权的规定复权;(2)免除了债务责任;(3)可以就免除债务责任进行书面证明。在我国台湾地区,具备下列条件之一者即可申请复权:(1)债务人已经依据清偿或者其他方式免除其主要债务;(2)虽不能免除全部债务,未受刑之宣告者,在破产终结3年之后或履行调协之后,可以向法院申请复权。我国香港特别行政区对复权采取的是核准许可的方式,高等法院原诉讼法庭根据申请和相关规定恢复条件乃至无条件的颁发解除破产令。申请复权主义较当然复权主义而言规定得更严格,这是对债权人及债务人的负责,也是对社会公共利益的维护。

失权与复权制度是相伴而生的。失权制度对权利进行限制,带有惩罚的意味,债务人归根结底是扰乱了市场经济秩序,也对债权人的合法权益造成了损害。建立失权制度能够警醒债务人审慎经营,避免陷入债务困境,在陷入债务困境之后权利受限,起到事前警示以及事后制约的功效。复权制度则作为奖励与激励机制而生,对善意且诚信的债务人,其自愿积极履行程序义务和实体义务,对债务进行积极清偿,应当给予一定程度的鼓励与支持,随着债务的清偿而对其权利进行恢复,让其能够回归到正常的生活当中,这是基于人道主义以及诚信的要求,给予债务人东山再起的机会,鼓励债务人继续积极创业。两项制度之间相辅相成,共同对个人债务清理法律体系的构建起到了积极的作用。

我国目前对于失权的规定,散见于一些法律的规定中。例如,公司法中规定不得担任公司的董事、监事、高级管理人员的要求;商业银行法中规定了不得担任高级管理人员的条件;证券投资基金法中规定了不得担任基金从业人员的情况等。这些规定主要适用于企业破产情形下其高级管理人员,不适用于个人债务人。限制个人债务人从事某一行业的特定职业,与强制执行法律制度中规定的限制高消费、限制出入境以及限制某些特定的行为等,这两个方面基本构成了我国个人债务清理失权制度的雏形。

构建我国的个人破产失权制度,应当采取较严格的限定,规定当债务人出现特定的情形或债务达到一定的数额时,其权利当然地受到限制,可以在债务清理的立法中进行总体性质的规定,具体的规定则在各部门法中进行详细的要求。同时,应当扩大失权针对的主体范围,对其主体资格以及行为进行限制,进行全方位的限制约束,给予债务人更大的束缚,让其能够在从事经营活动时对后果进行预判,从而避免陷入债务困境,更好地维护债权人的合法权益。

对于复权制度,权利受到的限制应当附加一定的期限,因为永久性剥夺会造成对债务人的不公。基于人道主义的考虑,当债务人满足一定的条件时,经过法院审查裁定对其进行复权显得极为必要。由于复权是一项涉及产生法律效果的事项,因此需要采取申请主义,由法院进行审查,这是出于审慎的考虑,对债权人的合法权益进行维护。首先,需要以清偿或其他方式解决了一定比例的债务,这种方式由于债务已经得到履行,再对其进行权利限制已不再合适,因此可以申请复权;其次,是不能犯有刑事犯罪;最后,是宣告达到一定的时限,具体的时间要求,域外规定不一。我国在设计时应当考虑到实际情况,根据债务人的实际履行情况以及诚信状况,综合进行考量,采取较为适当的时间限制,同时兼顾债权人和债务人的权益,以及法律的权威公允。

四、个人债务清理的衔接与配套制度的完善

(一)完善个人债务清理中的处罚机制

有学者认为,个人破产制度是为了维护社会公共安全以及保障债权人的利益而设,不能成为债务人逃避债务的法律工具,因此,健全惩罚机制是极为必要的。[①] 完善处罚机制,让债务人意识到法律的严厉与威慑,能够有效地警醒债务人保持诚信与善意,促使债务清理程序顺利进行。

在我国香港特别行政区,《破产条例》中第八篇规定有破产犯罪行为,对破产人的各种损害债权人合法权益的行为进行了严格的规定,包括破产人进行赌博、欺诈、携款潜逃、变卖隐匿财产、经营商业活动、故意阻挠延缓破产程序等行为,并规定由简易程序进行审判,最高为2年有期徒刑。我国台湾地区"破产法"第4章为罚则,规定有债务人不履行相应的义务、进行虚伪陈述或有诈欺等行为,或者监管人有违法行为时,必须受到惩罚。我国在制定相应的处罚机制时,对于债务人以及破产管理人的违法行为应当进行处罚,建立相应的惩处机制,进行警示与督促作用。同时,对于处罚机制的建立,还可以与其他制度的采用相结合,如作为是否可以进行免责的法律参考依据,或者纳入征信系统,以及在债务人失权时对相应的行为或权利予以限制。

(二)加强诚信体系建设

诚信体系建设是个人债务清理法律制度建立的基础,通过完善社会信用系统,能够有效了解到债务人的信用积累,从而简要地对债务人是否善意进行判断,能否给予信任,以及实行个人债务清理的可行性以及有效性进行评估。我国目前正在大力推进社会信用体系建设,并推进社会信用的基础立法。大数据也在广泛地应用到个人信用信息收集、归集、评估、使用上,个人的信用记录从银行借贷记录扩大到生活的方方面面,包括共享单车、手机卡的使用以及各种与实名认证相关联的事项。通过这些信用记录,能够真实地表现出个人的诚信程度,同时由于个人信用在现代社会中所起到的便捷服务,还能激励个人自觉地进行守

---

① 参见杨显滨、陈风润:《个人破产制度的中国式建构》,载《南京社会科学》2017年第4期。

信,以维持自己的信用,个人的行为与信用的维持相互促进。建立诚信体系对于个人之间进行交易活动也具有参考价值,相互之间能够放心地进行活动,个人的信用积累就是其资本,能够起到保障的意义,对于个人债务清理法律制度的建设而言,社会信用体系的建设是其基石,能够有效辨别善意的债务人。

我国香港特别行政区的破产管理署,设立了破产案查册以及强制性清盘案查册,将提交过破产申请的个人或企业记录在册,以供查询,这些个人在进行银行借贷活动、与其他主体进行商事交易时,将会受到一定的限制,银行等金融机构以及交易的主体将会以这些数据作为参照。对于破产记录的查询,以及对整个破产程序的进展进行查询,能够方便广大交易主体对交易对象的诚信、债务的履行等情况获得较为直观的了解,从而进一步决定是否要与其进行交易,这项规定的作用实际上是完善了诚信体系建设的内涵,作为债务人(个人或企业)的信用依据而存在。

对于诚信体系的建设,包含多个方面的内容,如个人信用信息的采集归集、个人信用的评估、信用的激励与惩处、个人信用的服务机制以及征信的监管机制等。具体而言,有以下几个方面需要落到实处:第一,在拟定的社会信用法中对个人信用权作出明确规定,同时处理好信用权与隐私权、知情权等权利之间的平衡关系,保障对个人信用权的维护,让个人能够切实地感受到这项权利的重要性;第二,对与个人信用信息的采集,要在国家监管部门的主导下,建立全国统一的个人信用信息系统,强化政府部门对于信用信息的职权以及责任;第三,对个人信用的评估须由专门有资质的评估机构进行评估,信用评估具体工作须由具有专业知识与资质的人来做;第四,对于信用优良的个人,可以适当地采取奖励,如在享受某些生活服务时按照信用排名进行优惠等,对于信用保持较差的个人,则应当受到较多的限制;第五,建立个人信用账户,便于查询与记录,让个人能够明晰自身的信用详情,从而对其信用进行提升;第六,加强征信的监管机制,对于目前市面上多种多样的征信机构需要建立一套完善的监管要求,明确征信机构的职责,保障征信机构合法的收集与利用征信信息,从而建立合理公正的信用评级体系。

(三)完善个人财产登记制度

健全个人财产登记制度,明确个人财产情况及状态,同时要求在债务清理程序中对其财产实时申报,可以保障债务人的财产状况稳定,防止其为了逃避债务而隐瞒不报或有转移隐匿的行为出现。个人财产范围的明确,对于个人债务清理制度的实施具有基础作用,在明确债务人的个人财产基础上,对其所有的具体财产进行监督与管理。

我国一系列立法对个人财产实名登记作出了规定,物权法对不动产统一登记的原则、不动产登记的一系列问题进行了规定。同时,我国还通过《个人存款账户实名制规定》对个人办理存款业务时必须实名认证进行了规定,这项制度对于迅速查明个人所有的存款起到了帮助作用,能够有效防止个人将自己的财产存入他人名下从而隐匿财产,对于财产的实际情况能够起到实时监控的功能,随时掌握财产的动向。而我国的个人财产申报制度,主要有《关于党政机关县(处)级以上领导干部收入申报的规定》《关于省部级现职领导干部报告家庭财产的规定(试行)》《中华人民共和国税收征收管理法》《个人所得税自行申报纳税暂行办法》《个人所得税法》及其实施条例等具体的规定,这些规定对于国家干部申报家庭财产、纳税人自行申报纳税制度以及缴纳个人所得税等几个方面的问题进行了具体的规定,历经完善,逐步形成了现在的规定。

我国物权法中对于不动产登记制度的规定,到目前为止已经形成了较完备及充足的规定体系,对于个人的不动产财产能够及时地更新其动态,保障法院能够了解到债务人或破产人的主要财产状况,从而保障破产程序的进行,防止债务人抽逃财产或进行转移、隐匿财产等损害债权人利益的行为。而我国的财产申报制度,目前的规定仅限于县处级以上的领导干部,申报的内容也只是收入和家庭财产。对于申报的具体程序、申报的监督以及之后的处理等问题未作明确的规定,因此,对于建立财产申报制度还需要进行持续的关注。对于纳入申报制度的主体,应当涵盖更宽泛,应当将国有企业以及国家公职人员等涉及国家工作岗位的个人都纳入其中,作为申报制度的表率,同时还可以预防腐败的滋生。对于普通的社会个人而言,则主要是建立完善的个人所得税申报制度以及债务清理程序中的收入汇报制度,将其视为个人的义务与责任。

建立个人财产登记制度以及财产申报制度,能够有效地了解债务人的真实财产状况,以及便于将其个人财产进行区分,对于个人破产程序的进行以及自由财产制度的运行都具有积极的帮助作用,也能够最大限度地保障债权人的合法利益。

(四)健全社会保障与专业咨询体系

社会保障制度是一项社会安全制度,是国家和政府对生活有特殊困难需要进行扶持的社会成员,进行帮助与保障的一种法律制度。我国社会保障体系的主要内容包括社会保险、社会救助、社会福利以及优抚安置。在个人债务清理程序中,通过社会保障体系,对于陷入债务困境的个人给予各方面的关怀,保障其基本生存条件。有学者建议,对陷入困境的个人债务人提供必须参加的培训课程,对陷入困境的原因进行分析,对债务人的各项能力进行评估,帮其找到适合发展的领域,对于诚信且善意的债务人,程序结束之后,可以给予适当的帮助与扶持鼓励其继续创业,并由社会福利机构定期进行回访,对发现的问题进行监督与指导,与债务人保持一定时间的沟通和及时的交流,对于债务人在创业中遇到的心理等问题也要给予实时的关注与辅导,促使其尽早恢复适应社会的能力,也能更好地促进社会经济发展。① 总之,通过专业性的指导与培训,创造就业机会,对于其陷入债务困境的原因,可以聘请专业机构进行讲解与分析,让个人能够深入认识到其原因,以避免再次陷入债务困境。

(五)加强司法系统处理个人债务清理的处理能力与研究能力

各级司法系统对经过债务清理的个人进行长期关注,定期对名单进行汇总,通过研究破产的人数变化情况、陷入困境的原因等数据,以积极应对个人债务困境的不同案件类型。同时,对于已经债务清理的个人情况的大数据分析,不仅能够有效发现个人债务危机的动向,而且对于不法行为也能及时进行制止。

在司法系统中建立专门的经过债务清理的人员名单,将有过申请、和解、清算、重整等经历的个人纳入名单当中,定期进行交流,获取近况。同时,还要实现信息的共享,这些个人在进行经济活动时,将根据个人诚信状况受到一定的限制,在与金融机构进行接待等活动时,会受到更严格的审查或其他各方面的约束。在与其他主体进行交易时,通过信息的共享,方便了解彼此之间的信息,可以起到司法保护的作用。

---

① 参见赵万一、高达:《论我国个人破产制度的构建》,载《法商研究》2014年第3期。

五、结　论

自由财产制度、免责制度、失权与复权制度是构建个人债务清理制度中的三项基本制度，这几项制度各自从维护债务人以及债权人法益的角度进行了规定，对于构建个人债务清理制度中处于实质性要求的内容，与程序性要求相结合，能够形成健全的个人债务清理制度。而衔接与配套制度，加强个人债务清理中的处罚机制、加强诚信体系建设、完善个人财产登记制度、健全社会保障与专业咨询体系、促进司法系统处理个人债务清理能力等方面，对我国个人债务清理制度的建立和有效实施能够起到积极的推动作用，也能够从多领域以及更加全面的角度，对个人债务清理制度的整体进行健全。反过来看，借助个人债务清理法律制度的构建，也可以发挥破产法的“破冰之刃”的功能，倒逼其他一般法律领域的充实与完善。

在具体的程序、基础制度以及配套制度的建设中，信用问题交替穿插，对于善意诚信的债务人，往往能够享受到相应的权利与维护，恶意的债务人则将受到惩罚，构建信用体系能够更好地辨别债务人的主观意图，有助于个人债务清理程序的进行。而构建个人债务清理制度，对于信用体系的建设也能起到促进的作用，完善个人信用信息，作为信用的指标而存在。我国目前尚未制定专门的信用法，因此，对于信用的维护主要依靠个人的自觉以及道德的约束，在具体的法律制度当中将信用的法治进行渗透与融合，有利于信用法治体系的建设。

个人债务清理法律制度的健全是一项需要综合多个法律领域共建、共襄的系统工程，同时也需要结合各个方面的专业知识进行研究。个人债务清理制度是随着经济发展、社会发展的衍生品，相对应的必要条件也已经基本满足，其他国家和地区已有了相当的经验可供借鉴，因此，对个人债务清理制度需要进行持续而深入的关注与研究。

我国股权众筹的法律监管及其完善

赵　玲[*]　郑　媛[**]

摘　要:股权型众筹作为互联网金融的重要组成部分,显著降低了中小企业的融资成本,并为普通大众开辟了新的投资渠道,但与之相对应的金融监管却陷入不足的窘境。本文在分析股权众筹内涵及我国股权众筹现状的基础上,对我国现有监管规则进行梳理并进行评判,指出股权众筹面临法律地位模糊、未限定股权众筹领投人的资质、对股权众筹平台的管理标准与业务范围等未作规定、对投资者设定的门槛过高等问题。对此,本文在比较借鉴典型国家股权众筹法律监管制度的基础上,从扩大《证券法》"证券"范畴以涵盖公募股权众筹、强化股权众筹平台的规范和管理、明确投资者的界定及投资上限等方面对我国股权众筹监管制度的完善提出建议。

关键词:股权众筹;互联网金融;法律监管

Legal Regulation and Perfection of Equity Crowdfunding

Zhao Ling　Zheng Yuan

Abstract: As an important part of internet banking, equity crowdfunding has significantly reduced the financing costs of small and medium enterprises, and has

---

* 对外经济贸易大学法学院副教授,法学博士。

本文是作者所主持的国家社科基金"创新与监管博弈视野下我国网络借贷平台公司的法律规制"(项目批准号 14BFX174)的阶段性成果。对外经济贸易大学校级科研项目"网络借贷平台公司法律规制的比较研究"的阶段性成果。感谢内蒙古能源建设投资(集团)有限责任公司法务部张晓红女士提出的有益建议。

** 对外经济贸易大学法学院法学硕士研究生,现就职于金诚同达律师事务所。

also opened up new investment channels for the general public, but the existing legal capacity of financial market in China is also facing a huge challenge. This paper analyzes the connotation and the current situation of equity crowdfunding, then lists and remarks on the current legal regulations; then indicates the problems faced by equity crowdfunding, such as the unclear legal status of equity crowdfunding, no requirement for the qualification of the leading people, no regulation of management standards and business scope of the equity crowdfunding platform, too high requirement for the threshold of investors; compares the legal supervision systems of typical countries, and puts forwards suggestions on how to perfect legal regulations of equity crowdfunding, such as expanding the "securities" in Securities Law in order to cover the equity crowdfunding, strengthening the management of platform, clearly defining investors and the maximum of investment.

Key Words: equity crowdfunding; internet banking; legal regulation

一、我国股权众筹的产生、发展与现状

(一)股权众筹的范畴与演进

"众筹"译自英文"crowdfunding",其字面含义为"众人筹资"或"大众募资"。"众筹"一般通过互联网平台进行并连接筹资人与投资人,因此也被称为"网络众筹"。众筹将众包(crowdsourcing)和微型金融(micro-financing)的基本理念融为一体。众包,是指突破自身成员与供应商之间的界限,在更广阔的范围内筹措技术、劳务、创意或观点,而众筹实质上则是以资金为对象所进行的"众包"。微型金融,是指为贫困人群和小微企业提供小额资助,以解决其生存和发展问题。① 按照国际证监会组织(International Organization of Securities Commissions, IOSCO)对众筹的标准界定,众筹是通过互联网从大量个人或组织获得较少的资金来满足项目、企业或个人资金需求的活动。

---

① See Bradford C. Steven, "Crowdfunding and the Federal Securities Laws", *Columbia Business Law Review*, 2012, Vol. 1, p. 27; Paul Belleflamme, Thomas Lamber, Armin Schwienbacher, "Crowdfunding: Tapping the Right Crowd", *Journal of Business Venturing Forthcoming*, CORE Discussion Paper No. 2011/32: 6 – 7.

从种类上来讲,众筹包括捐赠型众筹(donation-based crowdfunding)、预售型众筹(pre-sales crowdfunding)、借贷型众筹(debt-based crowdfunding)和股权型众筹(equity-based crowdfunding)四种类型。① 其中,股权众筹,是指投资者为成为公司股东而通过互联网平台对公司或个别项目进行股权投资的方式。股权众筹模式,多适用于中小微企业或处于初创阶段的企业的融资,并在消费品、计算机及通讯、软件、媒体等领域中得到较多应用。

21世纪初,众筹在拥有发达资本市场的美国蔚然兴起,并逐步成长为一种有力的新型融资形式。2009年世界上第一家综合性网络众筹平台Kickstarter在美国成立,此后众筹在全球范围内迅速发展。从地区分布来看,北美拥有最大的众筹市场,亚洲比欧洲略胜一筹。② 从平台数量来看,全球活跃的众筹网站近3000个,覆盖超过90%以上的国家,美国活跃的众筹平台数量第一。③ 2008年全球金融危机爆发并对世界经济造成了巨大冲击,欧美银行业随之而来的惜贷加剧了中小企业的融资困境。此后,融资门槛低、效率高的股权众筹应运而生,并迅速获得市场认同。2011年全球第一家股权众筹平台英国的Crowdcube上线,此后股权众筹平台不断涌现。其中,最具代表性的股权众筹平台,包括美国的WeFunder,Angelist和法国的WiSeed等。股权众筹为中小企业的早期融资提供了平台,促进了发达国家在国际金融危机之后的就业增长和经济复苏。

(二)我国股权众筹的产生与发展

在我国,股权众筹方兴未艾。根据《2015中国股权众筹行业发展报告》,2011年我国最早的股权众筹平台天使汇和创投圈上线;2012年及2013年,新增的股权众筹平台分别为3家和7家;2014年股权众筹平台迅速发展,该年度新上线的平台数量达到57家;而截至2015年7月底,从事股权众筹的平台数量达到113家,分布于中国18个省、市、自治区。④ 其中,最著名的众筹平台有天使汇、大家

---

① See Bradfeord C. Steven, "Crowdfunding and the Federal Securities Laws", *Columbia Business Law Review*, Vol. 1, 2012, pp. 14 – 27.

② See http://crowdfundbeat.com/2015/03/28/report-global-crowdfunding-market-to-reach-34-4b-in-2015/, Accessed on Nov. 20, 2017.

③ 参见辛欣:《股权众筹的发展与监管简述》,载《清华金融评论》2015年第3期。

④ 参见上海交通大学互联网金融研究所和北京京北金融信息服务有限公司共同发布的《2015中国股权众筹行业发展报告》。

投、原始会等。此外,互联网巨头也开始试水这一领域,如阿里巴巴的“淘宝众筹”,京东的“凑份子”等相继上线。2013 年年底,世界银行发布《发展中国家众筹发展潜力报告》,预测到 2025 年,中国众筹规模将达 460 亿美元到 500 亿美元,而全球将达到 960 亿美元。

天使汇、创投圈及大家投是我国三个比较具有代表性的股权众筹平台。根据天使汇网站对项目的分类,平台上的创业项目涵盖的行业范围较广,包括电子商务、移动互联网、信息技术、游戏、旅游、教育、金融、社交、硬件等共计 28 类。[①] 创投圈网站将其涵盖的项目划归为包括可穿戴、移动医疗、O2O(线上到线下,Online To Offline)、在线教育、智能硬件、招聘、大数据、美食餐饮、在线旅游等热门行业在内的 29 个行业。[②] 大家投网站则按行业分类检索将创业项目划分为包含 PC(Personal Computer,PC)互联网、移动互联网在内的 9 个领域。[③] 结合成功获得融资的创业项目所属的行业分布情况来看,中国目前借助股权众筹模式进行融资的初创项目大多是以互联网等媒介为核心,融合高科技与数字新媒体等行业特点的新兴产业。

股权众筹主要涉及三方主体:有资金需求的项目发起人、投资者以及股权众筹平台。作为资金需求方的项目发起人,通常是希望获得资金支持的中小微企业的创业者或创意人。不少企业希望在实现项目融资的同时,强化用户体验与交流,进行项目产品或服务的市场需求分析、产品或服务展示,以及实现项目产品或服务的推广、宣传等。投资者主要为数量可观的互联网用户,他们通过股权众筹平台了解到自己感兴趣的创业项目并对其进行小额投资。除普通大众投资者外,投资者中也有众多认证投资人、“企业孵化器”以及专业投资机构。他们作为传统的风险资本及“天使投资人”,通过股权众筹这种新型融资模式,能够更有效、更直接地接触、了解更多具有发展潜力的创业项目,省却了以往为寻找投资目标而耗费的大量资金和时间成本。股权众筹平台是股权众筹模式的核心承载者,负责对投融资双方的信息进行审核,对项目发起人创建的项目内容进行审查

---

① 参见《创业项目》,载天使汇:http://angelcrunch.com/statup_financing#-0:1,最后访问日期:2017 年 11 月 16 日。

② 参见《项目》,载创投圈:http://www.vc.cn/startups,最后访问日期:2017 年 11 月 16 日。

③ 参见《创业项目》,载大家投:http://www.dajiatou.com/project-1-1.html,最后访问日期:2017 年 11 月 16 日。

与展示,安排募集资金的划转和管理。此外,众筹平台也在投融资方与专业投资服务机构、技术支持机构之间构建联系渠道,向项目发起人和投资者双方提供与投融资相关的多种支持。其间,股权众筹平台不仅要对项目发起人进行监督和辅导,也要采取有效措施以实现对投资者合法权益的保护。股权众筹平台自身所具有的以上多元职能,决定了股权众筹平台在股权众筹模式的法律规制中应更加有效地发挥连接纽带的作用。

(三)我国股权众筹的监管现状

股权众筹作为互联网金融的重要组成部分,有效地激发了经济活力,为中小企业融资创造了有利条件。为了促进股权众筹的蓬勃发展,我国陆续出台相关文件、法律法规及措施对其进行规范。2014年12月18日,中国证券业协会发布了《私募股权众筹融资管理办法(试行)(征求意见稿)》(以下简称《管理办法》),将私募股权众筹融资定义为"融资者通过股权众筹融资互联网平台以非公开发行方式进行的股权融资活动",且规定了其监管机构为中国证券业协会。该征求意见稿发布后,正式的《管理办法》迟迟未生效。2015年7月18日,中国人民银行等十部门发布了《关于促进互联网金融健康发展的指导意见》,将股权众筹界定为"通过互联网形式进行公开小额股权融资的活动",但对定义中的"公开""小额"未作界定,因此需要更为具体的监管细则予以明确。2015年7月30日,中国证券业协会发布《场外证券业务备案管理办法》,明确私募股权众筹是场外证券业务。2015年8月3日,证监会发布《关于对通过互联网开展股权融资活动的机构进行专项检查的通知》,检查的内容主要包括四个方面,即平台上的融资者是否进行公开宣传,是否向不特定对象发行证券,股东人数是否累计超过200人,是否以股权众筹名义募集私募股权投资。2015年8月10日,中国证券业协会发布了《关于调整〈场外证券市场业务备案管理办法〉个别条款的通知》,该通知将《场外证券业务备案管理办法》第2条第10项"私募股权众筹"修改为"互联网非公开股权融资"。2015年4月20日,全国人大常委会审议的《证券法(修订草案)》第13条规定,"通过证券经营机构或国务院证券监督管理部门认可的其他机构以互联网等众筹方式公开发行证券,发行人和投资者符合国务院证券监督管理部门规定的条件的,可以豁免注册或核准"。

从上述文件来看,我国股权众筹包括两种:一是公募股权众筹,对其实行牌照管理;二是互联网非公开股权融资,对其实行中国证券业协会的备案管理。但从实践来看,除阿里巴巴、京东和平安取得股权众筹试点资质外,其他大部分互联网股权融资平台的业务仍将被归属于“互联网非公开股权融资”的范畴。

二、我国股权众筹监管的问题

(一)股权众筹法律地位模糊

我国目前涉及股权众筹的规范性文件主要包括:国务院发布的《关于进一步促进资本市场健康发展的若干意见》、中国人民银行等十部委出台的《关于促进互联网金融健康发展的指导意见》以及中国证券业协会发布的《场外证券业务备案管理办法》等。2014 年年底,中国证券业协会发布的《管理办法》,是官方第一次针对股权众筹出台的规范性文件,但正式的管理办法尚未生效。目前,股权众筹的合法地位尚未在《证券法》等关键法律层面予以确认。即使监管部门在征求意见后,对《管理办法》进行修改并通过,但鉴于其尚不够详尽,许多具体问题只有在出台监管细则后才能予以明确。因此,截至目前,对于股权众筹这种新型融资模式而言,仍缺乏明确的法律地位。

股权众筹法律地位模糊,导致其容易触及公开发行证券红线的风险。在现行监管体制下,对于公募股权众筹的监管由于证监会发布的《关于对通过互联网开展股权融资活动的机构进行专项检查的通知》而趋于严格。目前来看,已经拿到公募股权众筹试点资质的平台可以突破“不允许公开发行”“不允许向不特定人群融资”等诸多限制,而其他尚未取得试点资质的平台都暂不能通过公募股权众筹的形式开展活动。对于未取得试点资质的平台,其融资活动面临着触及公开发行证券红线的风险。现实中,曾发生因不符合公开发行证券条件而被叫停交易的案例。2012 年美微传媒的创始人朱江通过淘宝店铺销售会员卡,购买会员卡的消费者可获得美微传媒的原始股份,该行为被中国证监会宣布为不合规,美微传媒向投资者退还投资款项。

《中华人民共和国证券法》(以下简称《证券法》)为证券公开发行设定了条件。该法第 10 条规定,公开发行证券应依法核准。根据该条规定,公开发行有三种情况:一是向不特定对象发行证券;二是向特定对象发行证券累计超过 200 人;三是法律、行政法规规定的其他发行行为。相应地,《中华人民共和国刑法》

第179条规定了“擅自发行股票、公司、企业债券罪”,以维护证券发行秩序。最高人民法院《关于审理非法集资刑事案件具体应用法律若干问题的解释》第6条规定,未经批准、变相发行或超过人数限制发行均可构成擅自发行股票、公司、企业债券罪。股权众筹是依托互联网技术实现融资的,这就决定了其具有一定的开放性,因此,股权众筹融资模式很有可能会被纳入上述法律规定向不特定对象发行、超过人数限制发行的范畴。为避免触及上述法律设定的限制,我国一些股权众筹平台做出了一些规避行为。例如,为了规避上述法律对投资者人数的限制,一些众筹平台采取限定领投人和跟投人投资的投资比例,例如,“爱合投”限定领投人的出资比例为10% ~80%,跟投人的出资比例达到或超过2.5%;“大家投”规定领投人的出资比例大于5%,跟投人的出资比例达到或多于2.5%。[①] 股权众筹为规避上述法律限制所采取的方式,从法律解释的角度来看往往是不可靠的。[②] 比如,为了规避向不特定对象发行的禁止性规定,一些众筹平台通过投资者问卷进行投资者资格认证,如天使汇、天使客、爱合投。值得注意的是,根据《管理办法》第10条及《关于〈私募股权众筹融资管理办法(试行)(征求意见稿)〉的起草说明》,属特定对象的投资者,即股权众筹平台的实名注册用户。

虽然《管理办法》尚未生效,但区分特定对象与不特定对象的标准却反映在了诺米多与飞度居间合同纠纷案中。在该案中,一审法院在认定飞度公司是否违反证券法关于公开发行的规定时,把该案的投资人经过股权众筹平台实名认证为会员也作为了考量因素。从该案来看,法院在一定程度上认可股权众筹平台采取的实名认证方式作为区分“特定对象”与“不特定对象”的做法,但是法院并没有对成为实名认证会员的条件等进行深入论证。因此,由于监管规则的缺失,对投资者资格认定尚未形成统一的认定标准,对实践中各股权众筹平台所采取的规避办法也不能进行统一评判。

(二)未限定股权众筹领投人的资质

实践中,许多股权众筹平台实行“领投人+跟投人”模式,如“京东股权众筹”“蝌蚪众筹”“聚募股权众筹”“京北众筹”等股权众筹平台。在“领投人+跟

---

① 参见李超:《我国现行法律框架下的股权众筹生存现状》,载《法制博览》2015年第21期。

② 参见彭冰:《非法集资行为的界定——评最高人民法院关于非法集资的司法解释》,载《法学家》2011年第6期。

投人”模式下,领投人通过股权众筹平台选择筹资项目,与融资者交流后作出投资决策,而跟投人则做出跟投行为。领投人往往具备一定的投资经验及相应的风险识别及承担能力。而跟投人一般是普通的大众投资人,缺乏投资经验、专业知识及丰富资源,往往受到领投人的影响而作出跟投行为。因此,对领投人设立准入门槛,设定资格审查标准及程序,对于保障普通投资者权益而言十分重要。

实践中,各股权众筹平台都对领投人提出了相关要求。例如,在领投人的资质标准及申请程序上,“大家投”“天使汇”皆各自制定了相应规则。在领投人的资质要求上,“大家投”要求领投人须具备一定年限的相关从业经验或曾具有投资一定数量项目的经验。“天使汇”则从投资人的活跃度、判断力的强弱、经验的丰富程度、影响力大小、资源的丰富程度、风险承受能力、时间充裕程度、成功项目数量及分享精神等方面对领投人作出要求。领投人须具备一定的投资经验且具备相应的识别及风险承担能力。在审查程序上,以“大家投”为例,该平台在收到领投人提交的申请材料后,对其进行背景调查后决定是否通过申请。从上述例子可以看出,股权众筹平台对领投人的资质要求、审查程序是自行决定的,而没有统一做法。在这种模式下,风险主要来源于两方面:首先,股权众筹平台设定的标准可能过宽,或根本不具备相应的审查能力,或在审查的过程中发生失职,从而危害跟投人的权益。其次,股权众筹平台可能串通领投人损害跟投人的利益。由于投资人的投资决策是基于股权众筹平台所提供的信息作出的,如果股权众筹平台失去其信用基础,相信其信用背书的投资人将遭受投资损失,而股权众筹平台自身也将面临承担责任的法律风险。①

(三)对股权众筹平台的管理标准、业务范围等未作规定

此类规定的缺失,导致众筹平台良莠不齐,经营模式无从把握,徒增金融风险。首先,我国目前的规范性文件未对诸如股权众筹平台的组织形式、资产规模、从业人员条件、技术设施标准、业务管理水平等作出强制性规定。对于平台在经营期间的内控水平、合规措施以及对于募集期的资金管理也无具体的规范性意见。在资金管理方面,虽然股权众筹平台采取委托银行对投资资金进行托管的方式,但是这种方式尚不普及,而且对于托管账户的具体管理方式也缺乏标

① 参见何欣奕:《股权众筹监管制度的本土化法律思考》,载《法律适用》2015 年第 3 期。

准性规定。其次,我国当前法律对股权众筹平台的业务范围并未作出强制性规定。实践中,各股权众筹平台的业务范围广泛,与相关服务机构的业务界限模糊;同时,股权众筹平台对于创业项目及自身情况的信息披露有限,无法有效保障投融资行为的合法性、有序性和可控性。最后,股权众筹平台所订立的服务条款也多从自身利益出发,对投融资双方权益设置了诸多不合理条款,而法律又欠缺对此类服务条款的约束,以致股权众筹各参与方的合法权益无法得到有力保护。在我国金融消费者权益保护法律制度尚不健全,对于单个投资金额较小、自身维权力量有限的普通大众投资者而言,如果其合法权益在投资过程中受到侵害,可诉诸的法律解决途径十分有限。

(四)对投资者设定的门槛过高

《管理办法》在参照《私募投资基金监督管理暂行办法》相关要求的基础上,设定了股权众筹融资合格投资者的具体标准。《管理办法》第14条规定,投资者为净资产不低于1000万元人民币的单位,或金融资产不低于300万元人民币或最近3年个人年均收入不低于50万元人民币的个人。如此之高的标准,将很多有意愿参与股权众筹的投资者拒之门外,在很大程度上抑制了股权众筹的发展。事实上,股权众筹得以蓬勃发展的主要动力就在于普通投资者的支持,而如果依据《管理办法》的规定,这些投资者大多将被界定为非合格投资者。毕竟股权众筹融资的核心价值,在于满足普通大众的投资需求、发展普惠金融,如果在设定股权众筹融资投资者标准时门槛过高,则可能对中小企业融资及中小投资者进行多样化投资造成不利影响。

三、我国股权众筹监管的法律完善

(一)扩大《证券法》"证券"范畴以涵盖公募股权众筹

为将公募股权众筹纳入《证券法》规制,应适度扩大对"证券"的界定。《证券法》第2条列举了其调整范围内的少量几种证券,而且并未对证券作出一般性界定,因此,股权众筹未被纳入其规范范围。对于层出不穷的新型证券而言,《证券法》对证券的列举过于狭窄,不利于满足资本市场多元化的投融资需求,也不利于保护投资者权益。当前《证券法》的修订,为扩大证券概念并在法律层面确认股权众筹的合法性提供了良好契机。对此,可以从两个方面扩大证券的含义:一是增加《证券法》列举的证券类型;二是引入证券的一般性概念。《证券法》增加列举证券类型的方法,适合于发展较成熟,且具有较丰富的监管经验的金融产品。股权众筹是互联网金融创新的产物,发展时间较短,监管经验也较为缺乏,因此,在《证券法》中加以列举并非最佳做法。比较而言,通过引入证券的一般性概念将股权众筹纳入其中更可取。对此,可以从证券的一般属性出发归纳出判断标准,即证券具有直接投资性、可转让性和风险性,且为标准化权利凭证。此种方法虽然抽象出了证券的一般特征,从而在判定金融产品是否属于证券方面具有一定价值,但该方法较为注重形式上的判断而未界定证券的实质,因此具有一定的局限性。

在突破表面化、特征化标准的局限性上,美国更倾向于将经济活动实际作为判断标准,这对我国如何界定证券具有一定的借鉴意义。美国证券体系在界定证券时,采取了双层认定机制。美国 1993 年《证券法》及美国 1934 年《证券交易法》均列举了数种证券类型。同时,其立法引入"投资合同"概念,以便认定未被列举的证券类型。在司法实践中,美国联邦最高法院在 1946 年的"美国证监会诉豪威公司案"(SEC v. W. J. Howey Co.)确立了判定"投资合同"的标准,即为共同的事业作出金钱投资,且收益完全是由于他人的努力(后修改为主要由于他人的努力)。将该判定标准适用于股权众筹,可知股权众筹属于投资合同范畴,投资人为共同事业(筹资项目)进行金钱投资,其可获得的股息收益主要是由于筹资者的努力。因此,将股权众筹纳入《证券法》的规制范畴是大势所趋,对此可以引入证券的一般性概念和判断标准。在具体的标准设定上,应侧重于交易实质,如定义为投资者对共同项目作出投资并期待获取投资收益,而该收益取决于融资人的努力,同时辅以形式化标准。

(二)强化股权众筹平台的规范和管理

股权众筹平台在股权众筹中具有重要作用。一方面,股权众筹平台是融资者及投资者进行信息交流的纽带,有融资需求的融资者通过平台展示融资项目,潜在的投资者则通过平台了解相关投资信息。另一方面,股权众筹平台承担投融资者资格认证、项目审查、监督所筹得资金、防范欺诈、保障信息安全等诸多功能。从防范股权众筹交易风险的角度来说,应确立平台的准入门槛,明晰平台的义务及责任,加强平台的规范及管理。

第一,应加强股权众筹平台的准入监管。在监管主体方面,《管理办法》规定的平台准入的监管主体是证券业协会。该办法第16条规定,股权众筹平台的设立须向证券业协会申请备案,并提出了相关的备案要求,从而在行业自律层面上对股权众筹平台的设立进行了规范。《管理办法》规定的准入要求较宽松,尽管有利于鼓励创新,但却不利于风险防范。如果证券法放宽了非公开发行的投资者人数限制或建立了小额公开发行制度,就保护投资者利益的角度而言,应对股权众筹平台的准入设立更高的门槛。美国的《乔布斯法案》(《JOBS法案》)提供了一种可资借鉴的模式。根据该法案的要求,平台不仅需要在自律组织进行登记注册,还需要在证券交易委员会登记注册。但是《JOBS法案》在美国1933年《证券法》第4条结尾处增加了股权众筹豁免的条款。根据该条款的规定,融资者在12个月内向所有投资者筹集资金总额不超过100万美元的,无须履行在美国证券交易委员会注册的义务。在股东人数上限方面,《JOBS法案》也作出了修订。根据美国1934年《证券法》的500股东规则,在融资方总资产超过1000万美元的情况下,股东人数若多于500人,即应向证券交易委员会提交注册申请。而根据《JOBS法案》,若融资方总资产超过1000万美元,只有在投资者人数超过2000人,或非获美国证券交易委员会认证的投资者人数达到500人时,方须向美国证券交易委员会提交注册申请。《JOBS法案》在赋予了股权众筹合法地位,并设立注册豁免制度以降低中小企业融资难度的同时,也为保护投资者的权益作出了相应规定。比如,在投融资数额方面,该法案规定融资者12个月内向所有投资人筹集资金的总额不超100万美元,单个投资者12个月累计投资额不超过10万美元。对我国而言,在我国金融监管体制尚不健全的情况下,应对众筹平台的成立进行严格监管。设立股权众筹平台不仅应按规定的条件向证券业协会申请备案,还应经过证监会的核准。证监会及证券业协会在审核平台的设立申请时,应从平台的财务信息、资产状况、人员配置、投资者保护机制、风险控制、纠纷处理等层面进行考察。

第二,明确股权众筹平台的义务。为了让投资者在投资决策形成过程中获取关键信息,清楚知道投资风险,从而将投资风险控制在自己的承受范围内,JOBS法案规定股权众筹平台应按照美国证券交易委员会的要求,对风险相关的信息及其他投资者教育资料进行披露,确保每位投资者都了解这些投资者教育信息,明白全部交易的损失风险,并且有能力承担这些风险。该法案还规定,股权众筹平台负有确保融投资者投资总额不超过该法案所设上限的义务。在防范欺诈投资者方面,《JOBS 法案》规定股权众筹平台应确保筹资总额达到或超过预设筹资额,融资者方能获得所筹集资金的义务,同时禁止在股权众筹平台中处于特定职位的人与融资者存在经济利益关系等。根据《JOBS 法案》,股权众筹平台负有对投资者的信息进行保密的义务。鉴于此,我国众筹平台应主要履行如下义务:(1)在监管发行人方面,众筹平台在公布发行人的要约之前,须对发行人及其管理层进行尽职调查;督促发行人按要求公布信息,并对发行人公布的信息进行一定程度的审查。(2)在保护投资人方面,众筹平台须对大众投资者进行风险警告,投资者在通过众筹平台认购股份之前须签订风险认知书;在投资者通过众筹平台购买股份之前,平台须要求投资者提供没有超过投资限额的确认书,并审查投资者是否遵守了投资额限制。此外,股权众筹监管机构应对股权众筹平台单方制定的不合理的服务条款进行规范和约束,排除侵害投融资各方合法权益的免责条款的法律效力,以便更有效地保护投资者的合法权益。(3)在保持中立性方面,众筹平台不应持有发行人的股权或享有其他财务利益,包括接受发行人的股权作为所支付的费用;众筹平台不得持有投资者资金,该资金应由合格的第三方机构托管,该第三方机构须书面承诺由自己持有资金并在发行完成后将资金转给发行人或在发行被撤销后将资金转给投资者。

第三,明确股权众筹平台的法律责任。《管理办法》规定了平台应履行的义务及禁止做出的行为,但却弱化了平台的法律责任。对此,应明晰当平台发生未尽到审查义务、内控制度不符合法律规定等违法行为时应承担的责任。如果众筹平台明知或事实参与发行人的欺诈或其他违法行为,则应对投资者的损失承担赔偿责任。此外,可采取定期评估及不定期检查的方法来认定平台的运营是否符合法律规定,并要求不合规的平台进行整改及取缔严重违法的平台。

(三)投资者的界定及投资上限

首先要界定合格投资者。除英国股权众筹只限于成熟投资者和特定的几类普通投资者外,其他国家和地区的股权众筹均对普通大众投资者开放。2014 年 3 月英国金融行为监管局发布了《关于网络众筹及通过其他方式推介不易变现证券的监管规则》,该监管规则对投资者设置了较严格的准入标准,将股权众筹的投资者仅仅限定于成熟投资者和特定种类的普通投资者。美国《JOBS法案》以年收入10万美元为界将投资者分为两类,对于年收入少于10万美元的投资者,投资额不应超过其年收入或资产净值的5%,且以2000美元为限;对于年收入超过10万美元的投资者,投资额不应超过其年收入或资产净值的10%,且最多不得超过10万美元。《JOBS法案》对合格投资者分类:一方面,突破了传统的对合格投资者与非合格投资者的界限,降低了投资者的门槛,有利于提高大众投资者的投资热情,让有融资需求的中小企业更容易筹集到资金;另一方面,以收入及资产净值为度对投资者进行分类,能较好地将投资者的投资额控制在其风险承受能力范围内,从而有利于对投资者权益的保障。

《管理办法》第14条对私募股权众筹融资的合资格投资者进行了界定,但该规定对合资格投资者设定了过高的准入门滥,不利于满足大众投资者的投资需求。对此,应综合考虑投资者的实际能力和融资者的融资需求,对投资者类别进行细分。为避免投资者盲目投资,从而引发金融市场"羊群效应"对金融市场造成冲击,[①]应充分考察我国资本市场行业发展现实,对股权众筹进行分类并在此基础上设定投资者类型。2013年12月25日国务院办公厅发布的《关于进一步加强资本市场中小投资者合法权益保护工作的意见》(国办发〔2013〕110号,以下简称新"国九条"),也要求依据我国资本市场的实际情况,制定并公开中小投资者分类的标准及依据并进行动态评估和调整,进一步规范不同层次市场及交易品种的投资者适当性制度安排,明确适合投资者参与的范围和方式。对于股权众筹的投资者而言,不建议仅仅限于成熟投资者。一则我国资本市场的发展时间短,成熟投资者的群体不大;二则如何判断成熟投资者在我国目前仍然没有很好的标准,且在实践中也很难得到遵守。允许大众投资者投资股权众筹才能真正发挥股权众筹的作用,同时也可以减少并分散股权众筹的风险。

但是为了避免或者降低投资风险,应对投资者投资股权众筹的金额进行限制。出于对投资者利益的保护以及股权众筹安全的考虑,很多国家和地区都对投资者投资额上限进行限制。《JOBS法案》规定,投资者的投资数额根据投资者年收入或净资产应设定相应的上限,其中年收入或净资产低于10万美元者,可

---

① See Eunkyoung Lee, Byungtae Lee, "Herding Behavior in Online P2P Lending: An Empirical Investigation", *Electronic Commerce Research and Applications*, 2012, p. 502.

投资金额为2000美元或者年收入或净资产的5%;年收入或净资产高于10万美元者,可投资金额为年收入或净资产的10%,但无论年收入或净资产多高,其投资金额均不能超过10万美元。《JOBS法案》既达到了控制投资风险的目的,又保护了投资者参与众筹投资的热情,若加以参考或许也能两全其美。① 英国《众筹监管规则》要求,非成熟投资者(投资众筹项目2个以下的投资人),其投资额不超过其净资产(不含住房产、养老保险金)的10%,成熟投资者不受此限制。② 对我国而言,不建议选择与投资者的收入和净资产相挂钩的模式,因为我国还没有一套系统能真正获知公民的收入或净资产;也不建议选择限制投资者1年内能投资的全部股权众筹发行人的数量或总金额,因为如果发行人通过不同的众筹平台发行、投资者通过不同的众筹平台认购,则在我国现行体制下很难做到准确掌握投资者的投资总额。对此,建议选择限制投资者投资于每一股权众筹发行人每一次发行的资金数额,这种限制在实践中比较容易做到,也能起到分散风险的作用。至于这个限额规定多少合适,应经过详尽调查再作决定。各国法律大多没有对投资者的投资额下限作出规定,因为这属于投资自由范畴,但是如果不加以限定,则有可能增加筹资方筹资成本和单个投资者保护的成本。但是法律难以考察所有筹资公司的情况,因此无法作出统一规定,因此,投资额下限可以由筹资公司或者众筹平台作出个别规定。

四、结　　语

中小企业在社会经济中发挥的重要作用与其难以通过传统融资途径获得充分资金支持之间的冲突,是世界上许多国家均面对的难题,这也一度成为各国经济发展道路上的强大阻力。股权众筹应时代之需,凭借网络通信技术的迅猛发展与“大众创业”“万众创新”氛围的高涨,将社交媒介与投融资活动相结合,形成了对有限的传统融资模式的有益补充,有效提高了融资的效率,大大地降低了融资的成本。

---

① See http://en.wikipedia.org/wiki/Jumpstart_Our_Business_Startups_Act, Accessed Nov. 2, 2017.

② See “The FCA's regulatory approach to crowdfunding over the internet, and the promotion of non-readily realizable securities by other media (Feed-back to CP13/13 and final rules march 2014)”, 4.7.

然而,股权众筹的兴起与迅速发展也对既有法律规制体系提出了严峻考验。对于股权众筹这种金融创新模式,一种合理思维是,根据金融创新的运行模式对其进行归类,然后按照"不变性约束原理"——相同情况相同对待来确定相应的规制体制。[①] 在制度建构中,需要根据融资需求和融资方式的差异,建立并完善层次不同、内容多样的证券发行制度,同时也需要与其他相关法律规范内容协调一致。以股权众筹的法治化为契机,不断推动我国互联网金融创新,使之成为我国正规金融的有益补充。

---

① 参见[印度]阿玛亚蒂·森:《理性与自由》,李风华译,中国人民大学出版社2012年版,第339~341页。

网约车背景下公共承运人的强制缔约义务
——以出租车行业为例

李盼盼*

摘　要:强制缔约,是通过限制形式契约自由进而实现实质契约正义的一项重要法律制度。公共承运人的强制缔约义务,是强制缔约制度在公共交通领域的具体体现。随着网约出租车的兴起,公共承运人的内涵逐渐扩大,囊括了传统的巡游出租车公司和新兴的网约出租车平台公司。与此同时,在作为公共交通运输重要辅助手段的出租车客运行业,也出现了一系列违反公共承运人强制缔约义务的现象,主要包括巡游出租车的"加价"行为、"挑客"行为以及网约车平台的歧视性派单等。关于强制缔约义务人违反强制缔约义务所产生的民事责任的性质,学界有缔约过失责任、违约责任、侵权责任以及新型责任四种观点。笔者认为,强制缔约义务人违反强制缔约义务应当承担侵权责任。最后,本文将在梳理各利益主体之间法律关系的基础上,提出促进公共承运人履行强制缔约义务的初步建议。

关键词:网约出租车;公共承运人;强制缔约义务

Compulsory Contracting Obligation of Common Carrier in Online Ride-hailing Service
—Case of Taxi Industry

Li Panpan

Abstract: Compulsory contract is an important legal system to achieve

* 对外经济贸易大学法学院2015级民商法学硕士研究生,现就职于北京市海问律师事务所。

substantive contract justice by restricting formal freedom of contract. The compulsory contracting obligations of the common carrier is the concrete exemplification of the compulsory contracting system in the field of public transportation. With the rise of the car-hailing, the connotation of the common carrier gradually expanded, including the traditional cruising taxi company and emerging car-hailing platform company. At the same time, in the taxi passenger transportation industry, which is an important auxiliary means of public transportation, there has also been a series of violations of the common carrier's compulsory contracting obligations, including the "fare increase" and the "picker" behavior of the cruising taxi, and discriminatory dispatch of orders on car-hailing platforms, etc. There are four views on the nature of the civil liability arising from the compulsory contracting party's violation of the compulsory contracting obligations, including contracting fault liability, liability for breach of contract, tort liability and the new liability. Author believe that the compulsory contractor in violation of compulsory contracting obligations should bear tort liability of a special type. Finally, based on the analysis of the legal relation between various interest bodies, this paper makes some preliminary suggestions on how to promote the fulfillment of the compulsory contracting obligations of the common carrier.

Key Words: car-hailing service; common carrier; compulsory contracting obligations

近年来,"网约车"异军突起,成为客运消费者一项重要的消费选择。对于日常生活中选择"网约车"出行的公众来说,"网约车"只是一种召车方式,即通过网络进行预约,区别于传统的"招手上车"。从网约车运营平台提供的服务类别来看,以滴滴打车为例,网约车可以分为快车、专车、顺风车等。从法律定性上来看,目前已经生效的法律法规将"网约车"定义为"网络预约出租汽车",简称"网约出租车",快车、专车都属于网约出租车的范畴。与之相区别的是巡游出租车,乘客可以通过"招手上车"和网络预约等方式获得巡游出租车客运服务,但是网约出租车则只能接受网络订单,不能巡游揽客。

网约车的兴起和发展,给出租车服务市场带来了深刻的变化,这些变化一方面表现为消费者出行方式选择的多样化和客运服务提供方式的创新;另一方面在更深的层面上,也表现为在网约车背景下,出租车市场营运方式的变革给调整客运合同当事人关系的传统制度带来的影响,公共承运人强制缔约义务遭受的冲击便是该类影响之一。

强制缔约是一项悠久且重要的民法制度,而公共承运人的强制缔约义务,则是强制缔约制度在公共交通领域的具体体现。在互联网成为承载乘客用车信息的重要媒介这一背景下,网约出租车经营采取的是平台强制派单制度,而巡游出租车既可以接受网约订单也可以巡游揽客。在这样的运营管理模式下,出租车客运服务市场出现了一系列之前没有过的现象。譬如,乘客在利用互联网预约巡游出租车时,网约车软件平台上常常出现"建议调度费"的界面,甚至在高峰期,一些出行需求比较集中的地段不增加调度费,乘客的用车订单就无法发送;再如,发送预约订单后,接单的往往是几公里外的驾驶员,而"近在眼前"的驾驶员却收不到平台推送的订单,这一点在网络预约巡游出租车时表现更明显;再如,利用网络约车,车程越远、调度费越多的订单越容易被接单,距离过近、去往拥堵地段的用车订单大多无人问津,前述种种都是公共承运人违反其强制缔约义务的表现。

本文拟以已有的网约出租车相关的法律法规为基础,以强制缔约的传统理论为依托,研究上述公共承运人违反强制缔约义务的行为,分析其民事责任性质,并在此基础上提出促进相关主体履行该义务的初步建议。

一、强制缔约的含义

从第一次被德国学者提出,到被各国学者关注探讨,再到反映在各国的立法实践中,强制缔约的概念得以基本定型。同时,强制缔约的内涵与外延也在与几组相近概念的对比中更加清晰、完整。

"强制缔约"由"缔约""强制"两个基本概念组合而成。缔约是民事主体行使意思表达的自由,向相对人为意思表示以期确立合同关系的民事行为。缔约的法律意义,从静态角度来看,是对民事主体作出意思表示这一行为的表述;从动态的角度来看,则是对民事主体之间建立合同关系这一过程的描述。无论是缔约的行为还是缔约的过程,自主性都是题中之意。

而强制则是对自由的限制,与自主性相对立,排斥按照自主意愿进行选择。

中外学者大都是以“缔约”和“强制”的基本含义为纲,以“缔约”与“强制”组合之后两者的交互关系为维,对强制缔约的概念进行界定。例如,最先提出强制缔约概念的德国学者尼泊迪(Nipperdey)认为“所谓强制缔约,指法律规范直接令一个法律主体在没有意思拘束力的情况下,负担最有利于对方的方式订立合同,或者由中立一方确定内容而签订合同的义务”。① 王泽鉴先生从强制承诺的角度定义强制缔约,他认为“所谓强制缔约,指个人或企业负有应相对人的请求,与其订立契约的义务。易言之,即对相对人的要约,非有正当理由不得拒绝承诺”。②

二、网约车背景下公共承运人对强制缔约义务的违反

(一)网约车背景下,公共承运人履行强制缔约义务的新模式

互联网的深入发展,对各传统行业产生了深刻影响,互联网与出租车经营相结合催生了网络预约出租车,同时也使传统巡游出租车进入依靠网络寻找客源的模式。作为一种提供出租车客运服务的新型方式,网络预约出租车不仅影响着公众的出行选择,挑战着传统出租车服务提供者的经营战略,同时也直接冲击着出租车行业的传统规则,甚至是公法领域的强制性规范。正确界定网约出租车的概念,划定公共承运人的范围,有助于我们理解在网约出租车背景下,公共承运人强制缔约义务的新变化。

1. 网约车概念的界定及公共承运人范围的扩张

《网络预约出租汽车经营服务管理暂行办法》(以下简称《暂行办法》)第2条第2款界定了网约出租车的概念,该条规定凸显出网约出租车的以下特点:(1)以互联网技术构建的服务平台为依托;(2)网约出租车不能进行巡游揽客。同时,根据《暂行办法》第16条的规定,网约车平台公司也成为法律意义上的承运人,承担承运人责任。该条与国务院办公厅《关于深化改革推进出租汽车行业健康发展的指导意见》(以下简称《指导意见》)第2条规定的出租汽车服务主要包括巡游、网络预约等方式在内容和立法价值取向上一脉相承。

根据以上规定,在网约出租车背景下,公共承运人的概念显然得到扩展,传

① 参见朱岩:《强制缔约制度研究》,载《清华法学》2011年第1期。
② 参见王泽鉴:《债法原理》(第1册),中国政法大学出版社2001年版,第77页。

统的出租车运营公司和新兴的网约车平台公司都被囊括其中。

2. 公共承运人履行强制缔约义务的新模式

《指导意见》将出租车服务分为网约出租车和巡游出租车,并指出要统筹两者的发展。以互联网技术为依托虽然是网约出租车的重要特征之一,但这并非其与巡游出租车的区别。《指导意见》鼓励巡游出租车通过电信、互联网等电召服务方式提供运营服务,以方便乘客的出行,[①]在我们现实生活中,滴滴打车等网约车平台也提供预约巡游出租车的服务。据此可见,网络已经成为公众出行召车的一项重要工具,网约出租车和巡游出租车都以互联网技术为媒介,接受公众订立客运合同的要约,两者的区别在于:网络预约是网约出租车的唯一乘客来源;而巡游出租车既可以通过网络获得订单,也可以以“巡游”的方式揽客。网络作为承载公众要约的媒介之后,公共承运人强制缔约义务的履行也发生了一些新的变化。

(1)履行义务直接主体的变化

在传统的巡游揽客模式下,公共承运人是出租车公司,但每一份具体的运输合同则是通过个别的驾驶员与客运消费者订立并履行的,因此,处于职务行为状态下的出租车驾驶员是履行强制缔约义务的直接主体。但是,在网约出租车的模式下,乘客的用车订单由网络平台作为承运人进行调度和派单,平台派单成功则相应的强制缔约义务即告完成。可见,在网约出租车的情形下,强制缔约义务由公共承运人自身完成。

应当注意的是,即使负有强制缔约义务,平台收到乘客的要约也不一定能派单成功,这与乘客的用车时间、所处地段有重要的关系。即使在巡游模式下,强制缔约义务的约束力,也只及于在乘客可获得范围内的公共客运服务提供者,不在可获得范围内的客运服务无适用强制缔约之空间。

(2)履行义务方式的变化

如前所述,在网约出租车背景下,由网约车平台对客运订单进行调控和派送;网约车平台对在乘客可获得的范围内的出租车驾驶员采取强制派单的模式,即驾驶员基本没有筛选乘客的空间。

---

① 《指导意见》第3条规定:鼓励巡游车通过电信、互联网等电召服务方式提供运营服务,推广使用符合金融标准的非现金支付方式,拓展服务功能,方便公众乘车。

根据《中华人民共和国合同法》(以下简称《合同法》)第289条的规定,正常情况下,出租车驾驶员不得拒绝乘客的合理要约,但第289条也规定了强制缔约义务的豁免条件,即公共承运人承担强制缔约义务的前提是旅客的运输请求合理。从该规定来看,对于旅客不合理的请求,承运人是有权拒绝的。对于巡游出租车而言,如果巡游揽客,则在一定条件下,有权拒绝提供运营服务,即有一定的筛选乘客的空间;但是如果通过网络预约方式揽客,情况就会更为复杂,对此本小节第二部分将重点讨论。

(二)网约车背景下公共承运人违反强制缔约义务的表现

传统的巡游揽客模式下,公共承运人对强制缔约义务的违反主要表现在待承运状态下,拒绝乘客合理的运输请求。而传统判断巡游出租车是否在承运状态的方法也相对简单,即出租车上"暂停服务"标志是否开启。

但是在互联网和客运服务紧密结合的当今社会,无论是网约出租车还是传统的巡游出租车,都可以通过网络渠道获取乘客的订单信息,网约出租车采用约车平台强制派单的方式运营,强制缔约义务履行程度较高。而巡游出租车通过网络获取乘客的订单信息之后,最终是否接单,驾驶员有完全的自主权。同时,乘客与驾驶员之间获知的时空信息并不同步,这就造成了巡游出租车在通过网络方式揽客时,对强制缔约义务的违反更加隐蔽,也更加频繁。网约车背景下,公共承运人对强制缔约义务的违反主要体现在"加价""挑客""网约车平台的歧视性派单"三个方面。

1.巡游出租车的"加价"行为

通过滴滴出行等网约车平台预约巡游出租车,有时会出现建议乘客加价(建议调度费)的界面,以北京市为例,在出行高峰期的用车量比较大的地段,预约巡游出租车时,不加价与加价的约单成功率有非常大的差别,且加价的多少也与获得承诺机会的大小成正比。

笔者认为,对于巡游出租车客运服务而言,承运人的强制缔约义务包含对缔约内容,尤其是运价的强制。该强制义务扩张到运价的原因在于在城市公共交通系统中,除了公交、地铁等主要交通工具外,出租车客运也是其中不可或缺的重要一环,关系民生的基本需求。同时,获得政府特许经营权的出租车公司在市场中处于垄断地位或者优势经济地位,稳定的、可预见的运价是一种对处于弱势地位的客运消费者的保护机制，这也正是限制形式上的合同自由以实现实质契约正义的必要性所在。

同时，立足客观实际，目前我国巡游出租车的运价实行政府指导价，[①]无论强制缔约的强制力是否及于缔约内容，在这种情况下都排斥缔约主体之间的"议价"行为。

2. 巡游出租车的"挑客"行为

不同于前述"加价"现象，巡游出租车利用互联网技术揽客时发生的"挑客"现象更为隐蔽，同时也是在更大的程度上违反公共承运人的强制缔约义务。巡游出租车的"挑客"行为有以下特征。

(1) 隐蔽性

在巡游出租车采用巡游模式揽客时，其是否"挑客"，相对容易判定。例如，出租车驾驶员在乘客"招手"后停车，并在知道乘客的目的地后拒载，这就是典型的"挑客"现象。巡游出租车通过网络约车平台获得乘客的订单信息后，已经知晓了乘客的出发时间、出发地点、目的地等详细情况，而乘客在驾驶员接单前，却对巡游出租车的信息一无所知。在这种信息不对称的情况下，巡游出租车驾驶员获得了对乘客及乘客目的地进行筛选的优势条件。并且这种筛选多数是在其关闭"空车"标志后进行的，即若从巡游扫客模式的外观进行判断，则承运人此时处于暂停服务的状态，不在乘客可获得的服务范围内，因而也不受强制缔约义务的约束。但从网络预约的模式来看，对订单进行筛选的状态，应当被判断为处于服务可获得或者在待提供承运服务的范围内，在此情况下，巡游出租车驾驶员理所应当履行强制缔约义务。巡游出租车驾驶员这种同时空交替使用巡游和网络方式揽客的行为，恰好落在监管的空白区，其以隐蔽的方式放弃了履行强制缔约义务。

(2) 普遍性

网约出租车的兴起，给传统的巡游出租车市场造成了巨大冲击，这种冲击最直接地表现为陆路客运行业的竞争越发激烈，巡游出租车驾驶员的利润空间被限缩，日交易量减少。在此情况下，为保证稳定的利润，巡游出租车驾驶员偏好

① 《指导意见》第3条规定：各地可根据本地区实际情况，对巡游车运价实行政府定价或政府指导价，并依法纳入政府定价目录。

长途、不拥堵地段或者加价高的订单。有时,"挑单"也与司机的个人安排有关,例如,在每日工作将结束时,驾驶员偏好与自己"收车"方向一致的订单。无论出于何种原因,在网络预约服务模式下,巡游出租车驾驶员隐蔽的"挑客"行为都是广泛存在的。

巡游出租车驾驶员的"挑客"行为,是对公共承运人强制缔约义务的根本违反。强制是对选择自由的限制,而巡游出租车驾驶员对乘客要约的筛选则与其强制承诺义务背道而驰。在公共交通运输领域,强制缔约存在的合理性和必要性在于需要以强制承诺来矫正形式契约正义,保护客运消费者的合法利益。通过"挑单"来逃避强制缔约义务,不仅加剧了公共承运人与客运消费之间地位的不平等,而且也有违公共承运人的核心义务,即无歧视地向公众提供客运服务。

3. 网约车平台的歧视性派单

网约车平台在公众的日常出行中扮演着越来越重要的角色。对于出租车行业的发展来说,其不仅是网约出租车的唯一客源,同时也是巡游出租车通过获取网络预约订单的媒介。对于巡游出租车而言,平台仅向驾驶员提供用户的用车需求,即平台的功能是简单地中转和传递用车信息,而网约出租车则与平台之间有直接的经济利益正相关关系。

在滴滴出行等网约车平台界面,"专车""快车"等即属于本文讨论的网络预约出租车范畴,"出租车"则指巡游出租车。从运营商来看,出租车、专车、快车是分开且独立的系统,各自处理与其相关的订单。但在实践中,我们在打车的时候往往会遇到这种情况:在距离待营运状态的巡游出租车非常近的地方发送预约巡游出租车的订单,该近距离的巡游出租车驾驶员却无法收到订单。尤其是在打车的早晚高峰期,这样的情况更加明显,等待一段时间之后,最终接受订单的往往是离乘客比较远的巡游出租车驾驶员。巡游出租车驾驶员也多次发声,表示网约车平台在推送订单时带有歧视性,在高峰期,往往不会第一时间把订单推送给离用户最近的巡游出租车驾驶员,而是建议用户选择"打表来接"或者"加价"的方式来发出订单,乘客在考虑到成本之后很可能改变选择,取消巡游出租车的呼叫订单,转向网约出租车(快车或者专车)发出订单。

(三)网约车背景下公共承运人违反强制缔约义务的危害

网约出租车背景下,公共承运人的强制缔约义务,在履行主体和履行方式上都发生了一些新的变化，同时，也出现了一些违反强制缔约义务的行为，这些行为对于国家宏观调控政策的落地实施、整个行业的健康有序发展、公众出行的便利快捷都造成了危害。

1. 不利于国家宏观调控政策的有效实施

本文对强制缔约义务的探讨侧重于其在私法上的价值及理论基础。但不可否认的是，公共承运人的强制缔约义务同样是国家进行宏观调控、干预国民经济的重要方式和工具。公共交通运输的发展程度关系公众基本出行需求的满足，网约出租车和巡游出租车作为公共交通的重要补充，法律赋予其承运人以强制缔约义务，也同样是对关系国家民生的基础行业中处于垄断地位的大型企业经营的一种干预手段。

出租车提供的客运服务是准公共服务中的一种，国家作为公共服务的提供者，并同时作为准公共服务提供者的主要监督者，有责任保障公众按照合理需要获得该项服务。而巡游出租车经营者对强制缔约义务的违反，诸如枉顾由政府指导价为基础的运价体系，引入加价制度等，不利于实现保障巡游出租车市场"公平优先、兼顾效率"的定价目的。①

2. 不利于出租车客运市场的健康发展

网约出租车的出现给整个出租车行业带来了变革和新的发展机遇，为健全出租车客运市场的经营模式、满足乘客多元化的出行要求指明了一个切实可行的方向。同时，竞争机制进入出租车市场，带来了新的机遇和挑战，相关的社会资源也会在新的行业格局下重新整合。根据《指导意见》的规定，目前出租车行业已经形成了网约出车和巡游出租车并存的两分格局。行业中的经营者，无论是出租车公司还是网约车平台公司，若不重视其承担的强制缔约义务，不按照合法合理的市场规则良性竞争并不断改进和提升自身服务，则网约出租车和巡游出租车将难以协调发展，整个出租车客运市场的繁荣和良性循环更是无从谈起。

3. 不利于乘客出行需求的满足

网约出租车兴起后，增加了出租车客运市场在运力方面的供给，出租车客运市场一直以来需求高于供给的矛盾得到一定的缓解。但是，在一些情况下，打车却变得更难了。诚然，运力依旧不足是造成"打车难"的根本原因，但是在可供调

---

① 参见萧橡：《网约出租车加价应当无条件取消》，载《财会信报》2017年2月6日，A02版。

配的出租车数量明显增加的前提下,打车却变得更难,则需要归咎于承运人对强制缔约义务的违反。主要表现为在高峰期,用车需求比较高的区域,公众对巡游出租车的需求难以得到满足。出于对相关因素的综合考量,诸如发票报销的需要、对巡游出租车安全性的期待以及消费惯性等,一定群体的消费者已经倾向于选择巡游出租车。但是由于前述的"加价"和"挑客"现象的存在,在高峰期,乘客必须付出更高的价金方能获得被优先承诺的机会,这部分价金是乘客在没有法定依据的情况下额外支付的,损害了乘客的利益。

三、网约车背景下公共承运人违反强制缔约义务的民事责任

公共承运人的强制缔约义务,是强制缔约制度的一般理论在涉及公共交通服务时对公共交通承运人提出的要求,因此,公共承运人违反强制缔约义务的民事责任研究,要遵循一般到特殊的路径,即从违反强制缔约义务的一般民事责任具体到公共承运人违反该义务需要承担的责任,再结合网约出租车兴起的时代背景和社会发展进行综合的判断和分析。

(一)比较法视角下违反强制缔约义务的民事责任

结合各国和地区相关规定以及学者的著述研究,境内外就公共承运人违反强制缔约义务应该承担何种民事责任,主要有四种观点:第一种观点认为其应当承担缔约过失责任;第二种观点认为其应当承担违约责任;第三种观点认为其应当承担侵权责任;第四种观点认为在此种情形下会产生一种新型责任。

1.缔约过失责任

缔约过失责任是一项独立的民事责任制度,其构成要件如下:(1)一方的过失发生在合同的协商阶段,即双方或者多方当事人已经开始了订立合同的准备,但是合同尚未成立;(2)非过失方遭受信赖利益损失;(3)非过失方有理由相信过失方会与其签署合同。

国内有学者认为,被强制方违反强制缔约义务应当承担缔约过失责任,[①]理

① 参见王利明:《合同法研究》,中国人民大学出版社2002年版,第333页。

由如下:(1)强制缔约义务未能完成,此时直接导致合同尚未成立;(2)强制缔约义务的来源,无论是法律的直接规定还是在合理范围内,对法律解释的适用都可以视为相对人对被强制方信赖的基础,即不论是公共承运人对直接强制缔约义务的违反,还是对间接强制缔约义务的违反,相对人都有理由相信其会与之成立契约。被强制方对强制缔约义务的违反,具备上述缔约过失责任的全部构成要件,因此应当承担缔约过失责任。

2. 违约责任

持此种观点的人认为,即使被强制方未能履行强制缔约义务,其仍应当按照相关的规定,承担违约责任。其理由是,强制缔约是法律法规规定被强制方应当与相对人缔结合同的义务,合同成立与否与是否适当履行该义务无关,因为即使被强制方未能按照法律法规要求缔结契约,合同也会依据法律规定而成立。[①] 故在此种情况下,被强制方对该义务的违反应当承担违约责任。

3. 侵权责任

侵权责任说的倡导者指出,强制缔约的基本要求为:如果没有正当或合适的理由,被强制义务人无权拒绝另一方当事人缔结契约的意思表示,即负有与另一方当事人缔结契约的义务。被强制方如果违反了该义务,导致另一方当事人本应按照合同享有的权益受到侵害。在此种情况下,被强制方就应当按照相关规定承担相应的侵权责任。该学说目前在德国、法国以及我国台湾地区的相关学术研究和相关规定中都得到了肯定。

我国台湾地区的研究人员在论证该种情况下,侵权责任成立的构成要件之一——侵权行为的存在时,认为违反强制缔约义务的行为并非直接侵害了当事人的某种具体权益,而是侵害了强制缔约制度保护的一种利益,该种利益也是侵权法保护的对象。[②]

4. 新型责任

支持该种学说的学者,其基本观点是,强制缔约制度设计的初衷是为了在处于垄断地位的经营者面前保护弱势消费者的利益,或者是对处于关乎民生基本需求的行业中的经营者进行限制,以保障公众的基本生活。这样的制度从设计

---

① 参见黄兴志:《浅议违反强制缔约义务的民事责任之性质》,载《经济研究导刊》2012 年第 8 期。

② 参见王泽鉴:《债法原理》(第 1 册),中国政法大学出版社 2001 年版,第 77 页。

之初就具有一定的救济性和扶弱性,而并非像违约责任或者侵权责任一样以填补相对人的经济损失为主要目的。据此,持新型责任说的学者认为,违反强制缔约义务的民事责任应当是一种区别于前述三种责任形式的新的责任方式,但是在某些情况下,也会出现责任的竞合。①

(二)对违反强制缔约义务民事责任相关学说的评价

以上四种有关违反强制缔约义务民事责任的学说,各有其合理性和不足所在,以下笔者具体进行分析。

1. 相关学说的具体分析

缔约过失责任说的合理之处在于强制缔约义务具有约束力的时段是在合同成立之前,与合同成立前的先合同义务有一定的相似性。因此,如果将强制缔约义务看作一种先合同义务,则被强制方违反该义务时,就应当承担相应的缔约过失责任。

但是强制缔约义务并不等同于先合同义务,也并不属于先合同义务项下的子义务,两者具有根本的差别。先合同义务是基于缔约双方在协商、谈判过程中形成的亲密关系,双方产生信赖利益,因而互相负担通知、照顾等义务。② 但是强制缔约义务来源于法律法规的规定,或者是对法律法规的解释性适用,在缔结契约之前,被强制义务人与相对人之间可以不存在任何的磋商过程。

新型责任说的合理性和必要性,建立在公共承运人违反了强制缔约义务,而前述三种责任却都无法适用的基础上。但笔者认为,违反强制缔约义务的民事法律责任,可以视为侵权责任的特殊情形,下面将进行详细分析。

2. 违反强制缔约义务承担特殊侵权责任的合理性

笔者认为,被强制方违反强制缔约义务,给相对人造成损害时,应当承担侵权责任这一观点具有合理性。

结合侵权责任的构成要件分析可知:违反强制缔约义务的被强制方承担的侵权责任具有特殊性,这种特殊性表现在承担侵权责任的方式上。《中华人民共和国侵权责任法》(以下简称《侵权责任法》)第15条规定了承担侵权责任的八

---

① 参见黄兴志:《浅议违反强制缔约义务的民事责任之性质》,载《经济研究导刊》2012年第8期。

② 同上。

种方式,[①]可以用以救济因违反强制缔约义务而遭受的损失的方式有赔偿损失、赔礼道歉。但是这些救济方式都是具有事后替代性的,结合强制缔约义务的特征,为更有效、更有针对性地为相对人提供合法救济;笔者认为,强制缔约也应该作为被强制方承担侵权责任的一种方式,这一点已经为意大利《民法典》的相关规定所确认。[②]

(三)网约车背景下公共承运人违反强制缔约义务的民事责任

前文已经梳理了违反强制缔约义务,给他人造成损害的民事主体应该承担的责任。接下来,本文将具体到公共承运人领域,并结合网约出租车兴起和发展的背景,继续探讨违反强制缔约义务对应的民事责任。

1.现有的相关规定

《合同法》第289条是有关公共承运人强制缔约义务的规定,但我国现在并没有具体的法律法规,对违反该义务应该承担何种责任以及具体的责任形式作出规定。根据上文对违反强制缔约义务应当承担的一般民事责任的分析,笔者认为,公共承运人未能按照法律规定履行强制缔约义务,给客运消费者造成损害的,应当承担侵权责任。以下,笔者将结合网约出租车的特点,对承担责任的主体以及方式进行分析。

2.网约车背景下公共承运人违反强制缔约义务的民事责任

网约出租车的出现,以及随后出台的与网约车相关的规定,扩展了公共承运人的概念,网约车平台也需要作为承运人承担责任。在违反强制缔约义务的民事责任的一般理论中,责任的承担者是被强制方,即被强制缔约义务人,具体到公共运输领域,义务人便是公共承运人。在客运消费者试图通过网约出租车缔结客运合同时,负有强制缔约义务的就是网约车平台。

目前,没有专门的法律法规对网约出租车的驾驶员和网约车平台之间的关

---

① 《侵权责任法》第15条规定:承担侵权责任的方式主要有以下几类:(1)停止侵害;(2)排除妨碍;(3)消除危险;(4)返还财产;(5)恢复原状;(6)赔偿损失;(7)赔礼道歉;(8)消除影响、恢复名誉。

② 意大利《民法典》第2932条规定:如果有缔结合同义务的人未履行义务,在有可能且不违反约定的情况下,另一方当事人可获得使未缔结的合同产生效力的判决。如果涉及以特定物所有权的转让或其他权利的设定或转让为标的的合同,在提议的一方当事人未履行其给付义务或未以法定的形式给付时,则诉讼请求不得被接受,除非给付尚未届满履行期。

系进行规定,有学者就该问题进行了相关研究,无论驾驶员与平台之间是建立在劳动合同上的职务聘用关系,还是在平台的“幕后”,以驾驶员为单位进行的个体经营,都不影响网约车平台作为公共承运人承担最终的民事责任。在网约车平台违反强制缔约义务,致使客运消费者利益遭受损害的情况下,其应当承担相应的侵权责任。

四、促进网约车背景下公共承运人强制缔约义务履行的初步建议

从表面来看,强制缔约义务履行与否,影响的是被强制方与相对人之间的民事法律关系,但是如果将强制缔约义务放在作为公共交通重要补充的出租车行业来看,承运人强制缔约义务的履行对于保护客运消费者的合法权益,健全行业的竞争机制,维护整个社会基本的公平正义等多个方面都具有重要意义。因此,促进公共承运人履行强制缔约义务的方案设计需要综合考虑行业格局、承运人、乘客等多方面因素。

(一)行业管理运营的变革与创新

出租车行业普遍实行特许经营制,这是运营商能否成功进入出租车市场的最大考验,在很多情况下,特许经营成为一种“特权”,没有“特权”作为敲门砖的人,只会被拒之门外。特许经营权被授予多少人,被授予人需要具备什么样的条件,被授予人获此“特权”之后,需要接受何种检验,对这些问题的不同回答,反映出一国(或地区)对出租车行业管制政策的侧重点。

目前世界各国(及地区)出租车行业的主流管制模式是:强调对进入出租车市场的“质量”要求,该质量要求涉及车型安全度和驾驶员技术等方面;放松甚至放弃对数量的管控,例如,新西兰和日本都取消了对出租车数量的限制;①规定最高运价或者最低运价,允许价格波动。目前,我国对出租车行业的管理还处于以控制数量为主的阶段,网约出租车的出现在一定程度上提高了行业的运力,但是

① 参见袁长伟、吴群琪:《国际出租车管制模式与改革启示》,载《经济体制改革》2013年第6期。

面对庞大的市场需求,"打车难"的问题难以得到根本解决。逐步变革我国目前的出租车行业的管控政策,提高对出租车服务质量的要求和监管标准,放松对出租车数量的限制。一方面有利于减少交通事故,保护公众出行安全;另一方面在高质量要求的前提下,即使放松数量控制,出租车总数也不会突飞猛涨,造成交通拥堵和环境污染。

(二)网约车平台的规范化管理

网约车平台不仅承担着公共承运人的角色,也起着联结乘客的用车需求与具体出租车驾驶员提供的运输服务的作用,作为媒介、渠道、桥梁的网约车平台,其规范化运营对于"互联网+"时代出租行业的发展具有重要意义。

谈及网约车平台的规范化管理,社会各界的讨论大多局限于平台的合法化、平台与驾驶员、乘客之间的三方关系、平台的盈利模式等。本文将更多地聚焦在平台的管理运作层面上。平台的功能在于连接乘客与驾驶员之间,加强沟通联系,减少信息的不通畅,使驾驶员获知附近的用车需要、就近揽客、减少空驶率、进而节约燃油和时间成本;同时,节约乘客打车的时间成本,便利其出行。但是根据目前平台向驾驶员推送订单的方式,出租车驾驶员可以完全获知乘客的出行信息,包括行程的起点、终点和时间等,但是乘客却无从得知任何有关出租车的信息。尤其是在巡游出租车通过平台获取订单的情况下,信息的不对称成为巡游出租车驾驶员挑单和变相拒载的温床。

对于普通乘客而言,通过网络召车与传统"招手上车"的区别仅在于"召车"方式不一样,两种模式下,双方缔约时对对方信息的了解程度应当尽可能地保持一致。在传统"招手上车"模式下,出租车驾驶员仅知道客运行程的起点,不知终点,即使在获知终点之后,也不能拒载。网约车平台也应该借鉴该种模式的优点,可以采取隐去乘客订单终点信息的方法。这样一方面,不会降低就近匹配供需的效率;另一方面,有利于在互不知晓详细信息的前提下维持客运服务提供者和消费者之间的平衡。

(三)引导个体的出租车驾驶员积极履行强制缔约义务

一般而言,公共承运人与出租车驾驶员个体的关系为职务代理,强制缔约义务的义务主体是公共承运人,但由交通运输行业分散经营、点对点服务的特点所决定,公共承运人强制缔约义务的履行是由出租车驾驶员个体来完成的,而出租车驾驶员违反强制缔约义务的根本原因在于逐利。

网约车出现之后,出租车服务市场的竞争更加激烈,巡游出租车驾驶员既有的营利模式被打破,客运消费者被瓜分,尤其是在滴滴等打车软件平台公司对网约出租车驾驶员提供可观的经济补贴的背景下,个体性的、盲目的、扰乱市场秩序的"保利"或者"逐利"行为出现了,即前文介绍的"挑客"、等待加价等现象。为减少该等现象,引导驾驶员履行强制缔约义务,有必要采取一些公开化的、合法化的"保利"或者"让利"措施,如逐步取消巡游出租车牌照的有偿使用,减少驾驶员承担的"份子钱",避免因沉重的经济负担而导致其违反法定义务。

"让利"或者"保利"政策是市场的需要,而科学、健全的监管政策更重要。统筹网络预约出租车服务和巡游出租车服务是制定科学的监管政策的第一步,所谓"统筹",既要认清共同点,也要区分差异点,这样才能有的放矢地监管整个出租车服务市场。对于不同服务方式出现的不同问题要有针对性地予以解决,例如,根据传统巡游出租车的营运规则,点亮"暂停服务"标志,即可以认定驾驶员有合理的理由拒绝乘客的要约。但是在网约车的方式出现后,巡游出租车驾驶员在"暂停服务"的状态,利用手机软件接收订单,此时,乘客面对面向出租车驾驶员发出订立客运合同的要约,驾驶员是否有权拒绝?如果以自己"暂停服务"为拒绝理由,则该理由是否成立?在设计监督政策时,这些问题都应予以考虑。

五、结　　语

强制缔约,是通过限制形式契约自由进而实现实质契约正义的一项私法制度。在公共交通领域,强制缔约制度具体体现为公共承运人的强制缔约义务。赋予公共承运人以强制缔约义务,对于保护弱势的运输服务消费者,促进行业的规范发展具有重要意义。

伴随着网约出租车的兴起和公共承运人的范围扩展,其囊括了网约出租车平台公司和传统巡游出租车公司。与此同时,在作为公共交通运输重要补充的出租车客运行业,也出现了一系列违反公共承运人强制缔约义务的现象,包括巡游出租车的"加价"行为、"挑客"行为以及网约车平台的歧视性派单等,出租车承运人的该类行为严重危害着乘客利益和行业秩序。违反强制缔约义务的公共承运人需要承担相应的法律责任,关于该责任的性质学界的主流讨论集中在缔约过失责任、违约责任、侵权责任以及新型责任四种责任类型上,笔者认为,根据侵权责任的基本构成要件以及强制缔约义务的特殊性,强制缔约义务人应当承担一种特殊类型的侵权责任。

网约车背景下,出租车公共承运人违反强制缔约义务的主要动因,是新业态下盈利空间的差异以及对行业参与者的不规范管理。通过梳理各利益主体间的相互关系,笔者认为应当通过变革行业管理、规范网约车平台的运营以及引导个体出租车驾驶员等方式,促进公共承运人履行强制缔约义务。

政府规范性文件的公平竞争审查问题研究

——以北京市网约车新政为例

吴佩乘*

摘　要：在网约车快速发展的当下，北京市有关部门率先发布了网约车管理新政。新政在社会舆论中引发争议，其中部分条款被指违反公平竞争审查标准和程序，损害市场竞争秩序。北京网约车新政在进行公平竞争审查过程中，反映出公平竞争审查制度在实施过程中面临着诸多困境。公平竞争审查制度，在实质标准和程序规范上均有需要完善的地方，一些具有针对性的措施和制度需要被建立以确保公平竞争审查制度在实践中的有效实施，从而促进统一开放、竞争有序的市场体系。

关键词：“互联网＋”；政府规范性文件；网约车新政；公平竞争审查

Research on Fair Competition of Government Normative Documents

—Illustrated by the Case of the Taxi-hailing Service in Beijing

Wu Peicheng

Abstract: With the rapid development of online taxi-hailing service, the relevant departments of Beijing first issued new regulations on taxi-hailing service. The new regulations caused controversy in public opinion, some of which were accused of violating the standards and procedures of fair competition, and damaged the order of competition. In the process of fair competition review, the new regulations reflect that

---

* 上海交通大学凯原法学院2016级经济法学专业硕士研究生。

the fair competition system faces many difficulties in the process of implementation. Fair competition review system in essence specification standards and procedures need to be perfected. Some specific measures need to be taken to ensure the effective implementation of fair competition review system in practice, so as to promote a unified and open market system with orderly competition.

Key Words: internet plus; government normative documents; new regulations on taxi-hailing service; fair competition review

一、问题的提出

"互联网 +"①时代的来临提升了中国社会的创新程度,也带动了一些传统产业的升级步伐。网约车以及网约车平台正是在这种背景下迅猛发展,并逐渐为普通公众所接受的。在新产业发展中,"政府为了经济法治的要求,需要发挥基于维护社会公共利益的需要而对市场主体(主要是企业)的组织和行为进行必要干预的市场主体规制权"。②

在此背景下,地方政府陆续公布了网约车的规范措施。2016 年 12 月 21 日,北京市交通委员会发布了《北京市网络预约出租车经营服务管理实施细则》(以下简称北京网约车新政),对北京市范围内的网约车市场进行管理规定。与此同时,北京网约车新政中涉及对网约车司机户口、车辆牌照等问题的限制引发了公众舆论的普遍讨论。有律师向主管部门申请信息公开,要求公开北京网约车新政是否已经履行公平竞争审查程序。北京市交通委员会正式答复称北京网约车新政已经履行了公平竞争审查程序。对此,有学者认为,北京市交通委员会能够对网约车政策是否履行公平竞争审查程序公开作出回应,显示了依法治市的典范带头作用,但是其对网约车政策的回应内容还有进一步商榷的空间。③

---

① 国务院《关于积极推进"互联网 +"行动的指导意见》(国发〔2015〕40 号)指出:"'互联网 +'是把互联网的创新成果与经济社会各领域深度融合,推动技术进步、效率提升和组织变革,提升实体经济创新力和生产力,形成更广泛的以互联网为基础设施和创新要素的经济社会发展新形态。"

② 李昌麒:《经济法学》,法律出版社 2016 年版,第 105 页。

③ 参见《北京网约车规定公平竞争审查政府信息公开结果》,载法制网:http://www.legaldaily.com.cn/index/content/2017-01/13/content_6955611.htm?node=20908,最后访问日期:2017 年 11 月 10 日。

公平竞争审查作为我国竞争政策确立过程中一项重要的制度建设,其在具体的实施过程中仍面临诸多难题和困境。本文将以北京市网约车新政的公平竞争审查为范本,对规范性文件审查中可能面临的问题从竞争法角度展开分析和探讨。

二、网约车新政中的公平竞争审查实施

(一)公平竞争审查实施概况

公平竞争审查制度,是我国竞争政策的重要组成部分。随着社会主义市场经济的深入发展,我国目前已经到了确定竞争政策基础性地位并实现竞争政策与产业政策协调发展的阶段。而为了确立竞争政策的基础性地位,"公平竞争审查制度就是对经济政策特别是产业政策作竞争方面的审查,判断其是否有限制、排除竞争效果的制度安排"。[①] 2016年6月14日,国务院正式行文建立公平竞争审查制度,[②]标志着我国竞争政策的发展进入了一个新的阶段。具体而言,公平竞争审查包括以下几个要素。

1. 审查的对象

公平竞争审查制度的审查对象在各法域间并不完全相同,例如,经济合作与发展组织(Organisation for Economic Co-operation and Development, OECD)将竞争评估审查的对象统一采用"laws and regulations"来表述。根据《意见》的规定,政策制定机关制定的涉及市场主体经济活动的行政法规、地方性法规、规章、规范性文件和其他政策措施均应当接受审查。这实际上确立了竞争政策优先于产业政策的基本地位。值得说明的是,由于本文主要以北京网约车新政接受公平竞争审查为例进行分析,故本文仅以政府规范性文件为探讨对象。

2. 审查的方式

中央颁布《意见》,"这是转变政府职能和经济治理方式、重塑中国公共政策体系并进一步发挥市场配置资源基础性地位的具有里程碑意义的政策举措,同时,也为政府的抽象性行政行为和立法行为的规范提供了依据,后者与

---

① 王先林:《浅析竞争政策与反垄断战略问题》,载《中国市场监管研究》2016年第1期。

② 即《国务院关于在市场体系建设中建立公平竞争审查制度的意见》(国发〔2016〕34号,以下简称《意见》)。

行政性垄断[①]的规制有着紧密的关联”。[②] 我国反垄断法中已经有了对行政性垄断的规制。但作为一种事后救济方式,“反垄断执法只能在行政性垄断已经发生的情况下,以隔靴搔痒的方式在行政系统内部‘建议纠正’”。[③] 而公平竞争审查的出台在一定程度上克服了事后救济的弊端。根据《意见》的规定,政策文件的出台在起草过程中就需要进行公平竞争审查,未经审查或经审查对市场会产生排除、限制竞争作用的规范性文件不能出台实施。审查的主体,一般为政策制定部门及其法制部门。

3. 审查的标准

《意见》采取列举式的做法,对“市场准入和退出标准”“商品和要素自由流动标准”“影响生产经营成本标准”“影响生产经营行为标准”四个方面的共 18 种可能对市场产生影响的措施进行列举。这些列举式条目构成了审查的主要内容和标准。除此之外,《意见》还对审查标准进行了一般性概括,即不得违反反垄断法的规定,制定含有排除、限制竞争内容的政策措施。

(二)网约车新政审查的实体要求

就北京市网约车新政而言,其是否符合公平竞争审查的实体要求,也需要从上述的审查对象和标准进行分析。

北京网约车新政由北京市交通委员会牵头制定发布,在行政法上属于一般行政规范性文件。按照《意见》中对于审查对象的规定,北京市网约车新政属于应当接受公平竞争审查的对象。就北京市而言,由于处在首善之区,其政策施行和效果对于全国具有潜在的示范效应。北京市网约车新政,也是全国首个省级政府对网约车的规范文件,其接受公平竞争审查也有利于全面有效贯彻竞争政策。

在肯定了北京网约车新政作为政府规范性文件应当接受审查的前提后,有

---

① 行政性垄断的说法在学界仍有争议。例如,有学者认为:“在中国,垄断有两种,即行政性垄断和经济性垄断……”参见梁慧星:《中国反垄断立法的构想》,载《法学研究》1990 年第 1 期。另有学者认为:“行政性限制竞争行为是更为恰当的表达方式。”参见方小敏:《行政性限制竞争行为的法律规制》,载《法学》2005 年第 2 期。本文仍采用行政性垄断的表述。

② 参见种明钊主编:《竞争法》,法律出版社 2016 年版,第 301 页。

③ 参见李洪雷:《中国行政法(学)的发展趋势——兼评“新行政法”的兴起》,载《行政法学研究》2014 年第 1 期。

必要就该新政中涉及的实体性规定作进一步考察。其中,对照国务院《意见》中的18条具体规定,有助于厘清该新政中的规定是否构成对竞争秩序的损害。

1.新政涉嫌设置不合理的准入条件

“行政机关通过制定含有排除限制竞争内容的规定,使某些市场主体获得独占经营的市场地位,而其他竞争者则被完全排除了进入市场的可能性。”①设定严格的准入条件成为行政垄断的一个显著表现方式。在《意见》中规定了不得设立不合理和歧视的准入条件的条款。②

北京网约车新政中对在北京从事网约车的车辆进行了规定:轴距、排气量等均需符合较高的标准。③ 这种对于车辆的严格要求无形中提高了社会人员进入网约车市场的准入标准,对于一些只拥有中低端车辆的人员而言,其将无法再开展网约车服务。根据网约车平台公司的统计,以上海市新政为例,④目前在平台上从事网约车的车辆符合新轴距要求的不足1/5。

北京网约车新政中对网约车辆的高标准要求是不合理的准入条件。

首先,网约车的产生正是为了缓解群众出行困难,扩宽群众出行选择。网约车产生的目的首先是因为其快捷和变通的出行选择,其次才是车辆本身的舒适程度。对大多数乘客而言,他们使用某一辆网约车完全是随机且难以重复使用的,他们关心的也是车辆能否顺利及时将乘客送达目的地。即使从监管部门的角度来看,对诸如轴距和排气量的高标准要求也都是明显不合理的。监管部门对于营运车辆的要求应当主要针对其安全性能规定,但是监管部门并没有就轴距、排气量等与乘客乘坐安全性之间的联系作出充分的说明。

其次,这种高标准的准入门槛最终损害了消费者权益。高标准的准入门槛将导致市场竞争者的急剧减少,网约车车辆较新政前也会减少。群众在新政后

---

① 参见徐士英:《反垄断法规制行政垄断是我国的必然选择——解读反垄断法草案》,载《中国工商管理研究》2007年第6期。

② 《意见》规定:“……(三)审查标准1.市场准入和退出标准(1)不得设置不合理和歧视性的准入和退出条件……”

③ 参见北京网约车新政第9条的规定,即“在本市申请办理《网络预约出租汽车运输证》的车辆,应当符合下列条件……(二)5座三厢小客车车辆轴距不小于2650毫米(含新能源车),排气量不小于1.8升;7座乘用车排气量不小于2.0升、轴距不小于3000毫米”。

④ 上海市新政在车辆要求上和北京市基本相同,具体情况参见《滴滴炮轰网约车新政是出行效率的倒退》,载搜狐网:http://auto.sohu.com/20161009/n469828995.shtml,最后访问日期:2017年11月10日。

极有可能仍然面临“打车难、打车贵”的难题。

最后,即使将网约车同普通出租车(非巡游出租车)相比,新政中的要求都显得过于严苛。按照新政中车辆轴距和排量的要求,能够进行网约车服务的车辆都属于中高档型私家车。这比普通出租车车型的要求都要严格。在受到政府监管更加充分的普通出租车市场,监管部门尚且没有要求出租车的轴距、排气量等达到如此高的要求,所以要求网约车市场具有如此高的准入条件是不符合“举重以明轻”的法治理念的。

2. 新政涉嫌限制外地服务进入本地市场

“地区垄断又称为地区封锁,是指某一地区的行政主体为保护本地区企业和经济利益,滥用行政权力排斥、限制外地企业参与本地市场竞争或本地企业参与外地市场竞争的行为。这是最典型、最普遍的行政性垄断。”①《意见》中也明确规定限制外地服务进入本地市场属于排除限制竞争的行为,应当予以排除。②

北京网约车新政自颁布以来就受到了公众舆论的广泛讨论,其中的两条规定在社会上的争议尤其明显:“在北京从事网约车服务的车主必须具有北京市户籍,③驾驶员所用车辆必须具有北京市牌照。”④这一规定被外界广泛视为带有地方保护主义色彩。

北京网约车新政的上述规定,明显限制了外地服务进入本地市场。根据其规定,只有具有北京户籍和车辆牌照的人和车才能在北京市进行营运。其带来的一个显著效果就是非北京户籍的驾驶员和非北京牌照的车辆都不能继续从事网约车服务。这种地区限制明显的规定,势必导致网约车市场符合条件的竞争者减少,减损竞争的充分性。仍然援引上述滴滴公司的相关数据,在情况类似的上海市已进行用户激活的41万余名司机中,仅有不到1万名司机具有本地户籍。行政的规定在北京市和外地间建立了一道人为壁垒,阻碍了竞争市场的有序发

---

① 参见王先林:《竞争法学》,中国人民大学出版社2015年版,第262页。

② 《意见》规定:“……(三)审查标准……2.商品和要素自由流动标准……(2)不得限制外地和进口商品、服务进入本地市场或者阻碍本地商品运出、服务输出……”

③ 北京网约车新政第8条规定:“在本市申请《网络预约出租汽车驾驶员证》的驾驶员,应当符合下列条件:(一)本市户籍……”

④ 北京网约车新政第9条规定:“在本市申请办理《网络预约出租汽车运输证》的车辆,应当符合下列条件:(一)本市号牌本市号牌且为出租汽车经营者或个人所有的车辆(机关企事业单位及社会团体非营运车辆不得从事网约车运营),满足本市最新公布实施的机动车排放标准,在车辆检验有效期内,没有未处理完毕的交通事故和交通违法记录……”

展,导致相关市场的竞争者在短时间内大量减少。

(三)网约车新政审查的程序要件

根据相关报道,北京市交通委员会已经履行了公平竞争审查程序,该审查由交通委法制处负责进行审查。经审查,北京市交通委员会认为新政符合相关法律法规,不具有排除、限制竞争的内容。①

根据国务院《意见》的规定,公平竞争审查在程序上应当满足以下两点:其一,在政策制定过程中进行审查;其二,审查的主体是政策的制定部门。就北京市交通委员会的答复来看,北京网约车新政在出台前确已经过了市交通委法制处的审查,在程序上符合《意见》精神。

三、规范性文件审查中面临的问题

(一)公平竞争审查与合法行政的关系

1. 公平竞争审查与合法行政的矛盾

在北京网约车新政中,公平竞争审查制度本身和合法行政原则间的冲突,显现得尤为明显。"行政合法性原则要求行政主体必须严格遵行行政法律规范的要求,不得享有行政法律规范以外的特权,超越法定权限的行为无效。"②针对以上新政涉嫌违反公平竞争审查精神的地方,北京市交通委员会认为上位法是把网约车按照出租车进行归类管理,上位法中对司机的北京市户口和车辆的北京市号牌均有要求,因此,新政中也作出了同样的制度设计。

一般认为,公平竞争审查"本质上是将反垄断法的原理适用于政府干预行为的评价"。③ 在具体的审查过程中,尽管《意见》已经列举了18种典型的阻碍竞争行为,但究其本质仍然是在对政府规范性文件本身是否具有排除限制竞争的效果进行审查,属于文件合理性的审查。然而,在此次事件中,北京市交通委员

---

① 参见《北京网约车规定公平竞争审查政府信息公开结果》,载法制网:http://www.legaldaily.com.cn/index/content/2017-01/13/content_6955611.htm? node=20908,最后访问日期:2017年11月10日。

② 参见莫于川主编:《行政法与行政诉讼法》,科学出版社2015年版,第27页。

③ 参见黄勇等:《竞争政策视野下公平竞争审查制度的实施》,载《价格理论与实践》2016年第4期。

会的回应并非没有依据。依照北京市地方性法规和交通部[①]有关规定,网约车在当下是按照出租车种类的一种(网络预约出租汽车)进行调整。而北京市已有的出租车管理条例明确规定了出租车司机的本地户籍和车辆的本地牌照。

北京市交通委员会按照上位法制定相应的规范性文件,并要求网约车司机及车辆按照上位法的规定具有本地户籍和牌照。这种做法从合法行政的角度而言无可非议。然而,如上所述,从规范性文件的实际效果来说,其确实在实践中限制了网约车市场的有效竞争并最终损害了消费者的利益。

上述矛盾在法律上的争议点即合法行政和公平竞争角度合理性的矛盾。"学说上早在20世纪80年代末就有学者将中国行政法的基本原则概括为合法性原则与合理性原则。"[②]行政法学界则普遍认为:"行政合理性原则是对行政合法性原则的补充。"[③]但笔者以为,上述观点在竞争法领域应得到有限修正。笔者以为,正确理解公平竞争审查和合法行政矛盾,应当着重把握以下两个方面。

(1)矛盾的出现是我国特殊时期的产物

公平竞争审查制度所蕴含的对市场的合理性分析与合法行政的要求,不存在本质的对立性。北京市网约车新政中出现的表面的"对立"现象,其实是我国发展阶段中特有的现象。其原因就在于我国社会主义市场经济建立的早些年中,竞争政策的基础性地位并没有得到确立。相反,在早年相关机构制定经济法规时,基本没有将法规是否具有排除、限制竞争的效果纳入到制定法规的决策中进行总体考量。这就导致了在公平竞争审查制度产生前已经生效的经济法规中,可能暗含了反竞争效果的内容。在审查制度颁布后,由于合法行政的要求,就会存在将要制定的下位法根据之前的上位法制定的情况发生。然而,在此种情形下制定的下位经济法规也极易带有限制市场竞争的客观效果。可见,公平竞争审查制度与合法行政间的矛盾不是内生和本源性的,而是在我国竞争政策确立较晚的背景下产生的特殊产物。

---

① 此处主要指的是《北京市出租汽车管理条例》(1997年10月16日通过,2001年5月18日第一次修正,2002年3月29日第二次修正)和《网络预约出租汽车经营服务管理暂行办法》(2016年7月27日发布)。

② 参见罗豪才主编:《行政法学》,中国政法大学出版社1989年版,第35页。

③ 参见胡建淼主编:《行政法与行政诉讼法》,中国法制出版社2010年版,第43页。

(2)矛盾的解决依赖于正确的解释和应用上位法

"法律的实施以解释过程为前提"[1]是法律实践中一个极为重要的原则。在上述矛盾的解决过程中,法律解释可以发挥较大作用。在法律解释的过程中,"目的解释为解释法律之最高准则"。[2] 根据《北京市出租汽车管理条例》的规定,"适应城市经济发展和人民生活的需要"[3]是该条例制定的关键目的。尽管在该规定中明确规定了出租车的本地牌照以及驾驶人员的本地户籍,但很显然该条例在制定之时是并未将网约车纳入其管辖范围的。随着经济发展和互联网产业的发展,更重要的是竞争政策在我国政策体系中基础性地位的确定,如果将网约车的管理措施和普通出租车完全等同,则无疑是不利于"互联网+"经济发展和消费者权益保护的。因此,即便现在官方将网约车作为出租车进行归类管理,下级部门在具体制定管理细则时,仍不应当对早年间制定的出租车条例机械性地进行适用。有关管理部门在制定政策时,需要充分考虑到法律解释的目的性和与公平竞争审查政策的衔接性。

2. 公平竞争审查与合法行政的协调

公平竞争审查与合法行政原则的协调应当着眼于经济法的职能定位和政府经济职能的分析运用。诚然,北京市交通委员会发布北京网约车新政的行为毫无疑问是一项抽象行政行为,应当受到行政法基本原则的约束。但此行为同时带有政府干预经济的经济职能性质,对于该文件的审查直接关系政府经济职能的运用和市场的运行状态。有经济学家曾提出"促进和保护竞争应当是政府首要的经济职能"的命题,[4]这也足以说明了政府在履行经济职能上绝不能仅仅考虑形式上的合法性,而更应关注其内在对经济运行形势的影响,这也是符合"实事求是"的方法论的。事实上,北京市交通委员会以上位法作为依据的说法是难以成立的,其原因如下。

首先,北京市交通委员会颁行规定所依据的上位法条例最后一次修正的时间已经是15年前。在当时的环境下,要求出租车司机具有北京户籍和车辆具有

① 参见达维德:《当代主要法律体系》,漆竹生译,上海译文出版社1984年版,第109页。

② 参见梁慧星:《论法律解释方法》,载《比较法研究》1993年第1期。

③ 参见《北京市出租汽车管理条例》第1条。

④ 载《人民日报》2002年12月16日。转引自王先林:《竞争政策的基础性地位及其主要实现路径初探》,载《中国价格监管与反垄断》2016年第5期。原内容参见《人民日报》,载人民网:http://www.people.com.cn/GB/news/6056/20021216/888680.html,最后访问日期:2017年11月16日。

北京牌照自然是合理的，这种立法也能够满足15年前的市场需求。然而，在市场经济已经蓬勃发展的今天，在"互联网+"已经渗入普罗大众生活方方面面的状况下，以合法行政为由拿15年前的条例作为当下经济行政的依据，这是很牵强的。

其次，北京市交通委员会的北京网约车新政已经违背了国务院《意见》和反垄断法的规定。北京网约车新政在实际上已经属于排除、限制竞争的行政性垄断规定。其对于相关市场的负面性影响是显而易见的，并将在短时间内导致网约车市场竞争者数量急剧减少。

在协调措施上，由于上位法仍然有效，北京市交通委员会可以向有权机关提出条例的修正建议，以此完善立法依据。

（二）规范性文件的审查主体及监督机制

公平竞争审查制度的建立和完善是长期性的任务。根据《意见》的规定，现阶段规范性文件的出台以政策制定机关的自我审查为主。这一点在北京网约车新政中也得到体现。北京市交通委员会法制处在此过程中扮演了重要角色，参与了实际的公平竞争审查的过程。这种自我审查和监督的方式被学界所普遍批评，有学者坦言："不能否定，这里的创新还带有一定的理想化色彩。"①

就规范性文件的审查过程而言，其至少还具有以下几个方面的问题。

其一，规范性文件是否审查，透明度不高。北京网约车新政中，尽管北京市交通委员会公布了新政已经接受了公平竞争审查的信息（这一点已经比很多地区政府做得好很多了），但其公布是在接到律师信息公开的申请后以答复的形式作出的，而非主动公布。尽管《意见》中并没有对于规范性文件审查后的公开要求，但依照行政公开的法理，对于市场竞争秩序的审查关系市场主体的切身利益，应当以适当的形式公布。

其二，审查主体单一。北京市交通委员会法制处作为政策制定机关负责法律的部门，自然承担起了对规范性文件审查的责任。但同机构的不同部门的审查效果值得商榷，这涉及第三方评估的制度安排和监督追责制度的建立。

其三，和反垄断执法机构的协调沟通不够。竞争政策是专业性极强的问题，

① 参见刘继峰：《论公平竞争审查制度中的问题与解决》，载《价格理论与实践》2016年第11期。

即使是专门负责法制事务的部门可能也并不具有专业性的竞争知识。因此,反垄断执法机关在推动和实施公平竞争以及规范政府行政性限制竞争方面要发挥重要作用。①

四、基于公平竞争审查的对策措施

(一)"增量"和"存量"并举

所谓增量审查,即对公平竞争审查制度建立后的规范性文件进行审查。存量审查,即对公平竞争审查制度建立前已经生效的规范性文件,进行有序审查清理。《意见》明确了"有序清理存量"的方针。北京网约车新政事件反映出存量清理确实到了必须抓紧解决,需要和增量审查齐头并举的时候了。

网约车新政事件的核心是北京网约车新政的上位法已经不能适应经济社会的发展,但依照合法行政的原则,北京网约车新政必须同其保持一致。这实际就是对《北京市出租汽车管理条例》的存量审查问题。仅仅强调增量审查是不够的,正如尽管法制部门已经对北京网约车新政进行了审查,却仍然无法将其中排除限制竞争的内容完全剔除。国务院《意见》确立的公平竞争审查制度作为国家竞争政策的重要组成部分,需要得到有效的贯彻执行。按照《意见》,《北京市出租汽车管理条例》也属于公平竞争审查的对象。早日对该条例进行审查并修正完善,是北京网约车新政中存在的问题得到解决的前提条件。"地方部门在制定实施细则时,也可考虑增加对现有政策文件的审查内容,实现竞争政策的理念渗透到其他经济和社会政策之中。"②

(二)建立完善的信息公开制度

近年来,法院系统推行判决书公示和行政机关处罚决定书公示制度,收到了良好的社会监督效果。"这是一种典型的以'结果'监督'过程'的倒逼机制。"③

---

① 参见王晓晔:《推动公平竞争审查 大力遏制行政垄断》,载王先林主编:《竞争法律与政策评论》(第2卷),上海交通大学出版社2016年版,第4页。

② 参见应品广:《公平竞争审查制度:中国竞争政策的重大创新》,载王先林主编:《竞争法律与政策评论》(第2卷),上海交通大学出版社2016年版,第20页。

③ 参见刘继峰:《论公平竞争审查制度中的问题与解决》,载《价格理论与实践》2016年第11期。

尽管公平竞争审查不像判决书或行政处罚决定书一样有明确的相对人,但是涉及审查的规范性文件往往是关系到市场竞争和经济运行秩序的,对于市场主体具有重要影响。

在审查制度实施过程中,有必要建立完善的信息公开制度,从而以完善公开的信息披露对公平竞争审查机关的生产过程进行督促。审查机关应当就规范性文件是否接受审查、审查的说理、审查的结果在不涉及国家秘密、个人隐私等特殊情况下一律对公众公开,并仿照中国裁判文书网等形式建立统一的数据库。

(三)建立与竞争执法机关的协调机制

"在对规范性文件公平竞争审查的过程中,仅仅依靠机构内部的法制部门是远远不够的",[①]这就需要同竞争执法部门的有效沟通协调。在具体审查过程中,应当将草案文本同时抄送竞争执法部门,竞争执法部门认为草案含有排除限制竞争内容的,可以参照《中华人民共和国反垄断法》第 51 条对相关机关提出依法处理的建议。

"随着公平竞争审查制度的建立,开展好第三方评估,确保政策评估的专业性和中立性,应该成为此项制度的主要着力点。"[②]这不仅涉及公平竞争制度本身,更关系反垄断执法机构的统一和第三方评估机构的立法安排等更高层面的制度设计。

(四)将公平竞争审查制度法制化

就现有产生的矛盾而言,将公平竞争制度法制化是必然举措。具体而言,原因如下。

首先,现有公平竞争审查制度的实施存在立法法上的缺陷。这种缺陷主要是因为公平竞争审查制度的法律位阶不明确。我国公平竞争审查制度的建立是以《意见》的发布为标志的,而《意见》则是由国务院行文公布的。《意见》的法律效力在《立法法》上没有明确的归属,其效力远不及国务院公布的行政法规。法律位阶的不明确将造成其适用过程中的强制力难题。

---

① 正如北京网约车新政事件中北京市交通委员会法制办所介绍的,他们的审查主要还是合法性审查。

② 参见种明钊主编:《竞争法》,法律出版社 2016 年版,第 302 页。

其次,现有公平竞争审查制度内在存在不能解决的问题。这主要体现在审查对象方面。根据《意见》,公平竞争审查制度的审查对象除包括一般行政规范性文件外,还包括地方性法规。地方性法规的制定,属于广义的立法过程,是由有立法权的地方人大组织依法进行的。作为国务院发布的文件,《意见》要求对地方性法规进行审查不仅在理论上难以成立,在实践中更是难以执行。从这个角度来说,只有将公平竞争审查制度规定在法律以上位阶的规范性文件中才能有效解决适用的难题。

最后,将公平竞争审查制度法制化,有利于解决依法行政和合理行政的矛盾。北京网约车新政事件中反映出的作为上位法的《北京市出租汽车管理条例》和公平竞争审查要求间的矛盾,固然可以通过法律解释或者存量审查的方式予以解决,但究其根本仍是公平竞争审查制度法制化程度的问题。如果将公平竞争审查以法律的形式规定下来,则有助于解决上述问题。有关部门在制定实施细则时可直接援用公平竞争审查制度,这样也保证了在存量审查尚未完全完成时新政策出台的合理性。

因此,公平竞争制度的法制化是一项必须要做的工作。就内容而言,该制度和反垄断法均是为了确保公平合理的竞争秩序,在内核上具有较高的牵连性,据此可以考虑在反垄断法中增加公平竞争审查制度条款。有学者具体建议在反垄断法总则中增加确认竞争政策基础性地位条款,并在第5章增加条文,明确我国实行公平竞争审查制度,相关部门在制定政策措施时不得违背公平竞争的要求。①

五、结　　语

北京网约车新政,作为国内第一起公布的接受公平竞争审查制度的地方政府规范性文件,对于全国有着极为重要的示范效应。当然,北京网约车新政的出台一定是牵涉到多方面的考量,诸如城市规模和城市定位等现实政治、社会因素同样要在政策制定时加以考虑。本文只是就新政中可能关系到竞争秩序的内容进行探讨。在此事件中显现出的各种矛盾和问题为完善公平竞争审查制度奠定

① 参见时建中:《强化公平竞争审查制度的若干问题》,载《行政管理改革》2017年第1期。

了基础,这意味着公平竞争审查制度在实体和程序方面都需要进一步改进。在“互联网+”时代面前,政府在履行经济行政职能的同时需考虑到社会发展和竞争秩序,逐步确立竞争政策的基础性地位,以建立统一开放、竞争有序的市场体系。

归责限制下的归因论

——条件说的规范性改造

陈文昊*

摘　要:传统理论将归因层面等同于事实判定,将条件说视为脱逸价值判断的逻辑规则,而对于条件说的批判也是围绕这一核心展开的。而作为条件说的替代学说的相当因果关系理论、合法则条件说、NESS标准以及概率提升标准,要么在体系上难以自洽,要么只是处于条件说延长线上的学说,并不能够完全摆脱条件说的框架。实际上,对条件说中结果表述的变化与调节可以得出不同的归因层面的结论。对于结果的抽象化程度越高,就越容易否定事实上的因果关系,因此,做何种程度上的抽象以及舍弃哪些要素的判定,其中渗透了大量价值判断。

关键词:条件说;归因;规范;价值判断

Factual Cause Restrained by Legal Cause

—But-for Formula in the Reform of Norm Theory

Chen Wenhao

Abstract: Classical theory equals factual cause to fact judgment, sees but-for formula as logical rule which separates from value judgment, and the critics centers on this point. Adequate causation theory, legal conditions theory, NESS standard and probability promotion standard, which were used as the substitution of but-for formula, either have problems in system, or can be seen as the extend of but-for

---

* 清华大学法学院2017级刑法学博士研究生。

formula and cannot dispense the frame of but-for formula. In fact, the change of the state of result can get different conclusions in the lay of factual cause. The higher of the abstract degree of the result, the easier to deny the factual cause. Therefore, how abstract to definite the result and which factors to ignore reflect value judgments.

Key Words: but-for formula; factual cause; norm; value judgment

一、问题意识:归因系纯事实判定?

现代各国刑法理论中的因果关系体系,基本上确立了区分“归因”与“归责”两个阶段的原则,这显然是受到了英美法系“双层次因果关系”的影响。在英美刑法理论中,事实因果(factual cause;cause-in-fact)与法律因果(legal cause;cause-in-law)被分别视为事实与价值的判定。一般认为,条件说是事实因果的标准,而法律因果则更复杂,它一方面涉及责任在当事人与被害人之间的分配问题,另一方面涉及多个行为人之间的责任分担问题,因而渗透了大量的价值判断因素。

问题在于现行理论对于条件说“纯粹事实判断”的定位,使该说的问题逐渐暴露出来。基于这一考虑,英美法系刑法理论以“实质因素标准”(substantial factor test)作为一项对条件说的重要补充原则,排除了对危害结果作用发生微小、仅具有理论意义的原因。而大陆法系理论中开始另辟蹊径,衍生出众多条件说的替代学说。例如,日本刑法理论的通说采用相当因果关系说作为归因的基础;而德国刑法理论的通说采用合法则的条件说。另外,诸如新兴的NESS标准、风险升高标准也初露锋芒,在归因领域得到一些学者的提倡。

然而,这些“学术增量”与传统的条件说之间存在何种意义上的联系?或者说,这些学说是否真正解决了条件说所不能解决的问题,从而可以评价为具有意义?在笔者看来,这些问题十分值得商榷。正如大塚仁教授指出的,“无视条件关系就难以论及刑法中的因果关系”,①条件说在刑法理论的舞台上逐步淡出镁光灯的焦点下,以及被视为纯粹事实判断的根本立场,都是需要反思的。

① 参见[日]大塚仁:《刑法概说(总论)》,冯军译,中国人民大学出版社2003年版,第160页。

二、现有理论对于条件说的批判

毫无疑问,因果关系理论最早的形态就是因果律(causation),它发迹于物理力学,起源于哲学理论,因而被打上了深深的存在论烙印。在条件说的标准中,“如果没有A,即没有Z,则A是Z的原因”这一表述也是建立于自然规则之上的,表面上价值无涉。

也正是基于这一点,条件说往往被刑法学者视为“铁板一块”,不具有伸缩性,且与社会期许严重脱嵌的规则。从对条件说的批判观点来看,火力也主要集中在这一点之上。对于条件说,主要有以下批判的观点,笔者逐一进行分析。

(一)“在因果流程无法查明的情况下,无法采用条件说”

“如果没有A,即没有Z”是条件说当中判断因果关系的核心杠杆,且在大多数情况下,这一命题可以清晰地辨明真伪。例如,看到一个背后插着刀的人,可以当然肯定杀人行为与被害人死亡结果之间的因果关系。但是,在很多情况下,“如果没有A,即没有Z”这一命题的真伪,本身就是存在疑问的。正如施特拉腾韦特教授所指出的:条件公式无助于确定尚不清楚的因果关系,因为,人们必须已经知道某一条件共同导致了结果的发生,才能断言,如果不存在该条件结果就不会发生。[①] 在德国“皮革喷雾剂”一案中,就存在这样的问题。[②]

在笔者看来,这样的批判存在疑问。正如林钰雄教授所指出的,“用‘无法解决自然因果不明’的理由来批评条件说是无用论的说法,并不公允,因为本来就没有任何一种因果关系或归责理论可以直接用了解决科学经验的极限问题”。[③] 一方面,即使是摒弃条件说另起炉灶的相当因果关系说抑或合法则条件说,也都

---

① 参见[德]冈特·施特拉腾韦特、洛塔尔·库伦:《刑法总论1——犯罪论》,杨萌译,法律出版社2004年版,第94页。

② 1981年5月W. u. M.公司第5次接到通知称其所生产之皮革喷雾剂造成多名消费者呼吸急促、咳嗽、恶心等健康损害,该公司负责人于5月12日组织临时会议商讨是否对该产品实行回收。以专家身份与会的Dr. B报告说,迄今为止并未在产品中发现有危险性的因素,因此无须召回。与会人员一致同意,最终决定不予回收或停止销售。此后,该产品又造成38起损害案件发生。1983年9月在联邦卫生局和青少年部的介入下,W. u. M公司才最终停止销售并回收本公司所生产的皮革喷雾剂。

③ 参见林钰雄:《刑法与刑诉之交错适用》,中国人民大学出版社2009年版,第10页。

是以一般生活经验或当代科学知识水平所认可的法则作为判断因果关系是否存在的标准。而在超越科学认知水平的场合，即使是相当因果关系说或合法则条件说，也都显得无能为力。另一方面，如下文所述，将条件说进行规范意义上的改造，可以在一定程度上解决归因的问题。而所谓疫学因果关系，正是将条件说进行规范化后的必然结论。

（二）“条件说导致责任泛化”

陈兴良教授指出：“条件说开启了异常广阔的责任范围，这种批判只有在只要存在因果关系，就认定行为人应负责的‘因果关系万能论’中才起作用。”①不得不说，这一观点不无道理，尤其是在多重原因对最终结果加功的场合，存在论意义上的条件说，往往会触发归责的连锁反应。例如，行为人用雇主给的钱买了刀具商店的刀，杀死了被害人。如果从单纯事实意义上考察条件说，可以得出被害人的死亡结果与行为人、雇主、道具商店店员，甚至行为人的父母之间都存在因果关系。再如，在“雷击案”的场合中，②也会轻易肯定行为人与结果之间的因果关系。

然而，以上的观点完全将视野放在归因的层面，由归因的成立直接得出行为人需要承担责任的结论。实际上，即使在归因层面得出肯定的答案，也并非必然进行归责进而联结因果关系；即使肯定因果关系，也未必成立犯罪。将整个犯罪的机能完全寄希望于归因层面解决，显然是不妥当的。首先，正如有学者所指出的，在诸如生下杀人犯的场合，生下杀人犯的母亲既无罪过，也无杀人的实行行为，因此责任被否定。③ 其次，归因的完成并非能够得出具有因果关系的结论，尤其是归责层面的责任分配的问题，才是整个归责体系的核心所在。正如有学者所指出的，“在有被害人或第三人行为或自然力介入时，对因果关系判断产生了重大影响”。④ 因此，在“雷击案”中，即使肯定了因果关系，行为人也因为没有罪过而不承担责任。相反，在行为人具有特殊认知的情况下，只有肯定因果关系，

① 参见陈兴良：《教义刑法学》（第2版），中国人民大学出版社2014年版，第288页。

② 行为人希望被害人被雷劈死，就劝说被害人在雨天出去散步，结果被害人果真被雷劈死。

③ 参见［日］野村稔：《刑法总论》，全理其、何力译，法律出版社2001年版，第128页。

④ 参见［日］大谷实：《刑法讲义总论》（第2版），黎宏译，中国人民大学出版社2008年版，第194页。

才能对行为人进行进一步归责。例如,作为科学家的行为人知道某时某地要霹雷,仍然让被害人在此时此刻等待的,当然成立故意杀人罪。因此,“雷击案”中阻却责任的核心问题不在于因果关系,而是在于罪过的有无。由此可见,在归因层面肯定根据条件说得出的结论并不会导致责任的泛化,正如耶赛克教授所指出的,“可以通过下列三个修正来对由因果关系而建立的非常广泛的责任联系加以限制,即通过客观归责理论、构成要件的行为要素和故意和过失的要求”。①

(三)“条件说抹杀了不同因素的差异”

劳东燕教授指出:“条件公式”抹杀了不同因素在原因力上的本体性差异。一个拿刀直接砍杀被害人致其死亡的行为,一个出售给被害人或向加害人透露被害人行踪的行为,以及一个在对被害人有救助义务的场合任加害人将被害人砍死的行为,在条件说的考察之下,三者对于死亡结果的贡献原因力具有差异。②

然而,“条件说”所解决的仅是归因的问题,而作用的判断是另一个事实问题,并不能期待由“条件说”完成。在区分制单一共犯体系中,日渐成为主流的实质客观说认为,应当采用实质的观点考察正犯与共犯的范畴。其中,重要作用说,以对结果起到的作用程度作为区分正犯与共犯的标准;必要性说,以对于犯罪事实的可替代性作为界分正犯与共犯的标准;优势说,根据优势关系决定成立正犯抑或共犯;危险程度说,认为正犯是侵害犯而共犯是危险犯。③ 而罗克辛教授采用“支配说”,主张正犯是对犯罪事实进行支配者,他在整个共犯体系中起到核心。④ 在笔者看来,实质客观说与支配说在本质上没有过大的差异,这是因为二者都启动了实质判断,旨在运用各种标准对共同犯罪体系中占据核心地位的行为人进行锁定。也因如此,有学者将“犯罪支配标准”成为“目的—客观论”抑或是“(新的)实质—客观论”。⑤ 不难发现,在实质客观说的语境之下,无论是重要作用说、必要性说、优势说、危险程度说,都针对正犯与共犯的划分提供了一定

---

① 参见[德]汉斯·海因里希·耶赛克、托马斯·魏根特:《德国刑法教科书》,徐久生译,中国法制出版社2001年版,第339页。

② 参见劳东燕:《风险社会中的刑法》,北京大学出版社2015年版,第121页。

③ 参见张明楷:《刑法学》(上·第5版),法律出版社2016年版,第391页。

④ See Vgl. Claus Roxin, Strafrecht Allgemeiner Teil, Band 2, C. H. Beck, 2003, S. 14ff.

⑤ 参见[德]冈特·施特拉腾韦特:《刑法总论 1:犯罪论》,杨萌译,法律出版社2004年版,第290页。

的标准,而这些标准无一例外都是建立于行为与结果之间存在因果关系的基础之上的,而因果关系本身并不能作为区隔共同犯罪中行为人对于结果发生原因力大小的判定标准。因此,条件说并不否认在涉及多人犯罪的场合中各行为人对结果发生提供的原因力有所不同,但这一问题不是在归因层面应当解决的。

(四)"条件说无法解决'结果超出'的问题"

"结果超出"是指在结果具有叠加性的场合,例如,事前没有商议的甲、乙二人同时向被害人开枪,两处致命伤均可单独导致被害人死亡;事前没有通谋的甲、乙先后向被害人的饮料中投下足以致死的毒药,导致被害人死亡;在"皮革喷雾剂案"中,由三人组成的董事会一致同意不回收具有危害消费者身体健康危险的皮革喷雾剂,想象任意一票其不存在,都不会影响赞成结论的达成和损害消费者身体健康结果的发生。①

在"结果超出"的场合,条件说往往无法直接适用。例如,在以上所举的案例中,撤去任何一个行为人的行为,实害结果还是会发生。从这个意义上来讲,因果关系应当被否定,也有学者基于逻辑上的因果关系否认以上案件中对所有行为人的归罪。② 但是,这样的结论却难以为一般民众所认可,例如,在投毒的场合下,两个行为人分别投放50%致死的毒药导致被害人死亡的,两个行为人分别对被害人的死亡结果负责;而在更为严重的两个行为人分别投放100%致死的毒药的场合,两个行为人却都不对被害人的死亡结果承担责任,这样的结论是无论如何都难以让人接受的。

但是,这是否就说明,条件说在"结果超出"的问题上,就没有解决的路径呢?笔者对此持否定态度。其实,只要对条件说做规范意义上的改造,就可以对"结果超出"的情形做出合理解释,这一点将在后文进行详细论述。

三、条件说替代理论的评析

刑法理论中对归因阶段与归责阶段的划分并非泾渭分明,例如,在对相当因

---

① 参见李波:《刑法中不法集体决策问题的归因和归责——以德国"皮革喷雾剂案"为例》,载《中国刑事法判解》2014年第7期。

② 参见[日]吉冈一男:《因果关系与刑事责任》,成文堂2006年版,第19~20页。

果关系理论、合法则条件说等理论的定位上,都存在一定的疑问。但是,一般而言,将客观归责理论、主观归责理论视为解决归责的范畴,应当是不存在问题的。因此,在归因层面,笔者重点探讨相当因果关系理论、合法则条件说、NESS 标准以及概率提升标准。

(一)相当因果关系理论

与条件说从必要条件切入的进路不同,相当因果关系理论是从充分条件的角度考察事实层面的因果关系。该说认为,在对结果加功的条件中,根据社会一般经验,只有行为中足以发生结果的才是原因,它以"相当性"作为轴心,衍生出了主观说、客观说、折中说三种学说。

主观说以"行为人认知的事实"为判定的标准,例如,在被害人具有特殊体质的场合,行为人对被害人患有血友病缺乏认识和预见,因此应当否定事实因果关系的成立。客观说以裁判时法官的立场出发,将一般人能够预见的事实作为判断的基础,属于一种事后判断的立场。① 而折中说以一般人认识或预见的一般事实以及行为人特别认识或预见到的特别事情为判断基础,例如,在"被害人特殊体质"的案件中,如果行为人知道对方是血友病患者,就肯定事实因果关系,否则就否定事实因果关系的成立。②

首先,对于日渐成为通说的客观说而言,并非不存在问题。由于客观说是以事后判断为原则的,所以会导致将大部分的案件判定为具有因果关系。对此,大谷实教授指出:"在行为当时的事情方面,将一般人不可能知道,而且行为人也并不知道的特殊事情考虑在内的话,将会将从社会一般观念来看是偶然结果的情况也广泛认定为具有因果关系,违反相当因果关系的本来宗旨。"③对于结果无价值论者而言,客观说具有大多数"事后判断"标准所存在的问题:由事后的结果溯及判断当时的相当性,有"因果倒溯"的嫌疑。另外,诚如劳东燕教授所言,"一般人观念使得相当性标准具有极大的可塑性,人们不可能通过这样的标准来完成

---

① 参见[日]前田雅英:《刑法总论讲义》(第4版),东京大学出版会2006年版,第183页。

② 参见[日]大塚仁:《刑法概说(总论)》,冯军译,中国人民大学出版社2003年版,第164页。

③ 参见[日]大谷实:《刑法讲义总论》(第2版),黎宏译,中国人民大学出版社2008年版,第198页。

刑法因果的判断”。[①]

其次,无论主观说与折中说在结论上是否妥当,至少可以说,在责任判断开始之前于构成要件中加入行为人的主观要素是没有必要的。正如张明楷教授所指出的,折中说与主观说一样,使因果关系的有无取决于行为人与一般人认识的有无,这与因果关系的客观性相矛盾。[②] 毫无疑问,在有责性阶层会对一般人的认知程度以及行为人的特殊认知进行检验,判断行为人罪过的有无。既然如此,如果在因果关系层面进行同样的检验,则无异于叠床架屋、重复评价。例如,在上文指出的“被害人特殊体质”的场合中,即使承认了因果关系,也完全可以在有责性阶层排除犯罪,在归因阶段提早渗入主观要素既无必要,也不妥当。

(二)合法则的条件说

可以说,合法则的条件说对归因层面的改造同样是不成功的。该说认为,如果按照公认的自然法则,某个结果和某个行为之间存在不可避免的联系,便可以将该举止视为该结果的原因。[③] 例如,摄入粉末是依照相应的自然科学法则足以解释结果发生的一种情况,那么,粉末对于 B 的死亡就是有原因的。相反,某种特定的皮革喷雾剂的许多使用者患有肺水肿,但人们迄今为止无法从自然科学法则上证实,吸入这种物质和生病之间存在的联系,那么,就无法说两者之间存在因果关系。

合法则条件说的缺陷也是明显的,因为所谓“科学性”,并非在任何场合都可以适用。例如,在“结果超出”的场合,为何就可以说是“合法则”的,该说并没有给出具体标准。对此,有学者指出:“合法则性,只是未承载任何内容的开放的概念,因此,其不过是依存于法官的规范常识的空虚的名称和基准。”[④]就连合法则条件说的主张者张明楷教授也无奈地指出:“很难认为合法则的条件说为所有案件提供了明确、具体的判断标准。”[⑤]

---

① 参见劳东燕:《风险社会中的刑法》,北京大学出版社 2015 年版,第 107 页。

② 参见张明楷:《刑法学》(第 5 版),法律出版社 2016 年版,第 177 页。

③ 参见[德]乌尔斯·金德霍伊泽尔:《刑法总论教科书》(第 6 版),北京大学出版社 2015 年版,第 80 页。

④ 参见[韩]金日秀、徐辅鹤:《韩国刑法总论》,郑军男译,武汉大出版社 2005 年版,第 155 ~ 156 页。

⑤ 参见张明楷:《刑法学》(第 5 版),法律出版社 2016 年版,第 177 页。

(三)NESS标准

根据因果律理论,每个结果的发生均由一组与其相关的先在条件所共同组成的原因导致,[①]而NESS理论就是建立这一基础之上的,其认为当且仅当一特定条件是一组先行条件集合的一个必要因素,而这组先行条件对于结果的发生具有充分性时,该特定的条件是该特定结果的原因。NESS理论的提出者赖特(Wright)自信地指出,综合了必要条件理论和充分条件理论的NESS规则可以解决一切案件的因果关系问题。[②] 根据NESS标准,毒药的致死量为一个单位,甲、乙分别投放了一个单位的毒药,按照NESS标准,甲所投放的毒药和乙所投放的毒药结合后导致丙死亡,因此,两份毒药构成一个充分原因组(a sufficient set),而乙的行为系该充分原因组的一个必要条件。因此,乙的行为系丙死亡的事实上的原因。

但不难发现的是,NESS并非独立提出了一套新的归因理论,而仅仅是一套改头换面的条件说。只不过对于条件说中的结果,NESS标准隐蔽地进行了重构。例如,在以上的假想例中,NESS标准将总共两个单位的毒药作为一个充分原因组,从而肯定了各行为人与结果之间的因果关系。如此,作为判定的"结果"已经由"被害人死亡"变为了"被害人喝下两个单位的毒药死亡",这在本质上还是采用了条件说的思维进路。

实际上,刑法中NESS标准的应用是相当有限的,完全可以通过对条件说的规范改造完成。而在侵权法中,NESS标准具有更为特殊的责任分配的作用。例如,未经商量的甲、乙同时向被害人开枪,甲射中心脏,乙射中手臂,导致其死亡。仅从侵权法的角度来看,根据NESS标准,被害人的死亡结果与甲、乙的行为均存在因果关系。将甲的行为评价为一个量X,将乙的行为评价为一个量Y,总量$X+Y$,甲与乙的内部赔偿责任分别是$X/(X+Y)$,$Y/(X+Y)$。[③] 但与侵权行为法不同,刑法中的因果关系应当呈现"全有或全无"的状态,在上述案例中,不可能

---

① 参见劳东燕:《事实因果与刑法中的结果归责》,载《中国法学》2015年第2期。

② See Richard Wright, "Causation in Tort Law", 73 *California Law Review* (1985), pp. 1790 - 1816.

③ 参见孙维飞:《单独侵权视角下的共同侵权制度探析》,载《华东政法大学学报》2010年第3期。

让部分行为人承担总量中 $X/(X+Y)$，$Y/(X+Y)$ 的刑罚，而只能得出被害人的死亡与甲、乙之间存在或不存在因果关系的结论。

因此，对于是否有必要将 NESS 规则从侵权法中引入刑法，笔者持怀疑的态度。

（四）概率提升标准

概率提升标准的适用问题，充分体现在德国的"卡车超车案"之中。[①] 本案中，如果采用"风险升高"理论，就应当认为，由于卡车司机的行为提升了被害人死亡的风险，这一点足以使卡车司机为被害人的死亡承担责任。

在对概率提升标准的界定上，劳东燕教授认为条件公式与概率提升标准之间具有位序关系。"首先，基于条件公式的简便性，归因层面的判断中仍优先考虑适用条件公式。其次，在无法适用条件公式的场合，进一步考虑 NESS 标准。最后，若是 NESS 标准也无法适用，再考虑适用概率提升的标准。"[②]这样的定位显然是将概率提升标准作为与条件说并列的一套工具，主张在无法适用条件说的情况下，仍然可以通过概率提升标准的适用进行归因。但是，这显然否定了条件说作为归因基础的地位，在不符合条件说的情况下，其他标准也理所当然地不具有适用的余地。

在笔者看来，概率提升标准其实也是一种改头换面的条件说。例如，在"卡车超车案"当中，如果认为"被害人被距离 1.5 米的卡车轧死"与"被害人被距离 0.75 米的卡车轧死"是两个不同的事实，那么如果没有行为人的超车行为，"被害人就不会被距离 1.5 米的卡车轧死"，在此层面上，可以肯定事实上的因果关系。之所以会衍生出概率提升标准，最终还是因为距离 0.75 米超车相比，距离 1.5 米超车具有更高的导致他人死亡的概率。就此而言，概率提升标准也只不过是处于条件说延长线上的学说。

---

① 卡车司机以 0.75 米的距离违规超越被害人的自行车，因而违反了交通规则中 1.5 米的安全距离。超车的过程中，醉酒的被害人从自行车倒下，被卡车轧死。后来查明，即使保持 1.5 米的安全距离，仍有可能发生危害结果。

② 参见劳东燕：《风险社会中的刑法》，北京大学出版社 2015 年版，第 173 页。

四、条件说的规范性改造

如前所述,之所以会对条件说产生诸多质疑,并且在条件说之外寻觅替代学说,从本质上来看仍然是因为现有理论将条件说作为一种纯粹存在论意义上的"因果律"来看待了。

但是,在阔别概念法学的今天,刑法教义的思维重心在于"解决方案",因此,从"个别案件公平正义"的立场出发,经由价值权衡,不同案件有不同的解决方案。① 正如有学者这样描述目的构成教义学体系:"它是向外部开放的管道,经由这一管道,来自体系之外的政策需求得以输送至体系内部,为体系的要素所知悉,并按目的指向的功能调整自身结构。这样的需求通过目的的管道传递至教义学体系的各个角落,驱使体系内各个要素做出构造上的调整。"②可以说,在当今的教义学结构中,结论的妥当性相比体系的逻辑性而言,至少处在一个平权的位置上。在此意义上,纯粹存在论意义上的"条件公式"已经不复存在,相反,在条件公式的运用中,会当然地将价值判断纳入考察的范畴。

不难发现,条件公式在对"因"和"果"的选择上是可以进行伸张与限缩的。通过对条件说进行表述上的变化,可以使价值判断渗透进来,进而对结论产生决定性的影响。

(一)关于二重因果关系

传统理论对于二重因果关系的问题,往往作为条件说的一个例外处理,或是采用NESS标准对其进行合理化。但在笔者看来,二重因果关系的场合完全可以运用条件说加以解释。

例如,在甲和乙都向被害人的水中投入足以致命量毒药的场合下,如果认为结果是"被害人死亡",则对甲与乙的行为均不可以通过条件公式的运用进行归因;相反,如果将结果进行"被害人喝了两份足以致命的毒药死亡"这样的限定,那么甲和乙的投毒行为都是这一结果发生的必要条件,甲与乙都与这一结果之

---

① 参见王卫国:《超越概念法学》,载《法制与社会发展》1995年第3期。

② 参见劳东燕:《风险社会与变动中的刑法理论》,载《中外法学》2014年第1期。

间存在事实上的因果关系。

对于这一类“结果超出”的问题,之所以会存在对于“条件说”的质疑,根本上是因为生活意义上的实害结果与刑法中具有归责意义的结果不是一个概念。例如,一份致死量的毒药和两份致死量的毒药在归责意义上是不同的,但从自然意义上导致的死亡结果来看,却并没有什么差异。由此可以认为,将存在论意义上的实害结果“还原”为具体的结果状态,对二重因果关系问题的解决具有重要意义。

再如,在“余票问题”中,条件说也并非没有适用的空间。假设只要6票就可以通过的决议最终以9票通过,通过的决议最终导致了危害后果。在这种情况下,如果将“决议通过”或者实害结果的发生作为“条件公式”的起点,那么投赞成票的成员都可以通过“即使没有我的一票,决议也会通过”进行抗辩。但假如将“9票通过决议”这样一个原因组在整体上作为考察的基点,那么所有投赞成票的成员,甚至其他投弃权票或反对票但具有阻止决议生效义务的成员都可能对结果的发生承担责任。

(二)关于假定的因果关系

对于假定的因果关系,罗克辛教授指出:“一个人被指责在战争中有不合法的枪杀行为,并且他是在这样的情况下参与这种枪杀的;如果他拒绝参与,仍然会有另一个人来译同样的方式实施这个行为。这样,他的构成行为就能够在不取消结果时被假想不存在。”①

但是,在条件说的运用中,上述的问题完全可以得到妥当解决。诚然,如果将条件说中的结果限定为“死亡”,则完全可以否定行为人与被害人之间的因果关系。但是,如果将结果限定为“被甲杀死”,则其和“被乙杀死”之间还是存在本质上的区别。倘若如此对结果进行具体化,就可以肯定特定行为人与被害人死亡结果之间存在的事实上的因果关系。

同样的道理,行为人在死刑犯即将被执行死刑之前自动扣动扳机的,如果将被害人的死亡作为结果,可能会否认对行为人的归因。但正如黎宏教授所指出

---

① 参见[德]克劳斯·罗克辛:《德国刑法学(总论)》(第1卷),王世洲译,法律出版社2005年版,第234页。

的:"在这里所说的'结果',不是被害人'死亡'之类的抽象结果,而是指被害人在'某月某时某分以什么样的形态死亡'之类的'现实具体的死亡结果'。"①因此,行为人提前扣动扳机,对于被害人死亡时点的提前,对条件说中的"结果"产生了影响,如果从具体化结果的角度考察,应当肯定行为人与结果之间的事实因果关系。

再如,甲在即将去沙漠探险的被害人的水壶中投放毒药,之后不知情的乙将水壶底部钻上小孔,导致被害人在沙漠中脱水而死,此时应当肯定对乙的归因。此时作为条件说的结果,不是被害人死亡的事实,而是"被害人脱水而死"这一事实。显然,如果对被害人的死亡结果进行具体化的处理,乙的行为当然是被害人死亡结果的必要条件,由此可以对乙进行归因。

(三)结果的具体化程度

可见,一方面,对条件公式中结果的具体化,可以解决二重因果关系与假定因果关系等诸多问题;但另一方面,对结果的具体化程度也不是无限制的,正如松原芳博教授所指出的那样:"与法益侵害毫无关系的属性不属于结果。"②例如,行为人在被害人垂死之前打了他一巴掌,如果采用具体化的结果观,由于"被害人死亡"和"被害人被打一巴掌后死亡"似乎也是两种不同的事实表述,似乎可以肯定该行为与被害人死亡结果之间的因果关系。但这一结论并不妥当。

不难发现,在条件公式的运用中,对结果的定位越抽象,就越容易否定事实上的因果关系;相反,对结果的定位越具体,就越容易通过条件公式肯定归因。如果将结果极端具体化,那么所有的因素都可能造成结果在表述上产生变化,从而肯定归因。具体而言,在行为人为结果提供了要素A的场合下,如果将A纳入到具体结果的评价中,可以得出"如果没有A的行为,就不会有附带A的具体结果发生"这一结论,因此,A的要素提供与结果的发生之间就具有事实上的因果关系。

由此可以看到,条件公式运用的核心问题在于是否将要素A纳入结果的评

---

① 参见黎宏:《刑法因果关系论反思》,载赵秉志主编:《刑法因果关系专题整理》,中国人民公安大学出版社2007年版,第397页。

② 参见[日]松原芳博:《刑法总论重要问题》,王昭武译,中国政法大学出版社2014年版,第49页。

价当中这一价值判断问题。例如,在甲、乙分别在被害人饮水中投入致命毒药的场合下,在条件公式中到底是采用抽象的“被害人死亡”作为结果的表述,还是采用“被害人服用两份致死量的毒药死亡”这一具体的结果表述,本质上要考察“两份致死量”这一要素对于评价而言是否具有重要性。再如,在上文所述的“卡车超车案”中,到底是采用“被害人被轧死”这一抽象结果表述,还是采用“被害人被距离0.75米的卡车轧死”,还是要考察“距离0.75米”这一要素对于被害人死亡这一实害结果来说是否重要。显然,在上述的案例中,如果认为要素是重要的,就应当采用具体的结果观,肯定因果关系的成立。

因此,条件说绝非纯粹的事实判断或公式运用,在对事实的选取、表述的选择上,涉及“如果攫取对评价而言重要的事实”这一核心问题时,其本质上是一个价值判断问题。已如前述,NESS标准以及概率提升标准本质上都是改头换面的条件说,完全可以通过对条件说中结果的伸张与限缩加以完成,这从另一方面体现了条件说的价值评价侧面。对条件公式各种修正的尝试,也只能从规范评价的角度找到突破口。

五、要素的重要性

如上所述,规范化的条件公式通过将重要的要素纳入结果的表述中,使结果具体化,从而肯定归因;将不重要的要素剔除出结果的表述中,使结果抽象化,从而否定事实上的因果关系。而在整套机制中,对于“什么要素是重要的”这一问题,也是值得探讨的。

(一)将法益侵害结果提前的时间要素

时间要素对于不同法益侵害而言,重要性不尽相同。在针对生命、身体法益的场合,时间要素是重要的衡量要素。例如,在行为人杀害他人的场合,不能以“即使我不杀他,他终究也会死”这样的理由抗辩。相反,应当将结果具体化为“某时某刻死亡”,进而肯定因果关系的成立。

相反,在某些侵犯财产或自由法益的场合,不重要的时间要素可以在结果的表述中舍弃。在日本的一起判例中,行为人采用欺诈的手段提前收取了尚未到支付期的款项。法院对此认为:“不当提早收受了本来有权收受的承包款,必须达到,与不使用欺骗手段所获得的承包款的支付,在社会一般观念上可称为另外的支付程度,方能成立诈骗罪。”因此,在这种场合下,应当将时间要素从结果的表述中舍弃,否定诈骗与支付之间的条件关系。①

(二)将法益侵害结果深化的程度要素

程度要素,是指即使撤去该原因力,发生实害结果还是具有极高的盖然性,而行为人对实害结果的发生又起到了加功作用。在这种场合中,应当考虑这种要素本身是否值得评价,以决定是否进行归责。

例如,在甲、乙分别投放致命毒药的场合中,即使撤去甲的行为,被害人的死亡结果仍然会发生。但在这种情况下,甲的行为具有与乙等价的效果,没有理由否定其重要性。因此,应当对结果的具体化,将“两份致死量的毒药导致死亡”作为条件说中的评价的结果,从而肯定事实上的因果关系。

相反,如果要素对于实害结果的发生本身不具有重要性,就应当将其排除出结果的考量之外。英美法系事实因果关系判断中的实质因素标准(“substantial factor”test),就是将对危害结果作用发生微小、仅具有理论意义的原因并非“事实原因”排除出归因的范畴。换言之,只有实质因素(substantial factor)才是具有法律意义的“事实原因”,这是“法律不问琐事”(*deminimis non curat lex*)的普遍格言在因果关系领域的特殊运用。②例如,未经商量的甲和乙同时对A进行伤害,甲割断了A的颈动脉,乙仅划破了A的皮肤,从形而上的角度,多流出一滴血也加速了被害人的死亡。但根据实质因素标准,法律仅仅将A的死亡归因于甲的行为。③

(三)对法益侵害促进的要素

另一些要素,提高了实害结果发生的盖然性,使实害结果更容易发生。至于是否将这类要素纳入结果的具体化当中考量,则需要结合盖然性大小、可罚程度

---

① 参见[日]松原芳博:《刑法总论重要问题》,王昭武译,中国政法大学出版社2014年版,第49页。

② See Rollin M. Perkins & Ronald N. Boyce, *Criminal Law*, The Foundation Press, Inc. 1982, p. 779.

③ 参见刘士心:《美国刑法中的犯罪论原理》,人民出版社2010年版,第31页。

等因素进行实质判断。

例如,被告人穆某在其苏 GM27××号金蛙农用三轮车车顶上焊接有角铁行李架,致使该车身实际外形尺寸为高 235 厘米,违反了有关法规中该车型最大高度 200 厘米的规定。某日,被告人载客驾驶前往某城镇,途中因车顶触碰村民李某甲违规从李某乙家所接电线接头的裸露处,车身带电,导致乘客张某触电身亡。[①] 本案中,行为人违规改装车辆高度的行为,使触碰电线的概率得到了提升,进而对法益侵害结果起到了实质上的促进作用,因而应当将被害人的死亡结果对被告人进行归因。

相反,如果行为人的违规行为对实害结果的发生没有明显的促进作用,就不应当附加到结果的具体化进程中,进而否定事实上的因果关系。例如,行为人没有携带驾驶证违规驾驶,导致被害人死亡的,就不能认定违规行为与被害人的死亡结果之间存在事实上的因果关系。在这种情况下,就不能将结果具体化为"被害人被没有携带驾驶证的他人撞死",因为"行为人没有携带驾驶证"这一违规行为对于被害人死亡这一实害结果而言,并不存在事实上的促进作用,因此可以在价值层面舍弃。

六、反思:事实与规范之间

可以说,犯罪论体系发展的历史是存在论走向规范论的历史。例如,有学者主张,开放构成要件的"开放性"针对法官而言,需要法官对刑法条补充解释。开放构成要件的基石——实用主义刑法观,要求我们把刑法与社会实效联系,提倡法官运用自由裁量权而非依照精密的成文性规定,将刑法适用的重心由国家主权者移向法官。

就某种程度而言,存在论向规范论转变的历史见证了犯罪论体系的发展。价值与评价的渗入,"标志着相对封闭的刑法学体系走向终结"。[②] 正如有学者所主张的,开放构成要件的"开放性"需要以法官对刑法条补充解释来实现,同时需要以实用主义刑法观为基石,将刑法与社会实效联系,将刑法适用的重心由国

① 参见陈兴良主编:《判例刑法教程(总则篇)》,北京大学出版社 2015 年版,第 32 页。

② 参见劳东燕:《公共政策与风险社会的刑法》,载《中国社会科学》2007 年第 3 期。

家主权者移向法官,实现提倡法官运用自由裁量权而非依照精密的成文性规定来审判。①

在因果关系的问题上,归因与归责体系的双层次也并非泾渭分明。将归因层面单纯定位为事实判断,将归责层面单纯界定为价值判断,其实并不妥当。实际上,价值判断对归因的渗透,在各个方面已经表露无遗;条件说也并非是一套科学或逻辑规则,而是具有极大的可伸缩性。对结果表述的调整一旦以实际问题的解决为导向,就不仅仅是事实层面的问题了。毫无疑问,条件说的规范性改造,对弥合教义理论与刑事政策之间的"李斯特鸿沟"是颇有裨益的。

① 参见刘艳红:《开放的犯罪构成要件理论之提倡》,载《环球法律评论》2003年第3期。

以审判为中心视角下的公诉证明标准研究

刘　静*

摘　要:现行的刑事诉讼法采用了与定罪证明标准同一的公诉证明标准,采用这样的标准是否符合我国当下司法实际和“以审判为中心”的诉讼改革目标,以及如何实现以审判为中心目标下的公诉证明标准,就成为非常重要的问题。学界中存在“层次论”与“同一论”两种相反观点,通过对比,“同一论”更符合当下司法实际。要真正实现这样的公诉证明标准,需要完善检察机关提前介入侦查、扩大证据不足不起诉使用等制度,提升审前刑事辩护质量。同时,对于“同一标准”面临的风险仍然需要完善相关配套改革措施。

关键词:公诉证明标准;同一论;层次论;定罪证明标准

Study on the Standard of Public Prosecution in the Perspective of Judgment

Liu Jing

Abstract: The current criminal procedure law adopts the same standard of public prosecution as the standard of conviction. It is very important to adopt such a standard to meet the actual judicial and “trial-centered” litigation reform objectives and how to achieve the standard of public prosecution under the trial as the center. There are two opposite views in the academic circle: “level theory” and “same theory”. By contrast, “the same theory” more in line with the current judicial practice. To achieve such a standard of public prosecution, we need to improve the prosecutors involved in the

* 对外经济贸易大学法学院 2015 级诉讼法学硕士研究生。

investigation in advance, expand the use of insufficient evidence not to prosecute, and improve the quality of pre-trial criminal defense. Meanwhile, the "same standard" risks still need to improve the relevant supporting reform measures.

Key Words: public prosecution certification standard; same theory; level theory; conviction proof standard

一、引　　言

2014年党的十八届四中全会做出的《中共中央关于全面推进依法治国若干重大问题的决定》中，提出了"推进以审判为中心的诉讼制度改革"的司法改革方向，要求"推进严格司法。坚持以事实为根据、以法律为准绳，健全事实认定符合客观真相、办案结果符合实体公正、办案过程符合程序公正的法律制度……推进以审判为中心的诉讼制度改革，确保侦查、审查起诉的案件事实证据经得起法律的检验"。随后，最高人民法院、最高人民检察院、公安部、国家安全部、司法部联合发布了《关于推进以审判为中心的刑事诉讼制度改革的意见》，明确要求刑事诉讼过程应当严格依照法律规定的证据裁判要求，没有证据不得认定犯罪事实。侦查机关侦查终结，人民检察院提起公诉，人民法院作出有罪判决，都应当做到犯罪事实清楚，证据确实、充分。

这一系列的政策文件，都沿用了现行《中华人民共和国刑事诉讼法》（以下简称《刑事诉讼法》）的观点，将检察机关提起公诉时所需的证明标准定为"犯罪事实清楚，证据确实、充分"，并且将其与法院定罪证明标准挂钩，直接回答了理论界和实务界关于公诉证明标准、定罪证明标准二者的关系问题——二者应当采用同一标准。那么，采用与定罪证明标准同一的公诉证明标准是否符合我国当下司法实际和"以审判为中心"的诉讼改革目标，以及如何实现符合"以审判为中心"司法改革目标的公诉证明标准就成了摆在我们面前的问题。

二、公诉证明标准的比较分析

（一）公诉证明标准的域外考察

1. 英美法系中的公诉证明标准

英国1994年《皇家检察官准则》第5条中规定："皇家检察官必须对每个被告人的每一项指控都确信有足够的证据证明其'预期可予定罪'（realistic prospect of conviction）。"这里的"预期可予定罪"标准不完全依靠检察官的主观判断，它需要检察官站在法官的角度，考察法庭是否会对被告人定罪以及定以何罪。另外，在由陪审团认定事实的案件中，陪审团主要就证据的可信性进行判断，陪审团有权根据合理理由（如证人可信性的污点）对证人证言做出相反的评价，甚至只要有合理的理由来怀疑事实真相，陪审团就能够依据单一的证人证言对案件事实作出判决。由此可见，该标准是一项程序意义上的、比较客观的证据标准。无论是站在法官的角度还是站在陪审团的角度，都要求检察机关提起公诉时对证明标准的把握要向审判时的有罪判决标准无限靠近。故在实践中，提起公诉和作出有罪判决所需达到的证明标准是基本一致的。

美国联邦法律中，对检察官提起公诉所需达到的证明标准未予明确规定，但多数州法律对这一问题采纳了"盖然性理由"（probable cause）的标准，即根据执法人员所了解的事实和情况或者所得到的可以合理信赖的信息，足以使一个正常而谨慎的人相信犯罪正在发生或者已经发生（a reasonable amount of suspicion, supported by circumstances sufficiently strong to justify a prudent and cautious person's belief that certain facts are probably true）。① 学界普遍认为美国对公诉证明标准的规定与合法逮捕的证据标准一样。② 虽然美国的公诉证明标准在形式上设置得比较低，但在实践中，检察官提起公诉所采用的标准远高于此，而且趋向于采用与法院作出有罪判决一致的证明标准。

2. 大陆法系中的公诉证明标准

对公诉制度最早作出规定的法国在其《刑事诉讼法典》第177条第1款中对

① See Handler, J. G. (1994), *Ballentine's Law Dictionary*(*Legal Assistant ed.*), Albany: Delmar. p. 431.

② 参见孙长永：《提起公诉的证据标准及其司法审查比较研究》，载《中国法学》2001年第4期。

公诉证明标准作了如下规定:“如预审法官认为所涉及的事实既不构成重罪,也不构成轻罪或违警罪,或者行为人仍未查明,或者指控受审查人的证据不充分,得以裁定书宣告程序无必要继续进行。”①根据此条规定,检察官在提起公诉时对起诉证据的合法性和适当性都应当予以考量,只有证据确实符合了“明显理由”(bien-fonde apparent del' action publique)的情况下,检察机关才得以提起公诉。②另外,由于法国实行“检警一体模式”,检察官对侦查全过程都能全面介入,对案情和证据都有极强的掌控能力,所以实践中,进入庭审的刑事案件,尤其是重罪案件,对其提起公诉所需要的证明标准实际上是与有罪判决标准无异的。

大陆法系另一代表国家德国通过《刑事诉讼法》第152条以及第170条的内容,将德国的公诉证明标准界定为“足够的事实根据”。③ 对于该标准中的“足够”,学界普遍认为是指达到足以使被告人被定罪的程度。此外,由于德国在公诉过程中区分轻罪和重罪,检察机关对重罪往往采取相比轻罪更高的证明标准以彰显其对重罪的慎重态度,确保起诉准确性。

日本刑事诉讼立法中对此问题没有明确的规定,但无论是日本的理论界还是实践界都认同提起公诉的条件④和法院定罪证明标准一致或基本一致。事实上,日本检察机关严格把控着案件证明标准,至少应当达到确信的程度、对决定起诉案件的被追诉人有完全的把握能够使其获得有罪判决时才予以起诉,而法院会对99%的案件作出有罪判决。⑤ 这一现象可以说是日本司法领域最大的特色所在,被学界称为“精密司法”,但也应当看到在接近甚至超过99%的定罪率之后日本司法界相关人员表现出的追求案件真相的热情。⑥

---

① 参见《法国刑事诉讼法典》,罗结珍译,中国法制出版社2006年版,第175页。

② 参见孙长永:《提起公诉的证据标准及其司法审查比较研究》,载《中国法学》2001年第4期。

③ 德国《刑事诉讼法》第152条规定:“除法律另有规定外,在有足够的事实根据时,检察官负有对所有的可予以追究的犯罪行为作出行动的义务。”第170条规定:“侦查结果提供了足够的提起公诉理由时,检察院应当向对案件有管辖权的法院递交起诉书提起公诉。”

④ 日本理论界将公诉证明标准称为“提起公诉的条件”,并且有积极条件与消极条件之分。提起公诉的积极条件就是要具备确实的理由怀疑被告人犯罪。消极起诉条件则主要指存在确实的犯罪嫌疑也不一定起诉的特殊情况。

⑤ 参见[日]松尾浩也:《日本刑事诉讼法》,丁相顺译,金光旭校,中国人民大学出版社2015年版,第162页。

⑥ 同上书,第17页。

(二)我国公诉证明标准的立法梳理

1.1979 年之前关于公诉证明标准的立法

1906 年《大清刑事民事诉讼法(草案)》第 74 条规定:承审官确查所得证据已足以证明被告所犯之罪,然后将被告按律定拟。① 中华民国时期,1921 年《刑事诉讼条例》第 279 条规定:“预审推事认为被告有犯罪嫌疑者,应为起诉之裁决,并将该案卷宗及证据物件一并交送检察官向管辖法院起诉。”第 337 条规定:“法院认为被告之犯罪已经证明者,应谕知科刑之判决。”这一做法一直沿用到 1928 年《刑事诉讼法》和 1935 年《中华民国刑事诉讼法》,这一阶段,检察机关的公诉证明标准需达到证明被告有嫌疑即可,低于法院证明其实施犯罪的标准,且二者都侧重于发现实体法上的真相。而从 1957 年到 1963 年的几次《中华人民共和国刑事诉讼法草案》中,公诉证明标准都是“犯罪事实、情节已经查清,证据充分、确凿”,与审判机关定罪证明标准一致。② 开始将公诉证明标准与审判机关定罪标准统一。

2.1979 年之后关于公诉证明标准的立法

我国 1979 年《刑事诉讼法》第 100 条的规定,将我国的公诉证明标准定位为“犯罪事实已经查清,证据确实、充分”,与法院定罪证明标准基本是一致的。这一规定在 1996 年《刑事诉讼法》和 2012 年《刑事诉讼法》中均予以沿用。③ 但 1979 年《刑事诉讼法》第 108 条又规定:“人民法院对提起公诉的案件进行审查后,对于犯罪事实清楚,证据充分的,应当决定开庭审判;对于主要事实不清、证据不足的,可以退回人民检察院补充侦查;对于不需要判刑的,可以要求人民检察院撤回起诉。”该条为法庭审理设置了前置的实体审查程序,对防止滥诉、保护被告人合法权益具有重要意义,但不可否认的是此规定也导致了当时“先判后审”现象的泛滥。为解决这一问题,1998 年最高人民法院《关于执行〈中华人民共和国刑事诉讼法〉若干问题的解释》对 1979 年《刑事诉讼法》作出解释,由预先实体审查改为程序审查为主,立法者希望以此改变“先审后判”的现象,但却导致

---

① 参见吴宏耀、种松志主编:《中国刑事诉讼法典百年》(上册),中国政法大学出版社 2012 年版,第 17 页。

② 同上书,第 480 页、第 490 页、第 531 页、第 540 页、第 595 页、第 609 页、第 711 页、第 714 页。

③ 参见卞建林:《我国刑事证明标准的理解与适用》,载《法律适用》2014 年第 3 期。

了公诉证明标准事实上的“下调”,大量公诉案件涌进法院,不仅给法院造成了巨大工作负担,而且对很多本无须进入法庭程序案件的当事人的权益造成了侵害。

三、我国公诉与定罪证明标准应否同一的理论分析

对于公诉证明标准与法院定罪证明标准的关系,学界存在“层次论”和“同一论”两种相反观点。现将两种观点介绍如下,并通过两种观点对比得出哪种观点更符合当下司法实际的结论。

(一)公诉证明标准与定罪证明标准的层次性理论

1.“层次论”的主要观点

坚持公诉证明标准应低于定罪证明标准“层次论”的主要观点有:(1)从哲学角度来看,认识是从简单到复杂、由表及里的过程,刑事诉讼作为对犯罪事实、对证据的认识过程也应遵循这一规律;(2)采用“层次论”能更明显地区分审判机关和检察机关的分工权限,更符合当下“以审判为中心”的司法改革背景;(3)随着庭审地位的不断提升、庭审对抗性因素逐渐增强,检察机关在起诉阶段就达到法院定罪证明标准是不现实的;[①](4)主要西方国家的立法经验偏向于采取公诉证明标准略低于定罪证明标准。

2.对“层次论”的反驳

“层次论”的核心是认识具有渐进性的哲学原理,但它解释的是认识事物需要经过怎样的过程的问题,而证明标准则是认识事物最终需要达到何种标准的问题。前者回答“是什么”的问题,后者回答“应当怎样”的问题。即我们无法从认识具有渐进性,直接推出公诉证明标准应低于定罪证明标准的结论。此外,认识的渐进性是建立在“世界是可以也能够被认识的”这一论断基础上的,即认识虽然需要经历不断上升的过程,但最终是能够被认识的,正如检察机关在起诉阶段对案件事实和证据的认识需要不断深化,但不能以此认为在起诉阶段就达不到与定罪证明标准一致的高标准。公诉证明标准作为一项“应然要求”“其设置

① 参见杨波:《审判中心下统一证明标准之反思》,载《吉林大学社会科学学报》2016年第4期。

的严格或宽松并不取决于认识规律，而取决于价值选择”。①

正如“层次论”支持者认为的那样，当下庭审过程中对抗性因素不断增加，但这不仅不是应当持“层次论”的理由，反而要求检察机关在提起公诉阶段准备更充分、详尽的证据来应对这些对抗性因素，案件才能不动辄就因为证据问题被退回补充侦查甚至被撤诉。

首先，刑事诉讼程序是由侦查—审查起诉—审判三个阶段组成的有机整体，对各阶段进行明确划分不仅有助于精准的追究犯罪，还具有案件分流的功能，所以不采用“层次论”不但有利于检察机关对证据的严格过滤，还不涉及混淆与审判机关的分工，切实做到防止滥用公诉权，提高办案质量。其次，我国的检察机关也负有客观公正义务，由他们在审前阶段对实体问题做出独立的判断也是必需的。最后，西方国家多有前置性的预审程序对检察机关提交的证据进行实体意义上的判断，而我国并没有这样的审查程序，②而实体审查是法庭审判前不可缺少的准备环节。

至于支持者认为西方国家在立法中多偏向符合“层次论”的公诉证明标准，所以，若认为我国也应当如此，其理由就更显荒谬了。一则公诉证明标准作为一项价值上的选择需要根据各国国情而定，而不是西方国家怎样规定我们就必须效仿；二则西方国家立法中使用“层次论”而在实践中更多的还是坚持与定罪证明标准一致的“高标准”。

（二）公诉证明标准与定罪证明标准的同一性理论

1.“同一论”的主要观点

“同一论”是认为检察机关的公诉证明标准应当与审判机关定罪证明标准保持一致的观点。其主要理由是：(1)2012 年《刑事诉讼法》修订后，取消了以前检察机关对案件进行实质审查的权力，那么应该通过对公诉证明标准提高标准来保证公诉案件的质量。(2)虽然当下庭审对抗性在不断加强，但短期内辩方仍然无法对强大的公诉机关形成实质性“威胁”。在公诉证据主导庭审的环境下更需要通过检察机关自身对证明标准的拔高才能最大限度地保证审判过程中的证据

① 参见杨波：《审判中心下统一证明标准之反思》，载《吉林大学社会科学学报》2016 年第 4 期。
② 参见李辞：《公诉与定罪适用同一证明标准的理论反思》，载《当代法学》2015 年第 3 期。

质量,防止司法资源的浪费,降低冤假错案的发生概率,保护被追诉人的基本人权。(3)与西方国家不同,我国没有公诉审查程序。

2. 坚持“同一论”的必要性

除了上文论述的采用“同一论”具有有利于节约司法资源、适应庭审对抗性加强的趋势、保障被追诉人人权、防止滥诉等一系列价值之外,“以审判为中心”也应当具有要求,包括公诉环节在内的审前环节应当以审判的标准自我要求,对不符合定罪证明标准的案件尽早被过滤、分流的内涵。此外,笔者认为,我国当下无罪判决率极低的现实也强烈要求公诉证明标准的严格、向审判机关定罪证明标准看齐。

我国检察机关内部一向追求胜诉率,胜诉率的高低直接与检察人员的考核成绩挂钩。所以检察机关为确保高胜诉率,在实践中一直坚持着“同一论”。高胜诉率的另一面就是低无罪判决率。表1对某市检察机关提起公诉、撤回起诉和法院作出无罪判决相关情况进行了统计。通过数据分析我们可以看出从2006年到2013年的8年间无罪判决率平均值为0.23%。放眼全国,对刑事公诉案件作出无罪判决的概率和有罪判决率的差距即使不至于如此悬殊,但也是管中窥豹,可见一斑。

表1 某市检察机关2006~2013年提起公诉、得到无罪判决、撤回起诉情况统计①

年份	提起公诉(人)	无罪判决(人)	撤回起诉(人)	无罪判决(含撤回起诉)率(%)
2006	26,581	3	120	0.46
2007	28,541	5	64	0.24
2008	26,793	4	26	0.11
2009	27,383	7	36	0.16
2010	26,485	6	39	0.17
2011	26,058	11	65	0.29
2012	27,361	11	38	0.18
2013	22,178	13	42	0.25
合计	211,380	60	430	0.23

① 参见魏晓娜:《以审判为中心的刑事诉讼制度改革》,载《法学研究》2015年第4期。

我国这种极低无罪判决率的背后是审判机关"中心地位"的丧失,为扭转这一局面,中央提出"以审判为中心"的司法改革目标来解决过去的"审判离心"问题,而要真正落实"以审判为中心"就必然要采取符合"同一论"的公诉证明标准。

综上,无论是从我国当下实际出发,还是从"以审判为中心"的司法改革方向出发,都要求检察机关提起公诉时的证明标准与审判机关定罪证明标准保持一致。要真正实现符合"同一论"的公诉证明标准,还需要检察提前介入侦查、扩大证据不足不起诉适用等一系列配套制度的完善。

四、公诉与定罪证明标准同一的实现途径

2017 年 2 月 17 日发布的最高人民法院《关于全面推进以审判为中心的刑事诉讼制度改革的实施意见》(以下简称《实施意见》)再次强调了坚持疑罪从无原则,认定被告人有罪,必须达到犯罪事实清楚,证据确实、充分的证明标准。时任最高人民法院审判委员会委员戴长林就该意见答记者问时指出:法院有必要探索运用大数据对量大、面广的刑事案件证明标准进行集中攻关,形成可操作性强、可数据化的统一标准,减少事实证据问题的认识分歧。笔者认为,要真正实现与定罪证明标准同一的公诉证明标准,可以从以下三个方面入手。

(一)检察提前介入侦查

介入主体上,应当根据介入的内容有所区分,如果侦查机关主动请求检察机关就侦查过程中的取证方法、侦查策略等问题提供指导,则应由公诉部门负责介入。这样有助于起诉部门更早了解案件,提高侦查中收集、保存证据的质量,也能为日后案件公诉阶段做一定的铺垫工作。如果检察机关自己发现或收到关于侦查阶段违法取证、刑讯逼供等情况的投诉、举报,那么就应当先由起诉部门介入进行审查是否存在违法现象,如果确认属实,则公诉部门应对案件本身进行指导监督,而侦查人员的违法行为则移送检察院侦查监督、纪检、监察等部门处理。另外,以各地、各级检察院的现状来看,设立专门的负责部门还有一定困难,但检察机关对侦查机关在侦查阶段遇到的证据问题也需要日常化的介入指导,这些工作又多由公诉部门负责,故而可以考虑在公诉部门内部设立专门办公室处理

应由公诉部门处理的提前介入侦查事务。

当代社会犯罪形式日益复杂化、犯罪的规模也日渐扩大,侦查机关面对的经常不是一件件单一的、分立的犯罪案件,而经常是集团性的、有组织的、反侦察能力极强的犯罪组织。设想检察机关对侦查机关的所有案件都提前介入并占据主导地位,那么受影响的不仅仅是侦查人员的侦查积极性和办案效率,最重要的是可能会错过某些重要证据的最佳采集时间,严重影响完整证据链条的及时形成。故而检察机关应当把提前介入侦查工作的重点放在重大刑事案件中,由检察人员主动介入。对普通的案件,仍然应当以侦查机关为主,检察机关可以依申请介入或者有选择性地主动介入,并在介入过程中应当将工作重点尽可能限定在对证据客观性、合法性、合理性的把握上。

通过检察机关提前介入侦查,将侦查机关与检察机关更紧密地连接起来,通过"从公诉的角度对侦查阶段个案具体的指引,将会极大促进取证过程的合法性,保证证据的客观性、关联性,逐步提升由侦查机关移送证据的质量",①进而为检察机关实现与法院定罪证明标准一致的公诉证明标准打下良好的基础,确保符合"同一论"的公诉证明标准能够高效、高质实现。

(二)扩大证据不足不起诉的适用

要扩大证据不足不起诉的适用,首先需要取消当前司法机关中的目标考核制度。在考核制度中,无论是侦查人员遇到实施逮捕后被撤案或案件被不起诉的情况,还是检察人员每个考核期内提起公诉案件的数量不达标都会被扣分,而考核分数的高低又直接与司法工作人员的切身利益直接联系。正因如此,检察机关工作人员对移送到自己手中的案件尽可能多地提起公诉既能保证自己提起公诉案件数量的达标,也能不因此"得罪"侦查机关的人员。这种做法最终导致了证据不足不起诉在我国适用率较低的局面。为打破这一局面,就必须取消这种陈旧的考核方式,让检察人员能够完全依据事实和证据是否达到公诉标准来做出最终决定,而不为行政上的因素所左右。

现实中,经常出现被害人及其亲属不同意检察机关做出证据不足不起诉决

① 参见毕赛男、杨强:《检察院提前介入侦查的制度构建——以提前介入侦查的必要性为视角》,载《重庆理工大学学报》(社会科学版)2010年第11期。

定的情形，并通过公诉转自诉的方式重新将案件递至法院，使证据不足不起诉无法发挥其对保护被追诉人合法利益和节约司法资源等一系列的作用。要改变这一现状，一是要提升侦查阶段尤其是退回补充侦查时的侦查质量，尽可能即时、高效地收集案件证据，对于退回补充侦查的案件要认真分析被退回的原因，有针对性地重新组织侦查，不使其流于形式。二是要对被害方公诉转自诉权利的行使进行适当限制。被害方对检察机关证据不足不起诉决定存有异议时，允许其向法院提出异议申请，并提交异议理由，由法院结合异议理由对案件进行判断，看案件是否无法达到公诉证明标准、检察机关的不起诉决定是否合理。

（三）提升审前刑事辩护质量

我国2012年《刑事诉讼法》第36条至第39条规定了辩护人在审前阶段享有的权利。通过对法条的分析，我们不难发现法律虽然改变了过去在侦查阶段视辩护律师为“提供法律帮助的人”的定位，为律师在审前调查取证赋予了身份基础，但对其诉讼权利的规定却仍然侧重于会见权和调查权，而对律师阅卷权和调查取证权有所忽略。

根据2012年《刑事诉讼法》第36条的规定，辩护律师在审前阶段可以向侦查机关了解犯罪嫌疑人涉嫌的罪名和案件有关情况，但第38条又将该权利行使的起始期限定在了“自审查起诉之日起”。也就是说，实际上只有到了审查起诉阶段，辩护律师才能查阅侦查机关获取的材料，而侦查机关对案件的性质、案情的轻重以及在侦查阶段所掌握证据等许多相关情况在侦查阶段几乎可以做到信息封闭。在这种证据严重“一边倒”的情形下既难以保证律师的辩护质量，又会对起诉甚至审判阶段“事实清楚，证据确实、充分”的实现产生影响。另外，不可否认的是，我国刑事案件中，职业律师的辩护率较低，相当数量的案件是被追诉人自行辩护的。对这些案件而言，被追诉人的阅卷权却是未被认可的。综上，对于阅卷权，既应当考虑赋予自行辩护案件中被追诉人阅卷权，保证自行辩护案件中辩护权也能够完整的行使；又要适当考虑将辩护律师阅卷权行使期限适当提前，在侦查阶段就肯定律师享有辩护权。当然，侦查机关进行案件侦破时对特定事实、证据需要保密或无法及时公开，因此，在侦查阶段行使阅卷权还是应当受到适度限制，可以考虑此阶段辩护律师，只就对被追诉人做出强制措施决定所依据的证据和案卷材料享有阅卷权。

刑事辩护律师的取证问题是我国法律界公认的一大难题。《中华人民共和国刑法》第306条规定了辩护人伪造证据、妨害作证罪,让辩护律师在取证过程中小心翼翼,积极性很低。一方面是辩护律师调查取证难,另一方面是侦查机关侦查权的膨胀,在二者的共同作用下导致了侦查机关对证据的控制权,出现了"侦查机关做饭、检察院端饭、法院吃饭"的局面。可以考虑在立法过程中,一方面将涉及辩护律师妨害作证罪的内容进行严格限定,减少实践中律师的顾虑;另一方面应对辩护方的举证责任作出更加明确具体的规定,使其不得不积极行使调查取证权,提升审前辩护质量。此外,还需要规定辩护律师在调查取证中不宜接触有罪证据。①

五、公诉与定罪证明标准同一面临的风险及对策

(一)采用"同一标准"面临的风险

采用符合"同一论"的公诉证明标准,有助于控制检察机关权力滥用的风险、保障被追诉人合法权利、节约司法资源,但它也面临着风险。在我国,一方面,被追诉人面对检察机关提起的公诉获得无罪判决的可能性很小,那么他们会转向通过认罪方式求得减轻处罚的可能。此时辩护律师一般也会顺从当事人意愿进行辩护而不再选择无罪辩护,这对保障被追诉人的合法权益无疑是不利的。另一方面,检察机关坚持符合"同一论"的公诉证明标准的确能够极大地为审判阶段节约诉讼资源,但长期来看可能导致审判阶段的工作人员对证据审查、对庭审的松懈甚至产生侥幸心理。这无疑与"以审判为中心"的初衷是背道而驰的,使其丧失了应有的对侦查、起诉活动的检验作用。

审判过程中最核心的环节就是庭审,它也是审判最主要的表现形式。要想以审判为中心,就必须发挥庭审的重要作用,避免庭审虚化,否则一切与"同一论"下公诉证明标准构建的相关措施都会成为空谈。从司法实践来看,推进法庭审判实质化,尚需完善相关配套改革措施。

---

① 参见陈卫东:《以审判为中心:解读、实现与展望》,载《当代法学》2016年第4期。

（二）对庭审虚化的防范与应对措施

1. 完善证人出庭作证制度

庭审流于形式的一大重要根源，就是审判阶段过于依赖检察机关移交的案卷，而忽略法庭上对证据的质证、辩论。证人的出庭不仅要求审判机关对庭审过程投入更多的注意力，实现从“审卷”到“审人”的转变，也要求检察机关在移送证据时谨慎对待，确保达到“同一论”下的公诉证明标准。虽然我国立法一向强调对证人出庭作证问题的重视，但在具体的司法实践中仍存在规定不细、出庭范围界定模糊、惩戒措施不严、保护措施不力等问题。2012 年《刑事诉讼法》第 187 条承认了未到庭的证人的证言笔录的证据能力，正是导致当前证人出庭率难以提高的致命伤所在，[①]无法起到阻止庭审虚化的作用。

而 2017 年 2 月最高人民法院发布的《实施意见》规定：“控辩双方对证人证言有异议，人民法院认为证人证言对案件定罪量刑有重大影响的，应当通知证人出庭作证。控辩双方申请证人出庭的，人民法院通知证人出庭后，申请方应当负责协助相关证人到庭。”此条与 2012 年《刑事诉讼法》条文不同的是，去除了“人民法院认为有必要”的前置条件，扩大了证人应当出庭作证的范围，使法庭能够通过更充分的当庭证言对争议、重要事实作出判定。此外，去除“人民法院认为有必要”还有助于解决实践中某些法院在审理中怕麻烦、想尽快结案而尽可能减少证人出庭的问题，让对案件认定有重大影响的证人通过出庭对审判方形成压力，增强司法公信力。此外，《实施意见》还着力对证人出庭经费保障、保密措施等保障性制度进行了完善。当然，解决证人出庭难问题不能仅靠一份文件就得到彻底解决，一方面，《实施意见》中的条文还需要在实践中不断完善最终上升到全国人大立法的正式条文；另一方面，我们还应当利用当下信息网络时代的技术便利，探索使证人证言能够更便捷地呈现于法庭的手段，让证人发挥出对维护庭审实质化更强大的力量。

2. 完善非法证据排除制度

我国 2012 年《刑事诉讼法》对非法证据的排除规则作了较详细的规定，但却因为缺乏对“非法证据”的统一、详细的定位标准导致司法实践不尽如人意。对

---

① 参见陈光中、魏晓娜：《论我国司法体制的现代化改革》，载《中国法学》2015 年第 1 期。

非法证据的排除应当注意以下几个方面。

第一,因为标准的模糊使侦查、起诉阶段出现骗供、车轮战式疲劳审问等很难留下“痕迹”的审问方法,但也应当认识到对取证方法管得太死也会束缚侦查、公诉人员的手脚。所以对非法证据排除范围的界定既不能过宽,也不能过严。①

第二,审判机关要加强对证据合法性的审查。司法实践中,对被告方主张的非法取证,审判机关在认为其“不排除刑讯逼供的可能”时通常会要求侦查机关出具情况说明,而侦查机关可以用一纸说明就完成对自己的证明。这种做法无疑会给案件留下疑点,故而审判机关应当对证据合法性加强审查力度,应对非法取证问题采取绝对的严肃态度。只有如此,才能倒逼检察机关也能够在提前介入侦查过程中加强取证合法性方面的指导,在公诉阶段加强对此问题的审查力度,在审前就将非法证据拒之门外,只为合法证据敞开审判的大门。

第三,考虑借鉴域外讯问时律师在场制度。建立讯问犯罪嫌疑人律师在场制度及其他相关制度(如录音、录像制度),对于提高侦查活动的公正和效率有重要意义。② 要实现这一点仅靠侦查机关本身或检察机关的监督还不够。辩护律师作为犯罪嫌疑人的权利保护者,也应当能够肩负起使案件免遭非法取证的责任,还可以适当尝试在办案人员讯问犯罪嫌疑人时,为犯罪嫌疑人提供必要的法律意见和帮助。③ 鉴于我国当下普及这一制度尚有难度,可以考虑在可能判处无期徒刑及以上刑罚的案件中进行试点工作,待其有所成效后再逐渐进行推广。

3.加强法律援助制度建设

实践中如果没有辩护律师参与,被告人由于诉讼条件及能力上的限制,难以抗衡检察官,庭审往往成为检察官的单方面立证过程。④ 这种实力的悬殊又很容易使检察机关对案件的证明标准把关有所松懈。我国2012年《刑事诉讼法》对法律援助制度内容的规定见于其第34条。为了避免庭审的虚化,法律应当在这几种情况的基础上扩大法律援助适用的范围,努力实现在可能被判处5年有期徒刑以上的案件中也能够适用法律援助,甚至做到将其扩展到所有被告人无法

---

① 参见沈德咏:《论以审判为中心的诉讼制度改革》,载《中国法学》2015年第3期。

② 参见顾永忠:《关于建立侦查讯问中律师在场制度的尝试与思考》,载《现代法学》2005年第5期。

③ 参见赵恒:《认罪认罚从宽制度适用与律师辩护制度发展》,载《云南社会科学》2016年第6期。

④ 参见龙宗智:《庭审实质化的路径和方法》,载《法学研究》2015年第5期。

聘请律师的案件中。在庭审过程中对检察机关的挑战将会促进检察机关在更多的案件中产生危机感,从而在审查起诉环节对证据和案件事实进行更深入细致的审查,提高公诉案件的证据质量。

六、结　语

党的十八届四中全会决定,提出“推进以审判为中心的诉讼制度改革”,确定其中的公诉证明标准与审判机关定罪证明标准是什么关系,以及如何实现这种关系成为具有重要意义的课题,本文通过比较国内外立法经验以及不同理论学说,最终得出只有坚持与审判机关定罪证明标准一致的公诉证明标准才是符合“以审判为中心”的大目标的。这一标准的实现关键,在于检察机关提前介入侦查、扩大证据不足不起诉的适用、提升审前辩护质量等制度的配合。当然,推行符合“同一论”的公诉证明标准也有其风险,即可能导致庭审虚化。那么,如何通过完善证人出庭制度、非法证据排除制度和加强法律援助工作等多元手段确保庭审的实质化,就是需要理论界和实务界长期关注和探讨的问题。

• 国际法论坛

英格兰信托“二元所有权”新论:起源、比较与功能

张　弛*

摘　要:独特的历史机缘以及社会背景,共同缔造了英格兰信托法的“二元所有权”结构,即信托财产的普通法所有权与衡平法所有权并存的现象。由于大陆法系以及转型国家的法律制度坚持“一物一权”原则,故而学界始终难以就英格兰信托的“二元所有权”现象给出一个能够融贯两大法系的合理解释。上述困境的根源,在于学者们观察传统信托制度结构的视角局限于受托人与受益人之间对于信托财产的权利分配,而没有从现实经济功能的角度分析信托受益权所根植的社会需求。通过反思信托受益权在中世纪英格兰的起源以及类信托制度在不同法系的制度移植,进而将信托受益权的权利结构予以类型化分析,将有助于我们摆脱传统思维定式,以实用主义的方法就上述难题给出更合理的解释。

关键词:信托受益权;英国法;二元所有权;比较法

Re-thinking the Dual Ownership Structure in English Trusts:
Origins, Comparison and Functions

Zhang Chi

Abstract: Owing to the unique social and historical background, the ownership of trust assets of English trusts is divided into two parts, namely the ownership in common law which is held by the trustee and the ownership in equity which is held by the beneficiary. In consideration of the unified ownership principle in civil law

* 英国格拉斯哥大学(University of Glasgow)法学院商法学2013级博士研究生,现就职于中国矿业大学(北京)文法学院。

jurisdiction, most scholars argued that there is no theoretical compatibility between the common law trust and civil law tradition. This article aims to re-explain the nature and economic functions of the dual ownership structure of English trusts by re-considering the origins of the trust in medieval England and comparing the practices of quasi-trust regimes in continental and mixed jurisdictions.

Key Words: trust beneficial right; english law; dual ownership structure; comparative law

自英国法制史学家梅特兰(F. W. Maitland)在20世纪初首次从政治哲学和法制史的高度阐释信托制度在英国历史中的重要作用,信托法便被视为英美法系最具特色的法律制度。[1] 基于复杂的历史机缘和英格兰独特的法律体系,古典信托法形成了普通法所有权(legal title)与衡平法所有权(equitable title)并存的"二元所有权"(dual ownership)现象,也正是因为这一制度特征导致信托关系的法理本质在学术界鲜有定论,同时也阻碍了信托制度在全球范围内的制度移植和借鉴。本文试图通过反思信托制度在英格兰缘起的社会背景,并结合当今不同法系主流国家信托或类信托制度的立法实践,探究信托受益权的法律本质与经济功能,从而就上述难题给出一个可能的解释。

一、关于信托受益权本质的学术争论

信托(trusts)的性质自英格兰信托制度被世界各国比较法学者和律师所认知以来,便成为民商法学界的"哥德巴赫猜想"——多年来,无论是注重个案研究的普通法系律师,还是坚守先验主义方法论的大陆法系学者,抑或是转型国家秉持实用主义的立法者们,都难以就信托的法律性质给出一个能够在不同法系理论和实践经验中实现统一的满意解释。尽管如此,各国学者们始终没有放弃对于这一难题的探索。早在1985年,海牙国际私法会议(Hague Conference on Private International Law)通过了《关于信托的法律适用及其承认的公约》(以下简称《海

---

① See Frederic W. Maitland, "'Trust and Corporation' and 'The Unincorporated Body'", in David Runciman & Magnus Ryan (eds.), *State, Trust and Corporation*, Cambridge University Press, 2003.

牙信托公约》)(Hague Convention of 1 July 1985 on the Law Applicable to Trusts and on their Recognition)①,并首次以具体法律条文的方式对信托进行了定义,以期尽可能减少信托制度在国际法律适用中的不确定性。② 依据该公约第2条的规定,“信托”是指一个人(委托人)在其生前或死亡时发生法律效力的一种法律关系,委托人为了受益人的利益或特定目的将信托财产置于受托人控制之下(under the control of a trustee)。然而,事实上《海牙信托公约》回避了就“信托是什么”这一本质问题予以正面回答,而仅就信托的基本特征进行了描述。究其原因,明确定义信托概念的障碍在于信托法律关系的核心,即信托受益权(beneficial right)的法律性质难以在传统法学逻辑体系内予以澄清。换言之,“信托是什么”这一问题应当转换为“信托受益权是什么”才更具有现实意义。在本文展开详细的比较分析之前,将上述争论在学术界的不同观点进行回顾将有助于对该问题的进一步认识和解答。

(一)普通法系的观点

依照英美法传统,法律权利一般被分为对人权(right in personam)和对物权(right in rem)。前者只能针对特定对象行使权利,后者则享有对抗任何人的权利。众所周知,在传统英格兰信托中,受托人享有信托财产的法定所有权(或称普通法上的所有权,即 legal title),同时受益人享有信托财产的衡平法所有权(equitable title)。由于衡平法(equity)乃是出于纠正普通法僵化的令状制度(writ system)所带来的不公正审判而产生的,因此,衡平法所有权(也就是现在通说认为的受益权)传统上被英国学界认为是对人权,即信托受益权的功能在于当受托人违反信托文件之规定或给受益人造成损失时,受益人针对受托人行使的一项救济权。③

---

① 该公约的官方英文版本参见如下链接:https://www.hcch.net/en/instruments/conventions/full-text/?cid=59,最后访问日期:2017年11月26日。

② See Maurizio Lupoi, *Trusts: A Comparative Study*, Simon Dix translator, Cambridge University Press, 2000, p. 330.

③ 正如梅特兰所言,针对已经支付合理对价且善意的信托财产购买人,法院不能基于受益人的诉求而将已经转移的信托财产归还给信托受益人,故而信托受益权在实务中实际上不完全具备所有权(right of ownership)所应当具有的排他性。See Frederic W. Maitland, "Trust and Corporation" in David Runciman & Magnus Ryan (eds.), *State, Trust and Corporation*, Cambridge University Press, 2003.

然而,随着信托受益权效力的不断发展和扩张,将信托受益权完全归为对人权也产生了越来越多的问题。比如,在信托财产被不当转让给第三人时,受益人享有直接、无条件地从第三人手中取回[“追踪”(tracing)]信托财产的司法权利,且英国普通法和衡平法均承认这一规则——只要信托财产不是被已支付合理对价且善意的第三人所取得。故而,当法律允许受益人追踪信托财产时,信托受益权又体现出鲜明的物权特征,即受益人享有优越于第三人的权利,并因此具有对世权的性质。基于信托受益权在实务中呈现出的多样化形态,当代英国学者试图放弃传统对人权/物权的二分法标准,而是将信托受益权视为二者的混合体:其对人权和对物权的特征随着受益人法律状态的不断变化而交替出现。正如当代英国信托法专家大卫·海顿(David. Hayton)所言:“对于信托的运作更好的一种理解方式是将受益人的利益(interests of a beneficiary)视为一种旨在迫使受托人履行义务的对人权(in personam)……而当受托人已经破产(insolvent)或信托财产已被不当地落入第三人之手时,此时比较恰当的观点是将受益人的利益视为一种隐含在信托基金中的权利,即一种衡平法上的对物权(equitable *in rem* right)。”①这一表述在当今英国学术界被广泛接受。②

(二)大陆法系的观点

一般认为,大陆法系国家民法体系建立在“一物一权”(unified ownership)原则的基础之上,即任何财产(property)只能有一个确定的所有权,故而普通法信托中的“二元所有权”制度,难以被传统欧陆法系民法理论所接受。同时,大陆法系民法坚持物权法定原则(numerus clausus),即所有权的内容③必须且只能由法律明文规定,任何民商事主体无权自由创设所有权的内容。④ 英格兰信托法中的衡平法所有权由于不具备支配权且如上所述,对于善意且支付合理对价的第三

---

① See David Hayton and Charles Mitchell, *Commentary and Cases on the Law of Trusts and Equitable Remedies*, 12th edn, Sweet & Maxwell, 2005, p. 27.

② See Jamie Flister and James Lee, *Modern Equity*, 20th, Sweet & Maxwell, 2015, p. 19; P. Pettit, *Equity and the Law of Trusts*, 11th edn, Oxford University Press, 2009, p. 84.

③ 大陆法系民法一般认为,完整的所有权应当包括占有、使用、收益、处分四项基本内容。

④ See Ugo Mattei, “Efficiency in Legal Transplants: An Essay in Comparative Law and Economics” (1994) 3 *International Review of Law and Economics* 3, 9; Avihay Dorfman, “Property and Collective Undertaking: The Principle of Numerus Clausus” (Summer 2011) 61(3) *University of Toronto Law Journal* 467.

人取得信托财产的行为,受益人无法行使衡平法之追踪权,即信托受益权不具备绝对的排他效力,故而英格兰信托法之"衡平法所有权"从理论上亦难以满足大陆法系所有权的构成要件。

传统上,大陆法系学者将信托受益权视为债权的一种,其依据是信托成立后信托财产的所有权,已经转移给受托人且受托人须依照信托文件履行管理义务,当受托人未能按照信托文件履行信托义务时,受益人行使受益权迫使受托人履行受信义务或赔偿损失相当于行使债权的请求权。① 然而,债权说的缺陷在于其难以解释受益人在非善意第三人取得信托财产时的追索权(前文提到的"right of tracing"),因为受益人之追索权实际上已经远远超出了传统债权的救济功能并突破了大陆法系的合同相对性原则(privity of contract)。②

针对上述缺陷,部分学者试图将信托归入代理制度(agency)的范畴,认为信托财产的所有权只存在于受益人,而受托人的一切权利乃是通过代理合同的具体约定由委托人赋予受托人,因此,受益人作为信托财产的唯一所有权人才能够直接向第三人追索信托财产。此外,代理论者认为,这一学说可以解释受托人之债权人不得追索信托财产的现象,因为受托人并非信托财产的所有权人。③ 代理说看似解释了普通法信托的若干特性,然而其自身的缺陷却并不比债权说少,其致命伤在于传统信托的受托人须直接承担其管理信托财产的法律后果(例如,因受托人不当行为造成信托财产损失的,受托人负有以其个人财产予以赔偿的责任),而代理说则将代理人行为的法律后果直接归属于本人,故而代理说同样难以为普通法信托和欧陆民法理论搭建桥梁。

此外,自罗马时代的民法理论便存在着所谓"财产体"(patrimony)的概念,即一个人(包括法人)的全部财产(assets)与负债(liabilities)之总和。④ 利用这一古老的罗马法遗产,欧陆法学家们试图将普通法信托的诸多特性,镶嵌到财产体理论的框架中去。按照这一学说,每个受托人拥有两个彼此独立的财产体,即作为"一般财产体"(general patrimony)的私人财产以及作为"特殊财产体"(special

① See George L. Gretton, "Trusts without Equity" (July 2000) 49 (3) *The International and Comparative Law Quarterly* 599, 601 - 602.

② Ibid., 602 - 603.

③ Ibid., 603.

④ Ibid., 608.

patrimony)的信托财产。[①] 当受托人破产时,其债权人只能就一般财产体行使请求权而不能殃及作为特殊财产体的信托财产。同时,财产体理论也较成功地解释了为何在受托人死亡后,信托财产得以继续独立存续并允许法院任命新的受托人管理信托财产之现象。信托受益人只有当受托人违反信托文件约定之义务或法定义务时才能够行使受益权以维护其信托利益,因此,在财产体理论下,信托受益权在本质上与债权无异。然而,无论是财产体概念本身还是独立财产在实务中的具体运用,[②]都是欧洲大陆学者由古老的罗马法遗产中推导出来的。换言之,其现实有效性有赖于该国立法与学术体系对于罗马法传统的继受。由此,我们不难设想,如果一国的私法体系并非根植于纯粹的罗马法传统,那么将信托理论建立在财产体的概念之上仍然会产生制度移植的现实困难。[③]

(三)总结与反思

通过以上回顾可以发现以下事实,即西方主流学界对于信托受益权本质属性的各色理论至今均未能很好地解释信托受益权的性质,也无益于解决比较法层面的实际问题。笔者认为,上述诸理论的通病在于仅仅以自身的理论传统为出发点,试图将信托制度强行并入自身的逻辑体系,却未能从现实生活中的经济现象解释信托制度所赖以存在的社会需求,进而也就难以圆满地将信托这一经济行为的法学本质予以澄清。故下文将以此为出发点,追根溯源探究信托制度在其发源地英格兰产生的社会背景。

---

① See George L. Gretton, "Trusts without Equity" (July 2000) 49 (3) *The International and Comparative Law Quarterly* 609 - 610.

② 在实务中,将信托财产视为独立财产体的做法在加拿大魁北克省(Quebec)的立法中最典型,下文将详细论述。

③ 事实上,以中国、俄罗斯为代表的转型国家在引入信托法制的过程中很难将信托财产解释成独立财产体,而是尽量将信托的属性模糊化处理成一种法律行为或者直接认定为合同,从而规避学术分类上的困难。例如,2001年《中华人民共和国信托法》第2条将信托定义为"委托人基于对受托人的信任,将其财产权委托给受托人,由受托人按委托人的意愿以自己的名义,为受益人的利益或者特定目的,进行管理或者处分的行为"。俄罗斯《联邦民法典》(1994年)则将信托直接定义为管理合同(a contract of trust management),且信托财产所有权归属于委托人,其余信托事项概由当事人以管理合同具体约定。See Svetlana Chugunova and Konstantin Ryndin, "An Introduction to Trust Management in Russia" (June 2008) 14(5) *Trusts & Trustees* 277.

二、英格兰信托二元所有权结构的历史渊源

众所周知，信托起源于中世纪英格兰的用益制度（Use）。由于在中世纪的英国土地法体系下，土地的领主（lord）有权将土地分封（feu）给佃户（tenant），作为回报佃户须向其领主支付一系列的附带利益（incidents），其中包括在佃户死亡后，其继承人须向领主支付一定的金钱。为了规避这一经济负担，佃户在生前将其土地转让给了第三人，并约定由后者将管理土地所得之利益（benefits）在佃户去世后支付给佃户的继承人，这使佃户的继承人不再是土地的继承人（heir），故而也就不必向领主支付金钱。[①] 于是，最初形式的用益制度就此诞生。此外，由于中世纪的英格兰实行的是长子继承制，用益制度的上述做法还被广泛用来转移土地所有权以规避长子继承制，从而使更多的子女得以继承财产。[②] 到了13世纪，随着十字军东征（Crusades）导致大量农耕劳动力的缺乏，用益制度亦被用来将土地转让给第三人管理并通过用益关系获得土地收益，从而维持家庭成员的经济生活。[③] 用益制度的上述灵活实用的特性最终在《用益法》（1535年）（Statute of Uses 1535）中得到了认可并逐渐演化为我们今天所说的信托制度。

同时，论及信托制度的二元所有权结构，就不能不讨论信托与衡平法（equity）之间的关系。概言之，在中世纪的英格兰，不同类型的社会纠纷和法律问题由复杂的令状制度（writ system）[④]进行规制，不同的纠纷当事人必须申请与之对应的令状才能得到司法机关的裁决或救济。如果当事人没有足够的知识了解并正确地申请特定的令状，则难以获得普通法救济。到了14世纪，由令状制

---

① See Graham Moffat, Gerry Bean and Rebecca Probert, *Trusts Law: Text and Materials*, 5th ed., Cambridge University Press, 2009, p. 37.

② 这一做法一般由土地所有权人在生前将其土地信托给第三人并约定由后者在委托人死后将土地利益转让给其各个子女而不限于长子。See Maurizio Lupoi, *Trusts: A Comparative Study*, Simon Dix tr, Cambridge University Press, 2000, p. 84.

③ See Alastair Hudson, *Understanding Equity and Trusts*, 3rd edn, Routledge Cavendish, 2008, p. 13.

④ 所谓令状制度，是指在英国国王授权下，确定王室法院就具体事项的管辖权和诉讼形式的一种司法制度。令状一般由代表国王的政府文职部门签发，其中详细陈述原告的请求以及相对应的诉讼程序。See P. Tucker, "The Early History of the Court of Chancery: A Comparative Study" (2000) 115 (463) *The English Historical Review* 791.

度而导致的司法救济之缺乏和低效率已然成为英格兰王室不得不面对的社会问题。进而,在国王的指令下,王室法官(Chancellor)开始对因为令状制度所限而没有得到公正救济的当事人提供救济并最终于15世纪建立了衡平法院(Court of Chancery)。与之相关的是,用益制度在方便土地所有者处分财产、获得收益的同时也面临着无法获得普通法保护的风险:按照普通法,一项财产只能有一个所有权主体,故而当土地被转移给第三人后,一旦受托人违约,委托人以及受益人均不能依照普通法向法院申请救济,这无疑是显失公平的。于是,信托(用益)制度所涉及的诉讼和纠纷就落入了衡平法院的管辖范畴——当受托人违反信托义务时,受益人有权向衡平法院主张其衡平法权利(equitable title),从而迫使受托人履行义务或承担赔偿责任,[①]同时,受托人(trustee)独立享有的信托财产之普通法所有权则不受影响。这便是信托"二元所有权结构"的历史渊源。

由此可见,传统信托法中的二元所有权制度的出现,有着极其鲜明的实用主义背景——无论是出于降低自身交易成本而创制的用益制度,还是出于政治稳定之目的而发展起来的衡平法院,都使信托法理论的日后发展沿袭着实用主义方法论。然而,正是信托制度的这一特质提醒我们必须重新思考一个问题,即信托财产真的在法律意义上被创设了两个所有权吗?换言之,即便是在信托制度的母国——中世纪的英格兰,学界所默认的"二元所有权论"确如大陆法系学者所声称的——乃是英格兰历史的巧合而不具备普遍性的法理基础吗?对这一问题的解答,则必须从英格兰信托受益权的具体内容入手。

三、英格兰信托受益权的现实形态

一般认为,衡平法上的信托受益权主要包含以下具体内容:对特定信托管理事务的知情权、信托财产收益权、针对受托人受信义务的强制执行权以及针对第三人的衡平法追索权(equitable tracing)。前两项权利形态主要体现了受益人针对信托财产的静态权利,而后两项则体现为受益人针对受托人的动态权利。为了深入理解传统信托法受益权的法律本质,我们有必要就以上四种权利形态逐一展开分析。

---

① See Jamie Flister and James Lee, *Modern Equity*, 20th ed., Sweet & Maxwell, 2015, p. 18.

(一)信托受益权的静态权利群

就信托受益权的静态权利而言：一方面，由于受益人与信托财产有着直接的利害关系，进而赋予其关于信托管理的知情权就不难理解，这就如同一般物权所有人对于管理其财产的代理人或占有人有权获悉相关信息是一样的道理。另一方面，信托受益权顾名思义乃是以信托财产的保值增值为一般目的，因此，信托受益人根据信托文件直接享有信托财产的收益便是信托受益权最基本的内容，在此无须赘言。总之，衡平法赋予受益人的针对信托财产的静态权利显示出了鲜明的物权属性，学界对此亦无争议。

(二)信托受益权的动态权利群

相较于信托受益权之静态权利，信托受益权的动态权利则主要体现为对于受托人以及第三人的对抗权和请求权。首先针对受托人违反受信义务(fiduciary duties)的行为，衡平法赋予了受益人向法院申请强制执行的权利。具体而言，经过衡平法院数百年的法律实践，受信义务规则的现实形态主要体现为注意义务(duty of care)及忠实义务(duty of loyalty)。前者要求受托人在管理信托财产时应尽到一般审慎之人所能够尽到的审慎管理的义务，即“一般审慎人标准”(ordinary prudent man standard)。[①] 这一要求不仅为一般受托人创设了行为准则，同时也意味着在一般民事信托中，委托人也应当在决定委托前审慎考量受托人既往的管理水平和信托事务潜在的风险，尽到其事前调查之责任从而降低风险[②]——而不能完全依赖于受托人的承诺或既往业绩草率行事。相反，对于具有专业技能的受托人(如投资基金经理)必须尽到高于普通人的注意义务，使信托财产不仅能够保值还能够实现有效增值，[③]进而英国法院通过一系列司法实践发展出了“专家标准”(expert standard)以规制专业受托人的管理行为。[④]

如果说注意义务主要规制了受托人的客观行为，忠实义务则从主观方面降

---

① Speigh v. Gaunt(1883)22 Ch. D 727(CA).

② Speigh v. Gaunt.(1883)9 App. Cas 1.

③ See Joshua Getzler, “Duty of Care” in Peter Birks and Arianna Prettoed(ed), *Breach of Trust*, Hart Publishing, 2002, p. 70.

④ See Bartlett and Others v. Barclays Bank Trust Co. Ltd. [1980]1 Ch 515; *In Re Lucking's Will Trusts*[1968]1 WLR 866.

低了受托人利用自身信息优势侵占受益人权益的风险。例如,若信托基金的受托人私自以自己的名义与信托基金本身展开交易并获取私利,则受托人所得之利益须返还给受益人。① 理由在于同时身为交易双方的受托人很难保证在交易中秉持中立判断,故而难以保证受益人在交易中的利益。经过上百年判例法实践的进一步扩充和确认,禁止受托人自我交易(self-dealing)原则在今天的英国信托法依然是一项重要的基础性规则。②

当然,过于僵化地恪守无偿信托中的信义原则,也未必能够满足现代商业社会多元化的市场需求,英国衡平法院在20世纪发展出了有限允许受托人通过严格的信息披露程序,从而与信托受益人进行公允交易的规则,即公平交易(fair-dealing)规则。简言之,如果受托人在与受益人进行交易时,能够充分披露有关信息并没有证据表明其交易价格有失公允,那么英国法院通常不会禁止这类交易。③ 由此可见,忠实义务与注意义务一道构建了以司法裁决为基础的外部救济模式,其纷繁复杂而又灵活多变的判例法技术为信托受益人编织起了一张无形的保护网,在维护交易安全的同时尽可能地尊重不同时期、不同交易类型下的当事人自治。

除受信义务之外,衡平法追踪亦作为信托受益权的一部分,为受益人保护其自身权利提供了便利。遵从信托法原理,信托成立后,信托财产的管理应当由受托人独立掌控而不受委托人和受益人的干涉。然而,如果仅仅依靠受信义务的事后救济,有时未必能够弥补受益人因为受托人之不当行为造成的损失,英国法院进而发展出了衡平追踪规则(equitable tracing)以保障受益人在信托管理过程中维护自身权益。一般而言,在以下两种情形下,受益人可以通过法院行使衡平法追踪规则将信托利益予以追回:一方面,如果受托人将受托财产与自有财产或其他信托基金混同(mixing),那么受益人可以将信托财产追回并使之重新回到信托基金之中;另一方面,如果受托人将信托财产不当转让给了第三人,除非受让人乃支付了合理对价的善意第三人(*bona fide* third party),否则受益人有权直

---

① Aberdeen Railway Co. v. Blaikie [1854] 17 D(H. L.).

② Regal(Hasting)Ltd. v. Gulliver [1942] 1 All E. R. 378; Boardman and Another Appellants v. Phipps Respondent [1967] 2 A. C. 46.

③ See Matthew Conaglen, *Fiduciary Loyalty: Protecting the Due Performance of Non-Fiduciary Duties*, Hart Publishing, 2010, pp. 138 – 139.

接从受让人手中将受托财产追回至信托基金。①

(三)反思与批判

通过以上分类考察我们不难发现,信托受益权的具体内涵十分复杂,试图通过传统理论思维去解释信托受益权的法律本质显然是异常困难的,对此我们不妨从功能主义的角度进行分析。首先,受益人的知情权的本质在于使受益人时刻获悉受托人在管理信托财产时是否以一种恰当的方式实现信托财产的保值或增值,以及是否出现了一些潜在的风险。受益权在本质上就是受益人直接从信托管理行为中获得利益的一项权利。其次,就受信义务的强制执行权而论,无论其实践规则如何纷杂,其功能都在于迫使受托人按照信托文件之约定认真管理信托事务,保证受益人能够获得所期待的信托利益,抑或在已经造成无法恢复原状之损失时,以受托人承担赔责任的方式弥补受益人所期待的信托利益。同样,衡平法上的追踪权旨在保障受益人能够如愿获得信托管理过程中产生的收益——这一点尤其可以很好解释为什么当善意第三人合理支付了对价后,英国法院不再强行要求第三人返还财产——因为此刻受益人的利益或曰针对信托财产保值增值的期待已经在经济价值上得到了同样的满足。

综合以上分析,我们不难发现,数百年来的英格兰判例法并没有在现实功能中赋予受益人针对信托财产的排他性支配权,进而受益人对于信托财产本身的权利属性,也就不满足物权的基本构成要件。实际上,英格兰司法实践中发展出来的一系列规则,仅仅集中于就受益人之经济利益提供保护,而没有刻意地赋予受益人一项针对信托财产本身的所有权。因此学界(尤其是大陆法系国家)对于受益人享有信托财产"衡平法上的所有权"这一表述,实在有以讹传讹之嫌。正是因为英格兰信托法强烈的实用主义风格,导致无论是普通法系还是大陆法系学者都难以通过传统思维模式圆满解释信托受益权的本质,故而有必要将考察的重点从传统的英格兰信托延展至信托法制在其发源地之外的制度移植与制度变革,使我们能够从现实经济行为和社会需求中重新发掘英格兰信托受益权的经济功能,并有助于准确把握信托受益权的法理本质。

---

① See P. Pettit, *Equity and the Law of Trusts*, 11th ed., Oxford University Press, 2009, pp. 693 - 711.

四、比较法视野下的(类)信托受益人保护机制

正如歌德所言:“不晓他国语言者,对自己的语言便一无所知。”对于比较法研究,广泛关注相同或类似法律问题在不同社会语境中的现实解决方案将会为学者提供更真实的制度图景并拓展思考问题的路径。在本部分,笔者将着重就主流的欧洲大陆法系国家以及混合法系国家(地区)就信托制度的移植和本土化现状展开叙事,以期从跨法系的视角帮助我们理解信托受益权的经济功能与制度特性。

(一)大陆法系类信托制度中的受益人保护机制

1.法国:契约下的外部保护人模式

作为在欧洲大陆率先颁布完整民法典的国家,法国民法有着尤其根深蒂固的一物一权和物权法定(*numerus clausus*)传统,故而立法者和学者均长期拒斥普通法信托制度的引入。迟至2007年,迫于实务界对于法国商法在金融投资领域的严重滞后所表示出的强烈不满,法国国会才勉强将类信托制度“*fiducie*”纳入法国《民法典》。① 根据现行法国《民法典》第2011条的表述,“*fiducie*”是指“一个或多个主体(entities)将财产、权利或证券,或一项权利、财产或证券的组合,在当前或将来转移给一个或多个独立于自有财产而持有它们并为了一个或多个受益人的利益之目的行事的受托人(fiduciaries)——的过程”。② 法国法中的“*fiducie*”在实际操作中必须以合同或法律规定的形式建立,因此,即便法律明确规定了财产的转移(transfer),但其法理仍是建立在合同法的原理之上的。③

相应地,法国法向受益人提供的保护和救济手段同样以债权关系为核心。

① See Blandine Mallet-Bricout, “The trustee: Mainspring, or only a cog, in the French fiducie?”, in Lionel Smith(ed), *The Worlds of the Trust*, Cambridge University Press, 2013, pp. 141 – 142.

② 其英文译文如下:“The *fiducie* is the process by which one or more entities transfer property, rights or securities, or a combination of property, rights or securities, present or future, to one or more fiduciaries who hold them separately from their own property, acting with a specific purpose for the benefit of one or more beneficiaries.” See James Douglas, “Trusts and Their Equivalents in Civil Law Systems: Why did the French Introduce the Fiducie into the Civil Code in 2007? What Might its Effects be?” (2013) 13(1) *QUT Law Review* 19, 20.

③ Ibid.

例如,法国法要求任何自然人委托人必须指定至少一名保护人(protector)负责监督受托人的行为以维护受益人的利益,同时,保护人所享有的监督权并非由法律直接规定而是依赖于当事人之间的合同约定。① 在受托人违反信托约定时,法律允许委托人或保护人对受托人的受信义务予以强制执行。② 除此之外,法国法坚持“一物一权”的原则,即不承认信托财产的所有权分割理论,故而在受托人不当处分信托财产并产生债务时,除非有证据证明债权人知道或应当知道受托人处分信托财产的权利受到信托合约的限制,否则该债权人可以向受托财产行使债权请求权。③

2. 德国:委托人主导下的契约保护

德国是欧洲大陆法系另一个重要代表,尽管学界多年以来普遍认为,德国法的高度系统化和先验主义传统不可能留有引进信托制度的空间。④ 然而,现代资本市场的发展,也迫使德国民商法理论必须适应追求效率的现代经济社会。正是在这一背景下,普通法信托制度被德国立法者所效仿并在德国《民法典》中予以承认。在德国,类信托制度被称作“*Treuhand*”,即信义关系(fiduciary relationship),其基本结构为委托人(Treugeber)通过信托合同(trust agreement)授予受托人(Treuhänder)一系列管理信托财产的权利,受托人则必须依照合同约定为特定目的或受益人(Beguenstigter)的利益管理信托财产。⑤ 与法国不同的是,德国类信托制度允许当事人自由选择是否将信托财产所有权转移给受托人以及是否将受益人纳入到信托合同的法律关系中。⑥ 两种不同的处理方式也导致其类信托制度中受益人保护机制的差异。

在资产独立性方面,如果信托合同规定信托财产的所有权被转移给受托人,则由于德国法不承认二元所有权,因此,在受托人破产时,其债权人将有权就信

---

① See M. Gdanski and T. Pichardo-Angadi, “The French Law on Fiducie and its Application to Banking and Finance Transactions” (2007) 22 *Journal of International Banking Law and Regulation* 434.

② Ibid.

③ See Pierre Crocq, “National Report for France” in S. C. J. J. Kortmann, David Hayton, N. E. D., Faber, K. G. C. Reid and J. W. A. Biemans (eds.), *Towards an EU Directive on Protected Funds*, Kluwer Legal Publisher, 2009, p. 112.

④ See Peter Scherer, “Trusts and Trustees in Germany” (2009) 24 (5) *Journal of International Banking Law and Regulation* 269.

⑤ Ibid.

⑥ Ibid., 270.

托财产主张权利;类似地,在委托人持有信托财产所有权时,委托人之债权人亦有权追索信托财产。[①] 此外,即便委托人已经将信托财产所有权转移给受托人,在委托人破产时,其破产管理人(insolvency administrator)也有权从受托人手中取回受托财产。[②] 在信托财产的交易中,如果受托人将信托财产不当转让给第三人,受益人可以通过行使诉权要求受托人承担赔偿责任,但对于与第三人之间发生的交易,法院一般仍承认其合法性。[③]

在受益人救济权方面,委托人同样占据主导地位,德国法承认委托人直接干预信托管理的权利。[④] 在此,需要具体区分信托合同当事人是否包含受益人的情形:如果受益人已经作为合同当事人被纳入信托合同中,则受益人有权直接纠正受托人不当的管理行为或强制其履行义务;相反,如果受益人并非信托合同当事人,则受益人只能通过委托人对受托人的干预或行使诉权得到救济。[⑤] 由此我们不难发现,在高度契约化的德国类信托制度的实际运行中,委托人凭借其不可动摇的契约地位在整个信托关系中始终处于主导地位,其所享有的广泛的契约权利已然使德国的信托制度移植完全偏离了普通法信托制度的原型。

(二)混合法系类信托制度中的受益人保护机制

如果说大陆法系国家在引进信托制度时所进行的高成本的制度改造是囿于其自身民法传统的必然结果,那么兼具大陆法系和普通法系特征的混合法系(mixed jurisdiction)国家或地区的立法实践则为我们展现了普通法信托与大陆法系民法在制度功能上予以衔接之可能性。下文将就英国的苏格兰地区、加拿

---

① See Dieter Krimphove, "National Report for Germany" in S. C. J. J. Kortmann, David Hayton, N. E. D. Faber, K. G. C. Reid and J. W. A. Bieman (eds.), *Towards an EU Directive on Protected Funds*, Kluwer Legal Publisher, 2009, p. 117.

② See Peter Scherer, "Trusts and Trustees in Germany", (2009) 24 (5) *Journal of International Banking Law and Regulation* 270.

③ See Dieter Krimphove, "National Report for Germany" in S. C. J. J. Kortmann, David Hayton, N. E. D. Faber, K. G. C. Reid and J. W. A. Bieman (eds.), *Towards an EU Directive on Protected Funds*, Kluwer Legal Publisher 2009, pp. 117 - 119.

④ See Peter Scherer, "Trusts and Trustees in Germany", (2009) 24 (5) *Journal of International Banking Law and Regulation* 272.

⑤ See Dieter Krimphove, "National Report for Germany", in S. C. J. J. Kortmann, David Hayton, N. E. D. Faber, K. G. C. Reid and J. W. A. Bieman (eds.), *Towards an EU Directive on Protected Funds*, Kluwer Legal Publisher, 2009, pp. 119 - 122.

大的魁北克省以及南非作为三个典型的混合法系法域的类信托制度展开具体论述。

1. 苏格兰:受托人义务的强制履行

由于特殊的历史和地理背景,苏格兰成为在众多混合法系成员中与大陆法系关系最为深远的一个。早在公元1世纪,罗马帝国占领了不列颠岛,由于该岛北部寒冷而荒蛮,故而罗马人并没有真正占领苏格兰地区,而是建造了哈德良长城(Hadrian's Wall)以隔离北部的蛮族部落。因此,苏格兰人自那时起就将罗马法视为外族入侵的产物,对其持有排斥和敌对的态度。在11世纪诺曼征服(Norman Conquest)后,虽然“征服者威廉”于1072年入侵苏格兰,但苏格兰人出于历史记忆的缘故,对于源自罗马法文明的普通法进行了强烈的抵制——直至罗马法复兴运动在12世纪前后席卷欧洲各国,苏格兰统治者才通过接受教会法(canon law)的方式逐渐系统地继承了罗马法。[①] 在此后直至18世纪初期的漫长岁月里,苏格兰当局仍坚持以大陆法系规则治理社会,但由于英格兰普通法——特别是衡平法院所创立的判例法,在解决实际问题中所展现出的独特魅力深深吸引着苏格兰的法律从业者,故而借助地理优势和频繁的商业往来,英格兰普通法开始逐渐渗透到苏格兰。实际上,直至1707年英格兰议会与苏格兰议会签订《联合法案》(Union Act 1707)正式组成“大不列颠及爱尔兰联合王国”,[②]苏格兰才开始全面接触到普通法,故而数百年的大陆法系传统对苏格兰法制的发展有着决定性影响。

正是基于上述历史背景,尽管信托制度早在17世纪便在苏格兰出现,[③]但苏格兰法从来不承认英格兰信托法中的“二元所有权”概念。在苏格兰信托中,信托财产的所有权由委托人完整转移给受托人,在信托成立后,信托财产由受托人按照信托文件约定的目的或受益人的利益独立处分,委托人和受益人均无权干

---

① See William M. Gordon, "Roman Law in Scotland", in Robin Evans-Jones (ed), *The Civil Law Tradition in Scotland*, Edinburgh: The Stair Society, 1995, pp. 13 - 40.

② 在1922年南爱尔兰宣布成立“爱尔兰自由邦”以前,爱尔兰全岛均属英国领土,直至1922年南爱尔兰独立后英国才改名为“大不列颠及北爱尔兰联合王国”。

③ See George L. Gretton, "Trusts without Equity", (July 2000) 49 (3) *The International and Comparative Law Quarterly* 619.

涉。[①] 当受托人违反受信义务处分信托财产时,受益人主要通过对受托人行使对人权(Right in personam)维护自身利益,即受益人有权针对受托人向法院提起诉讼并要求受托人履行义务。[②] 特别是在法律实务中,苏格兰法院对于受益人企图通过法院直接从第三人手中追回信托财产的做法予以了明确回绝,即苏格兰信托的受益人在因受托人不当处分而遭受损失时,不能直接从第三人手中追回信托财产而只能取回相关的信托孳息,同时法官一般要求第三人必须将不当取得的信托财产返还给受托人,且受托人必须按照信托合同继续履行管理职责。[③]

2. 魁北克:所有权虚无主义

加拿大的魁北克省(Quebec)自17世纪中叶成为法国殖民地并继承了法国民法传统,直至1763年法国在"英法七年战争"中战败,依据《魁北克法案》(1774年)(Quebec Act of 1774),魁北克才正式归入英国殖民版图。根据随后于1867年颁布的《加拿大联邦宪法》(Constitution Act 1867)之规定,魁北克省得以永久保留其大陆法系传统,[④]魁北克成为继苏格兰之后的第二个典型的混合法系地区。

加拿大魁北克地区的信托制度的法律依据,是1994年颁布的《魁北克民法典》(Civil Code of Québec 1994)。[⑤] 该法第1260条对于信托的定义是"委托人基于恰当之目的将财产(property)从其个人的财产体(patrimony)转移至另一个财产体且由受托人(trustee)持有并管理——的行为(act)"。同时,该法第1261条规定,信托财产不属于委托人、受托人和受益人中的任何一方,即奉行"所有权虚无主义"。魁北克类信托制度很好地印证了本文第一部分所介绍的"独立财产体"理论在实务中的具体运用。此外,该法第1263条与第1264条规定了信托成立的两个要件,即必须依据委托人和受托人之间有效的书面合同或遗嘱,并且必

① See Scottish Law Commission, Discussion Paper on the Nature and the Constitution of Trusts, D. P. No. 133, October 2006, 5.

② See K. G. C. Reid, "National Report for Scotland" in S. C. J. J. Kortmann, David Hayton, N. E. D. Faber, K. G. C. Reid and J. W. A. Biemans (eds.), *Towards an EU Directive on Protected Funds*, Kluwer Legal Publisher, 2009, pp. 257 – 269; Inland Revenue v. Clark's Trustees [1939] S. C. 11.

③ Armour v. Glasgow Royal Infirmary [1909] S. C. 916.

④ See Patrick Malcolmson and Richard Myers, *The Canadian Regime: An Introduction to Parliamentary Government in Canada*, 4th ed., University of Toronto Press, 2009, pp. 58 – 65.

⑤ Accessed Nov. 2, 2017. http://www2.publicationsduquebec.gouv.qc.ca/dynamicSearch/telecharge.php?type=2&file=/CCQ_1991/CCQ1991_A.html.

须获得受托人的接受(acceptance)。换言之,魁北克信托法不仅重视委托人的独立意志,同时也将受托人的主观意志置于同等重要的地位,这也就意味着魁北克立法者试图将信托进行合同化处理以尽量与法国法传统相融合。在受益人保护方面,一方面,由于魁北克信托制度不承认任何一方信托当事人拥有信托财产的所有权,故而无论是委托人还是受托人的债权人均不能追索信托财产;另一方面,在受托人不当管理信托事务时,委托人、受益人甚至是有利害关系的第三人均有权根据信托合约要求受托人履行义务或赔偿损失。①

3. 南非:司法监督下的委托合同

除英国的苏格兰地区以及加拿大的魁北克省以外,南非曾先后被荷兰和英国殖民统治,由此形成了兼具大陆法系(荷兰法为主)和普通法系特征的法律体系。据学者考证,普通法信托最早于1800年前后出现在南非本土,②而由于荷兰法早于英国普通法流入南非,故南非的类信托制度同样不存在“二元所有权”的概念。

目前,南非信托制度的主要法律依据是《信托财产控制法》(1988年)(The Trust Property Control Act 57 of 1988,TPCA 1988)。在这部法律中,信托被定义为一种“依据信托文件(trust instrument),信托财产所有权被转让或赠予(made over or bequeathed)给受托人(trustee)并要求受托人按照信托文件的要求为特定受益人管理(administer)信托财产的一项制度安排(arrangement)”。③ 此外,南非类信托制度最大的亮点在于其允许信托财产的所有权直接转移给受益人,在此情形下,受托人则同样享有排他的权利管理信托财产而不受受益人的干涉。④ 在信托成立要件方面,与魁北克信托类似——其不仅要求当事人必须签署书面信托文件,同时受托人必须做出接受委托的意思表示,信托才能成立。⑤

在资产独立性方面,南非类信托制度并没有赋予受益人优先的权利:在受托财产被受托人不当(wrongfully)转让给善意第三人或被受托人的债权人追索时,

① See Maurizio Lupoi, *Trusts: A Comparative Study*, Simon Dix tr, Cambridge University Press, 2000, pp. 287 – 288.

② Ibid., 297.

③ TPCA 1988, s 1.

④ Ibid.

⑤ See H. R. Hahlo, “The Trust in South African Law” (1961) 78 *The South African Law Journal* 195, 204.

如果信托财产所有权在受益人手中,那么此时受益人有权以物权所有人身份直接取回信托财产;但如果信托财产所有权被转移给了受托人,那么受益人就只能选择向受托人行使诉权要求赔偿损失,而不能直接从交易对手追索信托财产。[①] 南非信托制度的另一个特色,在于其将受益人保护机制主要建立在强大的司法干预的基础之上。例如,《信托财产控制法》要求所有信托文件必须在由南非最高法院指定的一个主管人(Master)处登记注册,后者有权监督信托管理的全过程并可以就特定情形予以干预。[②] 此外,信托财产的所有权也必须在主管人处进行登记。[③] 同时,在信托关系存续期内的任何时间,法院有权依据主管人或任何利益相关方(interested parties)的报告调整信托文件的条款,甚至可将受托人革职。[④] 由此我们可以认为,南非信托法对于受益人的保护机制,极大地侧重于司法权力对于受托人管理行为的实时监控并可以主动出击,以其认为恰当的方式维护受益人的权益,这显然与尊重当事人自治和坚持不告不理原则的英国信托法,有着本质差异。

五、信托受益权的权力结构:功能分析与类型化

通过上述跨法系的对比研究,我们不难发现:同样针对财产委托过程中因两权分离而产生的代理风险,各国和地区依据自身政治体制和历史文化特点,建构了不同的受益人保护机制。为了便于理解,本文试图将受益人保护机制所耗费的经济成本主要归结为对于受托人管理行为予以干预的时间以及行权主体的数量,至此,我们可以通过上述对比分析将不同法域(类)信托制度中的受益人保护机制的权利结构予以模型化归纳(见表1):英格兰与苏格兰信托制度奉行最小干预原则,即只有当受托人违反受信义务时,可由受益人申请司法救济;魁北克信托制度虽然在干预权行权时间上仅限于受托人违反受信义务之时,但行权主体则扩及委托人;南非以及大陆法系国家的类信托制度则普遍奉行强干预模式,

① See Maurizio Lupoi, *Trusts: A Comparative Study*, Simon Dix translator, Cambridge University Press, 2000, pp. 300 – 301.

② TPCA 1988, s 1.

③ TPCA 1988, s 11.

④ TPCA 1988, ss 13, 20.

即不但将干预权赋予受益人以外的其他主体，同时允许在信托管理过程中行使干预权，以随时维护受益人的信托利益。

表1 不同法域（类）信托制度受益人保护机制的权力结构

法域	干预权的行权主体	干预权的行权时间
英格兰	受益人	违反信托义务
苏格兰	受益人	违反信托义务
魁北克	委托人/受益人	违反信托义务
南非	利害关系人/保护人	违反信托义务/信托管理过程中
法国	委托人/保护人	违反信托义务/信托管理过程中
德国	委托人/受益人	违反信托义务/信托管理过程中

至此，从交易成本的角度分析，我们不难发现：以外部司法救济为核心的英格兰信托在保护受益人利益，降低信托组织内部代理成本的过程中展示出了其独到的制度优势。首先，受信义务规则在区分一般受托人和专业管理人之信义义务标准的同时，也在无形中对不同类型的信托委托人施加了不同的风险分配规则。这在经济学上可以解释为市场风险的再分配，即委托人必须在决定进入信托或基金市场前通过自身审慎的风险评估理性决策，否则，将资产管理的全部风险都转嫁给受托人势必导致受托人负担过重而降低信托管理的决策灵活性，从而在总体上不利于社会财富的有效运作。在信托关系成立后，英格兰信托法排除了委托人和受益人干预专业受托人管理信托财产的可能性——这就在很大程度上避免了因为“外行指导内行”而带来的无效率决策和权责不清的问题，降低了财产管理过程中的决策成本。而受信义务以及信托财产的追索权，则通过司法手段为受益人提供了全方位的保护，同时也对受托人形成了无形的约束，因为判例法生动而具体的示范作用可以很好地向受托人警示违反信托义务可能面临的不利后果——这无疑将对降低信托代理成本产生正面作用。

相反，多数大陆法系和混合法系国家及地区的类信托制度则采用了类合同的方法，通过赋予受益人、保护人甚至是委托人直接的管理干预权降低委托代理风险。也正是由于大陆法系类信托制度的交易安全高度依赖于信托管理过程中对受托人行为的实时监控和纠正，故而对于受托人监督和干预的具体事项必须通过书面合同予以阐明，这也势必会增加信托成立时的缔约成本以及管理过程中的决策成本。

值得注意的是,根植于大陆法系传统的苏格兰信托制度实现了与英格兰信托法相同的功能建构,即仅仅允许受益人在受托人违反信托之时行使干预权(诉权)维护自身权益,从而极大降低了信托管理的交易成本。更重要的是,恰恰是苏格兰信托制度的这一独特现象,将最终有助于我们重新理解英格兰信托二元所有权的本质。

六、英格兰信托"二元所有权"的再解读

正如前文所描述的,英格兰信托制度中所谓的"二元所有权"完全是建立在历史的机缘巧合与现实需要的基础上,而非大陆法系国家那种逻辑缜密的理论预设。同时,以上比较分析也揭示了英格兰信托制度中受益人保护机制的优势,即最大限度保障受托人对于信托事务的独立管理,提高决策效率,降低交易成本。苏格兰信托制度通过司法裁判技术实现了英格兰信托相同的经济效果。尽管苏格兰信托法至今不存在"二元所有权",但苏格兰立法者和法官们并没有简单盲目地援引合同法制度,而是巧妙地将受益人的救济权限定在了信托财产的孳息(而非信托财产本身),即受益人只能对信托财产所产生的利益享有直接的物上请求权,而信托财产本身并不属于受益人,因此,即便受托人不当处分信托财产,受益人也只能要求法院将信托财产从交易对手返还于受托人,并强制要求受托人履行受信义务。同时,苏格兰信托法也不曾像其他大陆法系或混合法系国家和地区那样允许多个主体直接介入信托管理的决策过程。

基于苏格兰信托制度的启发,笔者认为,英格兰信托的"二元所有权"同样应当解释为受托人和受益人就信托财产本身以及信托财产之孳息分别享有独立的所有权(ownership)。这一结论可以通过以下事实加以佐证。首先,从历史渊源来看,信托成立的目的在于使受益人享受到信托管理中产生的利益(interests)而非对于信托财产的占有或处分权。其次,所谓的衡平法所有权乃是人们为了加强受益人保护而创造出来的制度产物,其初衷并非要创制一个与普通法所有权相并列的物权,这一点前文已有详细阐述,在此不赘。最后,在信托财产被受托人不当转让至第三人之手的情形下,无论受让方是否善意,受益人均有权依据衡平法追踪规则追索信托财产所产生之收益(trace the proceeds),而信托财产本身

只能依据法院的指令回归到受托人(而非受益人)手中,故而英格兰信托法的"衡平法所有权"指向的同样是信托财产所产生的财产利益(proprietary interest)而非信托财产本身。此外,在民法理论中,一般认为法定孳息是可替代物(fungible),善意第三人支付合理对价就相当于以一种合理的替代方式维持了受益人所期待的孳息物权,故而也就解释了传统信托法中为何受益人不能追索已经支付合理对价的善意第三人。

在此容易产生疑问的是,信托受益权中关于受托人受信义务强制执行权的法律定性问题。如前所述,这一权利的功能是针对受托人违反信托义务而赋予受益人的一项权利,具有对人权之特征。然而,如果我们沿袭"受益人享有信托财产利益之所有权"这一思路,那么大陆法系民法中关于孳息(fructus)所有权的理论同样可以印证本文的观点。首先受托人违反受信义务的本质乃是阻碍了受益人正常地享受到其应当享受的信托利益,这就相当于物权法中的法定孳息所有权人依据法律关系本应享有的利益因原物的占有人(或处分人)的不当行为遭到阻却,进而产生了针对法定孳息的请求权。例如,依据德国《民法典》第99条第3款有关孳息之规定,孳息包括某物产生之收益亦包括因法律关系而产生的权利(recht)。[①] 那么,既然类信托制度已经被德国《民法典》承认为法律关系的一种,依据德国法上之信托法律关系所产生的财产利益便可以归入上述条文中所谓的"权利孳息",进而德国类信托制度中的受益权及其请求权即可按照物权理论中的孳息规则进行处理。类似地,法国《民法典》在"孳息"(usufruct)一节中同样明确承认了依据法律或个人意愿而产生的孳息(第579条)。[②] 同理,当类信托制度"fiducie"被法国《民法典》承认后,关于孳息归属的规则亦应适用于法国的信托制度。当受托人违反信托文件约定进而阻碍受益人得到其信托财产之孳息(信托利益)时,受益人即可按照民法中的孳息所有权规则行使请求权,其功能与英格兰信托法上的受信义务强制履行请求权基本吻合。

生活常识同样提醒我们,所谓的"二元所有权"存在的基础并非信托财产本

---

① 该条之英译本表述为"Fruits are also the proceeds supplied by a thing or a right by virtue of a legal relationship", Accessed Nov. 12, 2017. https://www.gesetze-im-internet.de/englisch_bgb/englisch_bgb.html。

② 该条之英译本表述为"Usufruct is established by law or by a person's wish", Accessed Nov. 12, 2017. https://www.legifrance.gouv.fr/content/download/1950/13681/version/3/.../Code_22.pdf。

身。因为如果我们按照学界所默认的英国信托法“二元所有权”的表述,即受托人享有信托财产的普通法所有权且受益人享有信托财产的衡平法所有权,那么就等于我们在说“某物既是我的又不是我的”,这在现实生活中显然是无法理解的,进而必然陷入“某物到底是不是我的?”这样一个滑稽的逻辑怪圈。如果将信托财产本身和信托财产所产生之利益(孳息)的所有权分别分配给受托人和受益人,便能从现实经济生活的角度解释清楚传统信托受益权自身从内涵到外延的种种制度现象和法律本质。更重要的是,这一解释将有助于将普通法信托与大陆法民法传统进行理论对接。因为对于可期待利益的所有权以及孳息的所有权,无论是在大陆法系还是英美法系都不存在理论和实务上的障碍,学者们也不必再纠结于信托受益权的物权/债权属性之争,更不必煞费心思地在既有理论体系之外,生硬地造出一个“独立财产体”的理论怪胎,而是可以直接将英格兰信托之“二元所有权”认定为民法意义上之“所有权”,只不过我们将所有权分割的视角从“人”的角度转向了“物”的角度。

七、结　　论

对于英格兰信托之“二元所有权”本质的探讨百余年来方兴未艾,其鲜有定论的症结在于比较法学者们过分期待将英国信托制度强行嫁接于先验的民法理论体系,而没有客观考察信托制度诞生的历史背景与社会需求,亦忽略了鲜活的经济生活本身,进而使信托制度的比较法分析陷入了“死胡同”。本文试图通过追溯英格兰信托“二元所有权”结构的历史发生学基因,并从经济功能的角度将英格兰信托与大陆法系以及混合法系的类信托制度进行对比,从而将(类)信托制度的权力结构予以模型化处理。进而,本文尝试提炼出英格兰信托制度的功能优势,即(1)充分保证财产管理人(受托人)对于信托财产独立的决策权和处分权;(2)以司法救济的形式赋予信托财产孳息所有权人(受益人)灵活而全面的保护,并最终实现财富管理的高效与安全。在此基础上,本文认为,英格兰信托中受益人所享有的受益权并非针对信托财产本身的一项所有权,而是针对信托财产所产生之财产利益或孳息的排他性所有权。受益人的信托利益得以保障。

欧盟对华反倾销“类比国方法”的存废与应对

——基于《中国加入议定书》第15条部分失效的分析

胡嘉卿*

摘　要:《中国加入议定书》第15条(a)项第(ii)目是欧盟对华反倾销中适用“类比国方法”计算倾销幅度的基本法律基础。随着这一特定WTO规则于2016年12月11日后失效,该价格比较方法与中国的“市场经济地位”不再有必然的法律联系。由于欧盟当前面临的经济困境及其WTO承诺之间的矛盾,欧盟调查机关在确定倾销与否的价格比较中,大有抛弃“市场经济地位”的标签,改用“市场扭曲”为判断标准,并以“国际价格和基准”或“适宜代表国”的数据代替出口国的国内成本数据之势。对此,中国一方面可以针对2016年12月11日后正在实施的反倾销措施,以“类比国方法”对华废止为由向欧盟委员会提起期间复审要求,争取措施的终止或变更;另一方面,需大力运用WTO争端解决机制,在2016年12月12日火速诉至WTO(《欧盟—价格比较方法案》)的基础上,力争在未来的专家组或上诉机构阶段寻求“类比国方法”的彻底废止,并促成WTO争端解决机构明确欧盟“新方法”的WTO违规性。

关键词:欧盟;反倾销;类比国方法;市场经济地位

---

* 对外经济贸易大学法学院2015级国际法硕士研究生,现就职于北京市金杜律师事务所。

本文灵感来自蒲凌尘律师2013年3月至6月在对外经济贸易大学开设的贸易救济课程,感谢蒲凌尘律师启发。

Legitimation and Response of EU's "Analogy Country Method" in Antidumping Proceedings against China
—An Analysis on Partial Expiration of Article 15 of China's WTO Accession Protocol

Hu Jiaqing

Abstract:Paragraph 15(a)(ii) of the Protocol on the Accession of the People's Republic of China ("Accession Protocol") is the only legal basis for EU to use "analogy country method" ("Method") to calculate normal value in Anti-dumping proceedings against China. After December 11, 2016, European Union's ("EU") "Method" has no legally causal link with China's "market economy status recognition" ("Status"). Because of the inconsistency between EU's international commitment and its financial difficulties, EU Committee plans to replace the standard of "economy market status" with "market distortion" and to replace exporter's domestic production costs with "international prices or bases". For the effective anti-dumping measures against China after December 11, 2016, Chinese exporters could request review over such measures. Given China brought a request for consultation on December 12 to DSB, China may also borrow lessons and experience from previous cases. In the future panel or appellate body proceedings, China needs to insist that the EU's "Method" against China should be abolished and to be ready to challenge the consistency and legality of the new "method".

Key Words:EU;anti-dumping;analogy country method;market economy status

所谓"类比国方法"(analogue country method),是指欧盟反倾销调查机关(欧盟委员会)在调查出口国产品的正常价值和倾销幅度时,不采用出口国本国产品和市场的数据,而采用第三国即"类比国"的数据进行计算的方法。中国"入世"15年来,该做法给中国对外贸易造成了巨大损害。欧盟委员会之所以能在对华反倾销调查中采用"类比国方法",其国际法依据在于《中国加入议定书》第15条有关确定补贴和倾销所涉价格可比性问题的中方承诺。其中,最核心的依据是第 15 条(a)项第(ii)目的规定,①而根据第 15 条(d)项的规定,无论如何,(a)项第(ii)目应在加入之日 15 年后(2016 年 12 月 11 日后)终止。

对于以上承诺,中国业界、学界乃至公众一直以来的主流看法均是:2016 年 12 月 11 日后,随着《中国加入议定书》第 15 条(a)项第(ii)目的失效,中国将自动获得“市场经济地位”,从而使 WTO(世界贸易组织,World Trade Organization,WTO)成员在此之后的对华反倾销调查中,不得再采取诸如“类比国方法”等有悖中国国内价格或成本严格比较的方法。但是国外早有针锋相对的立场。2016 年 11 月 9 日,面对《中国加入议定书》第 15 条(a)项第(ii)目即将失效的压力,欧盟委员会向欧盟议会提交修改反倾销条例的提案,②提出要放弃“市场经济地位”的标准,以出口国是否存在“市场扭曲”为标准判断是否使用出口各国的国内价格或成本。这一“新方法”能否生效,取决于欧盟议会的进一步审议。2016 年 12 月 12 日,中国政府第一时间在 WTO 争端解决机构对欧盟涉及价格比较方法的措施正式提出磋商请求(下文简称欧盟——价格比较方法案或 DS516 案),③从而使欧盟“类比国方法”存废的问题有望在争端解决机制下得到澄清。

随着第 15 条(a)项第(ii)目的失效,中国的“市场经济地位”到底能否获得认可?“类比国方法”是存是废?欧盟委员会所提出的“新方法”是否符合国际承诺?或者该方法仅是“类比国”的歧视替代性方法?当欧盟—涉及价格比较方法案走向专家组乃至上诉机构审议阶段时,以往世界贸易组织争端解决法理能否支持中国立场?中国应如何伸张立场?本文的主要研究问题即在于此。

---

① 《中国加入议定书》第 15 条(a)项第(ii)目规定:如受调查的生产者不能明确证明生产该同类产品的产业在制造、生产和销售该产品方面具备市场经济条件,则该 WTO 进口成员可使用不依据与中国国内价格或成本进行严格比较的方法。

② See Proposal for a Regulation of the European Parliament and of the Council amending Regulation (EU) 2016/1036 on protection against dumped imports from countries not members of the European Union and Regulation (EU) 2016/1037 on protection against subsidised imports from countries not members of the European Union. Accessed Nov. 20, 2017. http://trade.ec.europa.eu/doclib/press/index.cfm?id=1573&title=Commission-proposes-changes-to-the-EUs-anti-dumping-and-anti-subsidy-legislation.

③ See European Union-Measures Related to Price Comparison Methodologies, Request for Consultations by China, WT/DS516/1.

一、"类比国方法"与"市场经济地位"

(一)欧盟"类比国方法"的法律依据

反倾销调查主要分为两个方面:一是正常价值与倾销幅度计算;二是损害调查。适用"类比国方法"主要影响的是正常价值与倾销幅度的计算。该方法是反倾销调查中的一种特殊做法而非常规,它是专门为中国这样的"非市场经济国家"设立的方法。

依照欧盟《反倾销条例》第7款(b)项的规定,"在涉及中国、越南、哈萨克斯坦以及任何在发起调查时属于WTO成员的非市场经济国家的反倾销调查中,如果一个或多个受调查方基于可证实的请求满足(c)项的标准及程序,即证明该生产商的产品在市场经济条件下制造并销售,此时正常价值依据第1款至第6款的规则确定。否则,第7款(a)项的规则将被适用"。因此,中方在欧盟反倾销调查中被适用"类比国方法"的依据为第7款(b)项、(c)项。

WTO协定中关于反倾销的一般规定中并没有"类比国方法"的相关依据,欧盟对华使用"类比国方法"的明确法律基础在于《中国加入议定书》第15条(a)项第(ii)目。(a)项第(ii)目说明,如不能证明该同类产品的产业在制造、生产和销售该产品方面具备市场经济条件,则该WTO进口成员可使用不依据与中国国内价格或成本进行严格比较的方法(以下简称"非严格比较方法")。即中国出口商一旦对"市场经济条件"举证失败,就必须承担在确定正常价值和倾销幅度的环节中被采取"非严格比较方法"的后果。

(二)WTO体制下中国市场经济地位的界定

从WTO法来看,关税及贸易总协定(General Agreement on Tariffs and Trade,GATT)第6条以及WTO《反倾销协定》对"非市场经济地位"没有做界定。但是,在WTO法律没有明确规定的情况下,《中国加入议定书》第15条(a)项却要求,受调查中方企业须证明自身具备"市场经济条件"。根据第15条(d)项中的表述,"一旦中国根据该WTO进口成员的内国法证实其是一个市场经济体",结合实践情况,"市场经济条件"具体取决于WTO成员的内国法规定。这就导致在实践中,反倾销案件的调查方可以单方面决定哪些国家属于"非市场经济国家”,牢牢掌握反倾销调查的主动权。①

可见,“市场经济地位”的国际法基础是十分薄弱的,但现实情况是,“市场经济”和“非市场经济”的存在区分被欧盟反倾销法律制度所公认。② 欧盟根据《中国加入议定书》中的相关规定,制订了针对“非市场经济国家”的“类比国方法”。虽然中国不在非市场经济国家名单中,但中国想要获得“严格比较”的机会,必须要证明其同类产品的产业具备《欧盟反倾销条例》中规定的“市场经济条件”的五项标准,即“市场经济地位”在欧盟的法律基础,并且五项标准必须全部满足才能够获得市场经济待遇。欧盟的五项标准,是带有针对性的。③ 对于中国受欧盟调查企业而言,调查机关采用“类比国方法”确定正常价值和倾销幅度成为一种常态,而适用“严格比较方法”则变成了一种特殊待遇。

(三) WTO体制下“类比国方法”与“市场经济地位”的联系

GATT第6条和WTO反倾销协定,本意在于通过征收正常价值与实际价格之间差价的反倾销税,将不公平的贸易变得公平,④不存在适用不公平方法追求公平结果的可能。若成员方可忽略《中国加入议定书》第15条,直接依据GATT第6条和WTO反倾销协定对中国适用“非严格比较方法”,第15条的规定将不具实意。因此,第15条是欧盟反倾销对华适用“类比国方法”的唯一依据。

仅从《中国加入议定书》第15条的文义来看,总结出“方法”和“地位”两者之间的关系如下。

(1)倾销的价格比较存在两种方法:①使用受调查产业的中国价格或成本进行严格比较的方法(“严格比较方法”或“标准方法”)——对应(a)项第(i)目;②不依据中国国内价格或成本进行严格比较的方法(“非严格比较方法”)——

① 参见蒋小红:《欧盟对外贸易法与中欧贸易》,中国社会科学出版社2014年版,第332页。

② 参见[英]Snyder、[中]唐青阳主编:《欧盟反倾销:制度与实务研究》,法律出版社2005年版,第113页。

③ 参见刘敬东:《“市场经济地位”之国际法辨析——〈加入议定书〉与中国“市场经济地位”》,载《国际经济法学刊》2015年第1期。转引自Francis Snyder, “The Origins of the ‘Nonmarket Economy’: Ideas, Pluralism and Power in EC Antidumping law about China”, *European Law Journal*, *Vol.* 7, December 2001, pp. 371 – 372。“同美国一样,尽管一开始并非针对中国,但欧共体以及继任者欧盟的反倾销、反补贴立法发生的多次变化,针对的主要对象就是中国,这早已成为国际贸易界的共识。”

④ 参见杨毓娅:《欧盟反倾销法中类比国规则研究——WTO法的视角》,外交学院法学院2009年硕士学位论文。

对应(a)项第(ii)目;"类比国方法"即是一种"非严格比较方法"。

(2)"市场经济条件"即中国的市场经济地位,取决于各成员方的内国法规定。

(3)"严格比较方法"的适用前提是中国受调查产业在各方面具备"市场经济条件"。

(4)无论如何,(a)项第(ii)目的规定在2016年12月11后终止,即"非严格比较方法"在2016年12月11日后的对华反倾销实践中不能够再继续使用。但各国可以根据中国的情况,提前对中国适用"严格比较方法"。

结合(1)、(4)分析,"类比国方法"作为一种"非严格比较方法",在2016年12月11日后会当然废止。废除"方法"不需要拥有"地位"。反倾销国际法律对"方法"和"地位"的关系界定在2016年前"方法"的适用与"地位"有联系,而2016年后"方法"和"地位"则不再有国际反倾销法律上的联系。

二、欧盟"类比国方法"在《中国加入议定书》第15条部分失效后的存废之争

(一)"类比国方法"的"自动废止说"与"存续说"

持"自动废止说"观点的人认为,无论中国是否被承认市场经济地位,"类比国方法"都应废止,中国政府持此种主张。中国政府两次在WTO提醒其他成员方,2016年12月11日后将不能在对华反倾销中使用"替代国"或"类比国"方法计算中国出口产品的正常价值。

认为"类比国方法"应该废止的理由有如下几点:其一,放下政治上和经济上的争论,如果仅从法律角度思考该问题就会发现,(a)项第(ii)目是允许成员方使用"类比国方法"建立正常价值的唯一条款。① 其二,第15条(d)项的第二句的开头——"无论如何"(in any event)是不能被忽视的,如果(a)项第(ii)目到期后成员方仍可继续使用"类比国方法",那么"无论如何"一词就不必要也没有意

① See Edwin Vermulst, Juhi Dion Sud, Simon J. Evenett, "Normal Value in Anti-dumping Proceedings against China Post-2016: Are Some Animals Less Equal Than Others?", 11 *Global Trade and Customs Journal*, 212-228 (2016).

义了,[1]而这也不符合条约解释的规则。[2] 其三,虽然第15条(a)项的"帽子条款"没有失效,但是"帽子条款"只是规则的概要而非规则本身(not a rule in itself),[3]以"帽子条款"没有失效来说明"类比国方法"还有存在基础是站不住脚的。其四,第15条(a)项第(i)目的内容是,"如受调查的生产者能够明确证明,生产该同类产品的产业在制造、生产和销售该产品方面具备市场经济条件,则该WTO进口成员在确定价格可比性时,应使用受调查产业的中国价格或成本"。这句话是不能反向推理的(cannot be read a contrario),[4]更何况其反向就是(a)项第(ii)目。WTO争端解决判例也说明,对规则的解释不可以反向推理。[5] 其五,WTO适用协定没有将中国置于"非市场经济地位",也没有定义何为"市场经济"或"非市场经济",[6]因此,声称此"减损"(derogation)取决于进口成员方单边决定中国是否是"市场经济",严重损害了多边贸易体系的安全性和可预测性。[7] 其六,2011年欧盟——紧固件案的上诉机构裁决说明第15条(a)项到期后,"非市场经济方法"应被取消。[8] 上诉机构没有对(a)项第(ii)目和(a)项作出区分,并明确表示(d)项规定的是特殊规则在2016年到期并在满足特定条件下可以提前到期。[9]

持该"存续说"观点的学者也有很多。各学者观点的共同点在于他们都不认

---

① See Edwin Vermulst, Juhi Dion Sud, Simon J. Evenett, "Normal Value in Anti-dumping Proceedings against China Post - 2016: Are Some Animals Less Equal Than Others?" 11 *Global Trade and Customs Journal*, 212 - 228 (2016).

② See United States-Measures Affecting the Cross-Border Supply of Gambling and Betting Services, WT/DS285/AB/R, Appellate Body Report, para. 164 (2005).

③ Ibid.

④ Ibid.

⑤ Ibid. 转引自 WTO Panel Report, Korea-Commercial Vessels。

⑥ 参见朱丁普:《欧洲联盟反倾销法上非市场经济制度本质探究》,载《中外法学》2012年第5期。

⑦ See Stepanie Noel, "*Why the European Union Must Dump SO-called 'Non-market Economy' Methodologies and Adjustments in its Anti-dumping Investigations*", 11 *Global Trade and Customs Journal*, 296, 301 (2016).

⑧ See Stepanie Noel, "*Why the European Union Must Dump SO-called 'Non-market Economy' Methodologies and Adjustments in Its Anti-dumping Investigations*", 11 *Global Trade and Customs Journal*, 296, 301 (2016). 转引自 Appellate Body Report, *European Communities-Definitive Anti-Dumping Measures on Certain Iron and Steel Fasteners from China*, WT/DA397/AB/R, para 289 (2011)。

⑨ 参见朱丁普:《欧洲联盟反倾销法上非市场经济制度本质探究》,载《中外法学》2012年第5期。

为中国“入世”15年后能自动获得市场经济地位,同时将中国是否是事实上的“市场经济国家”与“类比国方法”的使用联系在一起。① 各学者观点的区别在于,对“类比国方法”继续存续的方式的看法有所不同。有人认为,欧盟反倾销法律不需要修改,(a)项第(ii)目只是禁止了“类比国”或“替代国”方法的使用,而不是禁止了所有“非市场经济方法”;②有人认为12月11日后的使用需要程序上的举证责任倒置,③即由反倾销调查的国内申请企业来证明中国出口商不满足市场经济条件。

(二)分析:“类比国方法”终将废止

笔者支持“自动废止说”,欧盟对华反倾销调查中使用“类比国方法”计算正常价值的做法应当根据《中国加入议定书》第15条的规定在2016年12月11日废止。原因在于随着15条(a)项第(ii)目效力的终止,“类比国方法”将不再有存在依据。主张“存续”的人是因为混淆了“方法”和“地位”理论上的联系与法律上的联系,事实上,“方法”和“地位”仅存在理论上的联系。并且,主张“类比国方法”存续会面临很多法律上及程序上的困难,这就导致了“类比国方法”终将废止的命运。

1.“类比国方法”与“市场经济地位”再无法律上的联系

“类比国方法”在反倾销中的理论基础是,非市场经济国家的产品价格不是以市场为导向的,国家通过多种方式控制价格,使出口国国内价格不可信,因此,需要通过某种价格来代替国内价格,从而避免非市场经济国家的“非市场”干扰。因此,理论上“非市场经济”和“类比国方法”是密不可分的。出口国的经济体

---

① See Bernard O' Connor, "Much Ado About 'Nothing': 2016, China and Market Economy Status", 10 *Global Trade and Customs Journal*, 176, 179 (2015); Jorge Miranda, "Interpreting Paragraph 15 of China's Protocol of Accession", 9 *Global Trade and Customs Journal*, 94, 98 (2014); Jorge Miranda, "A Comment on Vermulst's Article on China in Anti-dumping proceedings after December 2016", 11 *Global Trade and Customs Journal*, 306, 308 (2016).

② See Bernard O' Connor, "Much Ado About 'Nothing': 2016, China and Market Economy Status", 10 *Global Trade and Customs Journal*, 176, 179 (2015).

③ See Jorge Miranda, "Interpreting Paragraph 15 of China's Protocol of Accession", 9 *Global Trade and Customs Journal*, 94, 98 (2014). See also Jorge Miranda, "A Comment on Vermulst's Article on China in Anti-dumping proceedings after December 2016", 11 *Global Trade and Customs Journal*, 306, 308 (2016).

制,决定着进口国反倾销中适用哪种方法计算正常价值。暂且不说该理论正确与否,“类比国方法”本身就可能导致发现一个实际上可能不存在的倾销。[①] 但这一理论从产生到发展,在欧盟反倾销法律和实践中逐渐得到巩固并深入人心。

《中国加入议定书》第15条(d)项规定说明,2016年12月11日后“非严格比较方法”当然废止。(d)项没有同时说明中国是否可以同时获得市场经济地位,但在理论上,停止适用“非严格比较方法”就意味着获得市场经济地位。《中国加入议定书》的规定割裂了2016年后“方法”与“地位”在法律上的联系,虽然不可否认两者之间存在理论上的联系,但就法律来看,“类比国方法”的存废仅取决于一个时间点,而非中国是否能成为实质上的市场经济国家。

2.“存续说”的法律解释困难

目前,持“类比国方法”“存续说”的学者均没有给出合理的法律解释,无论是关于“存续”的法律基础,还是“存续”的方式。关于“存续”的法律基础,有认为是《中国加入议定书》第15条(d)项的第1句,有认为是(a)项的剩余部分,有认为是(a)项剩余部分与(d)项的结合,有认为是GATT第6条的第2项注释,还有人认为是《反倾销协定》的第17条第6项第(ii)目。有关以上法律规定在上文均做过相应分析,没有哪一条是明确表明了“类比国方法”的存在依据。学者们在法律基础的观点上存在如此多的可能性,就说明其实以哪一段条文作为依据都十分牵强。根本原因在于持“存续说”的学者不认同或者不能接受来自“非市场经济国家”的企业在反倾销中可以适用一般的“严格比较方法”。换言之,“存续说”混淆了“方法”和“地位”理论上的联系与法律上的联系。

3.“存续说”的适用程序的困难

首先,“类比国方法”一旦存续,会导致受调查企业与调查机关间的信息不对称,损害欧盟反倾销法律的公正性与透明度。第一,在争取市场经济待遇无望的情况下,受调查的中方企业为了获得较低的倾销额度,只能从“类比国”的选择和正常价值的调整等方面入手。根据欧盟《反倾销条例》第2.7条的相关规定,在调查机关通知当事方“市场经济第三国”的选择后,当事方仅有10天的时间进行评议,包括主张类比国不适宜提出其他类比国选择。但是,中国企业很难像调查

① 参见[英]Snyder、[中]唐青阳主编:《欧盟反倾销:制度与实务研究》,法律出版社2005年版,第181页。

机关一样了解其他国家的产业情况,很难在短时间内找到与本国同类产品的产业情况类似的国家。即使中国企业在10天内提出了其他“类比国”选择方案,其他国家的相关企业是否愿意配合也无法确定。第二,在适用“类比国方法”时,中方企业难以获知类比国企业的产品、市场、税收等具体情况,也就难以提出有力的抗辩主张。

其次,“类比国方法”一旦存续,“类比国”企业就将被视为反倾销程序中的“利害关系方”(interested party),从而不愿配合。《反倾销协定》第6.11条对“利害关系方”的列举中没有提到“类比国”企业,但第6.11条也同时声明不排除各成员允许境内外其他各方被列为利害关系方。“利害关系方”应承担《反倾销协定》中规定的相关义务,如第6.1.2条的证据迅速提供义务、第6.5.1条的信息按机密信息处理时提供信息的非机密摘要义务。当“类比国”企业被视为反倾销程序中的利害关系方时,类比国企业也需要如同受调查企业一样在短期时限内填写大量调查问卷并应对调查官的实地考察。这意味着一个不相关的企业平白无故被进行了一次反倾销调查,成为这样的“利害关系方”对任何企业都是有害无利的。

三、欧盟对华反倾销制度与实践:《中国加入议定书》第15条部分失效带来的变化

虽然笔者支持“自动废止说”,但在2016年12月11日之后,欧盟“类比国方法”的前景如何,目前还是个未知数。从实践上来看,若“类比国方法”废止,欧盟首先应当排除“类比国方法”对中国适用的可能性。最简单的做法就是在现行反倾销2016/1036条例规则基础上规定,第2条第7款[包括第7款(a)项、(b)项、(c)项]不再对中国适用。[①] 这是在“应然”角度看欧盟反倾销条例应当做的修正,但实际上欧盟的做法却与此不同。

---

① 欧盟《反倾销条例》第2条规定的倾销的确定,A部分是正常价值,第1~6款是一般的正常价值确定方式,第7款是非市场经济国家的正常价值确定方式,第7款(a)项是类比国做法的一般规定,(b)项是针对属于WTO成员的非市场经济国家的正常价值确定方式,(c)项规定的市场经济条件的五项标准。

(一)政策走势:采取更为强劲的贸易保护

现如今欧盟饱受乌克兰危机、希腊债务危机、难民危机的影响,且欧盟人口老龄化问题严重,[①]这些因素导致欧盟经济复苏疲弱,贸易救济措施成为欧盟保护本土产业的重要手段。在经济压力的背景下,2016 年 10 月 20 日欧盟委员会发布消息称要采取“强劲的贸易政策”(robust trade policy)。欧盟委员会表示贸易对经济增长、就业与竞争十分重要,然而,欧盟并不幼稚。自由贸易必须公平,而他国的不公平贸易对欧盟造成极大损害。[②] 可以看出,欧盟委员会对目前欧盟的贸易保护状况并不满意,为了保护欧盟产业和就业,未来欧盟会采取更加强劲的贸易保护手段。

为了达到政策目标,欧盟委员会提出两项内容:一是修正反倾销条例,改变对华反倾销正常价值的计算方法;二是在特殊情况下,不再使用“低税原则”(lesser duty rule)。[③] 欧盟委员会认为,相比美国对同类商品施加的反倾销税幅度,欧盟的税率过低,不利于保护本国产业。[④] 欧盟委员会目前也在号召成员支持上述两项提案。[⑤]

(二)法律变化:欧盟反倾销条例的修正

在上述贸易政策的背景下,2016 年 11 月 9 日,欧盟委员会向欧盟议会提交修正反倾销条例的提案(以下简称修正案提案),该提案中提出一种新的倾销计算方法,新方法主要针对来自“显著市场扭曲”(significant market distortions)或

---

① 参见李罡:《欧盟经济现状、增长潜质与面临挑战》,载《人民论坛》2015 年总第 498 期。

② See European Council 20 – 21 October 2016: Towards a robust trade policy for the EU in the interest of jobs and growth, (2016 November 22), Accessed Nov. 2, 2017. http://ec. europa. eu/priorities/publications/european-council – 20 – 21 – october – 2016 – towards-robust-trade-policy-eu_en.

③ 低税原则,欧盟反倾销实践中的一种做法。在做出反倾销措施时,欧盟委员会须证实倾销地存在、损害存在且倾销和损害间存在因果关系。反倾销税则根据倾销幅度或移除损害幅度两者中低的一项做出。

④ See European Council 20 – 21 October 2016: Towards a robust trade policy for the EU in the interest of jobs and growth, (2016 November 22), Accessed Nov. 2, 2017. http://ec. europa. eu/priorities/publications/european-council – 20 – 21 – october – 2016 – towards-robust-trade-policy-eu_en.

⑤ See Commission urges Member States to support proposals to strengthen European defences against unfair trade, (2016 November 24), Accessed Nov. 2, 2017. http://trade. ec. europa. eu/doclib/press/index. cfm? id = 1564.

国家对经济存在普遍影响(pervasive influence)的国家的产品。[①] 修正案提案还需欧盟议会审议通过后才能正式生效。

1.所谓"新方法"和"市场扭曲"

欧盟委员会认为,WTO成员的情况和实践中的经验使正常价值和倾销幅度的计算方法应得到修改,尤其是对于目前适用第2条第7款(b)项、(c)项的国家[②](其中包括中国)。

修正案提案当中将正常价值的计算方法分为两大类:WTO成员的正常价值计算和非WTO成员的正常价值计算。对于非WTO成员且列于非市场经济国家名单[③]中国家的正常价值计算,原"类比国方法"得到保留,去掉市场经济五项标准;对于WTO成员的正常价值计算则进一步分成两类:(1)通过同类产品的国内价格或构造正常值计算;(2)对于存在市场扭曲的国家,则使用新增加的条款6a计算正常价值——基于能够反映扭曲价格的生产或销售成本为基础进行构造。为达到此目的,使用的信息来源包括未扭曲的国际价格、成本、基准或与出口国经济发展水平类似的"适宜代表国"(appropriate representative country)的相应生产销售成本。同时,基于透明度和效率的考虑,欧盟委员会拟发布公开报告以描述任何国家或产业的市场具体情况。欧盟产业则可以在申请反倾销调查或复审调查时,依据该报告证明出口国的国内价格或成本不适宜用于确定正常价值。[④]该报告作为调查文件的一部分可以供所有利害关系方查阅并评论。

2."新方法"实为"类比国方法"的变相延续

可以看出,修正案提案对于欧盟反倾销条例的最大贡献,在于彻底放弃"市场经济条件"的相关标准和概念,但与现行条例相对比,"市场扭曲"是一个更加针对中国的标准,且"新方法"也不是什么创新。

在出口国适用的正常价值计算方法选择问题上,现行欧盟反倾销法律将出

---

① See Commission urges Member States to support proposals to strengthen European defences against unfair trade, (2016 November 24), Accessed Nov. 2, 2017. http://trade. ec. europa. eu/doclib/press/index. cfm? id = 1564.

② Ibid.

③ Annex I of Regulation(EU)2015/755 of 29 April 2015.

④ See Cecilia Malmstrom, Hard nut to crack-between openness and trade defence, 9 November 2016 Blog Post(2016 November 21). Accessed Nov. 2, 2017. https://ec. europa. eu/commission/2014 – 2019/malmstrom/blog/hard-nut-crack-between-openness-and-trade-defence_en.

口国分为3类,即市场经济国家、作为WTO成员的非市场经济国家、非WTO成员的非市场经济国家(图1中分别简称ME、WTO NME、NWTO NME),市场经济国家适用欧盟反倾销条例的第2条第1~6款进行正常价值的计算,非WTO成员的非市场经济国家适用第2条第7款(a)项的“类比国方法”进行计算,对于中国、越南、哈萨克斯坦等国被分类为作为WTO成员的非市场经济国家,确定适用基础前,调查机关首先要做一个决策,即出口国是否满足第2条第7款(c)项规定的“市场经济条件”,满足则使用第1~6款,不满足则适用“类比国方法”;而修正案提案在此问题上将出口国分为两类,WTO成员方与非WTO成员方及列于欧盟2015/755条例附录1① 的成员(图1中分别简称WTO、NWTO + Annex I)。后者同现行条例一样,适用“类比国方法”,而WTO成员方在如何适用正常价值计算方法上,调查机关同样需要做出决策,出口国市场是否存在“显著扭曲”的情况,存在“显著扭曲”则适用第6款a项规定的新方法,不存在“显著扭曲”则适用第1~6款一般规定。

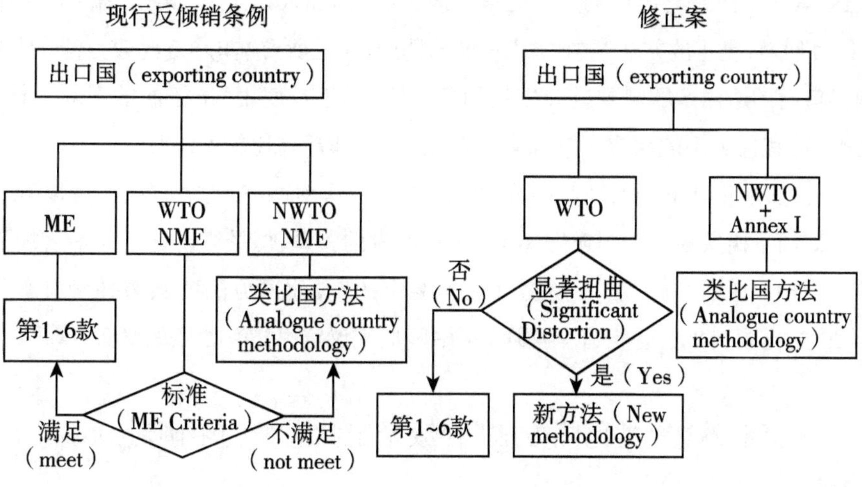

图1

根据修正案提案第6条a款b项规定,“显著扭曲”的判断取决于以下因素:“该市场上存在大量企业由出口国以所有权的方式运营或控制,或者由出口国有

① 欧洲《议会和理事会条例》(EU)2015/755,关于某些第三国家进口的共同规则,其适用范围为其附录一中所列国家,共有6个:阿塞拜疆、白俄罗斯、哈萨克斯坦、朝鲜、土库曼斯坦、乌兹别克斯坦,亚美尼亚、俄罗斯、塔吉克斯坦、越南也在此名单中,后因加入WTO而删除。

关部门进行政策监督和指导;国家以公司的形式表现,允许国家干预价格或成本;公共政策或措施偏向国内提供商或对自由市场驱动力产生影响;金融机构通过资金扶持方式实施公共政策目标。”

现行条例中的“市场经济五项标准”,更加注重企业在财务和生产运营方面的独立性,“显著扭曲”标准关注的是企业背后的股东、国有资本的性质、金融机构的独立性等。而混合所有制经济是我国全面深化改革的一项重要举措,国有资产管理体制、国资监管、国有资本授权经营体制以及国有资本运营公司等内容均是我国基本经济制度的一部分。① 这些内容是我国在经济发展中逐渐摸索出的适合国情的发展道路,可以说是中国对国家经济治理上做出的重大创新,在一定程度上是我国独有的经济制度。正因为其独特,所以成为欧盟反倾销易于瞄准的靶子。

再看所谓“新方法”,其使用的计算正常价值的数据来自“未扭曲的国际价格、成本、基准”或“与出口国经济发展水平类似的‘适宜代表国’(appropriate representative country)的相应生产销售成本”。适宜代表国只是类比国的另一种表达,其实质还是与出口国无关的第三国。《中国加入议定书》第15条(a)项第(ii)目到期,废止的并非“类比国”一词的适用,而是所有“非严格比较方法”对中国出口商的适用。欧盟委员会指定的新方法,无论是使用“未扭曲的国际价格”还是“适宜代表国的相应产销成本”,都是一种“非严格比较方法”。

总之,从目前欧盟的现实困境、贸易政策、立法动态三个方面分析,可以看出欧盟试图平衡贸易保护与遵守WTO承诺两者的关系,但最终还是会大幅度加强贸易保护。所谓“新方法”只是换了一个名字的“类比国方法”,欧盟并没有实质取消“类比国”做法,也没有全面履行《中国加入议定书》第15条的义务。

四、欧盟“类比国方法”存废未定状态下的中国对策

笔者认为,欧盟提出的所谓“新方法”,只是“类比国方法”去掉“市场经济地位”理论的另一种形态。即使“新方法”生效后,中国依旧可以挑战新方法的WTO合规性,以最终排除其适用。在欧盟未来的对华反倾销活动中,只有欧盟调查机关严格依据反倾销协定所规定的正常价值计算方法来计算中国同类产品的正常价

① 参见《中共中央关于全面深化改革若干重大问题的决定》之“坚持和完善基本经济制度”。

值,才能算是"类比国方法"的彻底废除。因此,在"类比国方法"彻底废除前的这段时间,对中国而言是一个特殊时段,中国需要考虑特别的应对策略。

(一)利用欧盟反倾销制度:提起期间复审

欧盟《反倾销条例》修正案提案规定,只有"新方法"生效后发起的反倾销调查(包括初查和复审)适用"新方法",而且在解释性备忘录特别说明,新方法的生效不是提起期间复审的理由,①这似乎刻意延长了适用"类比国方法"所得出的倾销幅度和以之为基础之一得出的反倾销税的征收时间。当然,《中国加入议定书》只是废止了"类比国方法"在对华反倾销价格可比性问题上的适用,并没有一并废止适用"类比国方法"已经产生的法律后果。但这样,中国生产商就没有把握去要求对2016年12月11日时正在生效的反倾销措施发起复审,但笔者认为,中国生产商依然可以以此为由要求复审。

首先,欧盟委员会并没有把该规则写入修正案提案的文本中,而只是在解释性备忘录中加以说明,因此中国生产商没有义务受此约束。其次,解释性备忘录中提出只有出口商的事实情况(factual circumstances of the exporters concerned)变化是提起复审的理由,但其《反倾销条例》第11条第3款规定,出口商只要有充分证据(sufficient evidence)证明反倾销措施没有必要继续实施或需要更改,就可以提出复审要求,充分证据显然不限于事实变化的证据,"事实变化"只是调查机关应当考虑的一部分因素。因此,中国生产商只要有证据能够充分证明"类比国"方法对华废止需要修改反倾销措施就可以提出期间复审。

其次,欧盟《反倾销条例》第11条第9项②虽然规定在所有复审中,应当使用同样的方法计算倾销和反倾销税,但在情况变化时可以不遵守此项规定。因此,中方应努力证明"类比国方法"对华废止是一种情况变化。

最后,依照《WTO反倾销协定》第11.1条的规定,反倾销税应在抵消造成损

① See Proposal for a Regulation of the European Parliament and of the Council amending Regulation (EU)2016/1036 on protection against dumped imports from countries not members of the European Union and Regulation(EU)2016/1037 on protection against subsidise imports from countries not members of the European Union, *Explanatory Memorandum.*

② 欧盟《反倾销条例》第11条第9款规定:在根据本条实施的所有复审或偿还(refund)调查中,只要情况没有变化,欧盟委员会应当使用初查同样的方法,尤其是第2条之第11款、第12款和第17条部分。

害的倾销所必需的时间和限度内实施。据欧盟委员会此前的分析,对华反倾销是否适用“类比国”方法与否会造成30%的倾销幅度差距。[①] 30%这一比例,意味着在相当数量的欧盟对华反倾销案件中,若按照“严格方法”计算倾销幅度,中国生产商很可能并不存在倾销。须知反倾销措施的实施必须满足三个条件,即倾销、损害以及两者间的因果关系。如果“类比国”方法的废止使某中国生产商不存在倾销,则欧盟继续实施反倾销措施就是不符合WTO反倾销协定的做法。

(二)利用WTO争端解决机制:《欧盟—价格比较方法案》

2016年12月11日前,中国多次向欧盟发出警示,称继续适用“类比国方法”将会引发WTO贸易争端。随着2016年12月12日的来临,中国即刻在WTO争端解决机制下对欧盟涉及价格比较方法的措施提起了磋商请求。[②] 截至2017年2月1日,越南、加拿大、澳大利亚、日本、俄罗斯、美国、墨西哥7国申请加入磋商,欧盟尚未正式回应。这意味着欧盟“类比国方法”的存废之争,可望由WTO专家组乃至上诉机构澄清解决,最终有所了断。

目前DS516案尚在磋商阶段,中国在磋商请求中明确要求欧盟现行2016/1036反倾销基本条例第2(7)条对华废止,并明确本次磋商包含对争议措施任何未来的调整、修改内容。[③] 表明中国在本案中的诉求不仅针对现行反倾销条例中的“类比国方法”,也包含欧盟委员会对《反倾销条例》修正案提案中所涉及的“新方法”。因此,中国在WTO争端解决机构平台对存废未定的欧盟“类比国方法”的应对主要分为两大方面:一是要求现行“类比国方法”废止;二是要求任何变相“类比国方法”不能对华实施。

1. 力争废止“类比国方法”:借鉴“欧盟—紧固件案”

中国与欧盟的紧固件贸易争端旷日持久,2007年欧盟对源自中国的钢铁紧固件发起反倾销调查,终裁于2009年1月作出,中国同年10月要求成立专家组,

---

① See Commission Staff Working Document, Impact Assessment, Possible change in the calculation methodology of dumping regarding the People's Republic of China (and other non-market economies), 2016 November 25, p. 25.

② See European Union-Measures Related to Price Comparison Methodologies, Request for Consultations by China, WT/DS516/1.

③ See European Union-Measures Related to Price Comparison Methodologies, Request for Consultations by China.

在经历了专家组、上诉机构两轮审理后,2011 年上诉机构发布报告。2012 年欧盟对紧固件发起复审调查,确认了初次调查中的倾销并降低倾销税率。中国认为欧盟的第二次措施还是不符合 WTO 反倾销条例的诸多条款和 GATT,因此再次要求成立专家组,又经历了两轮审理后,2016 年 1 月 18 日上诉机构报告再次裁定欧盟违反相关规定。①

在 2011 年的上诉机构报告中,WTO 上诉机构对《中国加入议定书》第 15 条进行了解读。② 上诉机构认为,《中国加入议定书》第 15 条(a)项规定的对华反倾销中正常价值计算的特殊规则(special rules),第 15 条(d)项规定这些特殊规则会在 2016 年终止,并且规定在满足某些条件下特殊规则可以在 2016 年之前终止。③ 虽然在报告中上诉机构仅是对第 15 条进行简略分析,没有根据条约解释规则详细阐明,但上诉机构的观点已经表达的足够明确,即上诉机构的观点与“自动废止说”学者观点一致。《中国加入议定书》第 15 条是特殊规则,而非将歧视规则合法化、常态化的规则,并且该特殊规则会在 2016 年终止。中国在 516 案的磋商以及专家组审议过程中,应当充分强调 2011 年“欧盟—紧固件案”上诉机构报告体现的立场、观点。

2. 力争确认“新方法”的 WTO 违规性:借鉴“欧盟—生物柴油案”

2016 年 10 月 6 日,DSB(Dispute Settlement Body, DSB)发布了欧盟—生物柴油案(阿根廷)的上诉机构报告。该案中阿根廷提出,欧盟对源自阿根廷的生物柴油进行反倾销调查中的一些做法不符合 WTO 反倾销协定。笔者认为,欧盟委员会在此次反倾销调查的一些做法可以看作对“新方法”的一次试验。因此,从本案的上诉机构报告中,可以一窥上诉机构对于“新方法”WTO 合规性的态度。

2012 年 8 月 29 日欧盟调查机关对来自阿根廷的生物柴油发起反倾销调查,

---

① See European Union-Measures Related to Price Comparison Methodologies, Request for Consultations by China. paras. 1.1 – 1.8.

② See European Communities-Definitive Anti-Dumping Measures on Certain Iron or Steel Fasteners from China, WT/DS397/AB/R, Appellate Body report, paras. 283 – 291(2011).

③ See European Communities-Definitive Anti-Dumping Measures on Certain Iron or Steel Fasteners from China, WT/DS397/AB/R, Appellate Body report, para. 289(2011). “In other words, paragraph 15(a) 289. contains special rules for the determination of normal value in anti-dumping investigations involving China. Paragraph 15(d) in turn establishes that these special rules will expire in 2016 and sets out certain conditions that may lead to the early termination of these special rules before 2016”.

2013年5月发布初裁结果,2013年11月发布终裁结果。[①] 在阿根廷,用于生产生物柴油的主要原材料是大豆,因此,毫无疑问原材料(大豆)的成本是生产生物柴油的成本的最大组成部分。[②] 欧盟调查机关发现阿根廷的生物柴油市场受到国家规制的很大影响,考虑到此情况,生物柴油的国内价格不是在一般贸易过程中形成的,[③]因此,国内价格无法用于确定正常价值。欧盟调查机关没有根据阿根廷市场的供需计算大豆和大豆油的国内价格,而是用两者的国际价格减去出口费用和出口税计算。[④] 换言之,欧盟调查机关没有采用阿根廷生产商的记录去构造正常价值,实际的成本被国际价格减相应费用所替代,即"大豆的替代价格"(surrogate price for soybeans)。[⑤]

在本案中,欧盟似乎在试探"新方法"的WTO合规性,但上诉机构并不认为"新方法"符合反倾销协定。这对于未来中国在DSB挑战"新方法"的对华适用是一个积极信号。

首先,上诉机构认为,新方法不能以国内价格不合理为由忽视国内生产商的记录。上诉机构对"合理反映与被调查产品有关的生产成本"进行了完整的条约解释。《反倾销协定》第2.2.1.1条的第1句——"就第2款而言,成本通常应以被调查的出口商或生产者保存的记录为基础进行计算,只要此类记录符合出口国的公认会计原则并合理反映与被调查产品有关的生产成本",规定了生产成本数据的最优来源。[⑥] 换言之,在满足句中所含两个条件的情况下,成本必须以出口商或生产者保存的记录为基础计算。上诉机构指出,该短语意味着出口商或生产者保存的记录应当合理的体现受调查产品的生产和销售与成本之间的联系,即适宜并充分地(suitably and sufficiently)的体现两者有真实关系(genuine

---

① See European Communities-Definitive Anti-Dumping Measures on Certain Iron or Steel Fasteners from China, WT/DS397/AB/R, Appellate Body report, para. 5.2.

② "In other words, paragraph 15(a)289. contains special rules for the determination of normal value in anti-dumping investigations involving China. Paragraph 15(d) in turn establishes that these special rules will expire in 2016 and sets out certain conditions that may lead to the early termination of these special rules before 2016". Ibid., para. 5.3.

③ Ibid., para. 5.4.

④ Ibid., para. 5.6.

⑤ Ibid., para. 5.7.

⑥ See Appellate Body Report, *EC-Tube or Pipe Fittings*, para. 99.

relationship)。[①] 而欧盟仅以调查机构认为阿根廷大豆的国内价格因阿根廷的出口税制导致其低于国际价格为由,不足以说明生产者的记录不能真实反映生物柴油的产销和成本的关系。[②]

其次,正常价值的构建未使用申诉方的生产成本导致违规。上诉机构通过对反倾销协定第2.2条中的"原产国的生产成本"(cost of production in the country of origin)和GATT第6:1条(b)(ii)中的"生产成本……在原产国"(cost of production... in the country of origin)进行完整的条约解释,[③]认为上述两条没有将用于构造正常价值的原产国生产成本的信息或证据的来源限制于原产国内。[④] 当依赖国外信息决定"原产国的生产成本"时,调查机关必须确保根据该信息能够得到"原产国的生产成本"。[⑤] 而本案中,欧盟调查机关采用大豆的替代价格计算阿根廷的生产成本并没有得出阿根廷生物柴油生产商和出口商的大豆成本。因此,欧盟调查机关在构造正常价值时未能使用阿根廷的生产成本违反了《反倾销协定》第2.2条和GATT第6:1条(b)(ii)。[⑥]

在欧盟《反倾销条例》修正案提案通过并生效后,欧盟委员会若对华实施反倾销,很有可能认定中国国内产品的市场价值不可信而采取构造正常值的办法。《反倾销协定》第2.2条要求,应根据"原产国的生产成本"加合理金额的管理、销售和一半费用及利润来构造正常值,第2.2.1.1条要求成本通常应以被调查的出口商或生产者保存的记录计算。而根据欧盟委员会修正案提案第6a项的规定,存在显著扭曲的出口国,正常价值应基于反映未扭曲的价格的产销成本进行构造,未扭曲的价格包含"国际价格"和"适宜代表国"价格。这就代表修正案提案中的新方法,以"市场扭曲"为由直接忽视了生产商的记录,而这并不能证明生产商的记录不能体现产销与成本的真实联系,根据上诉机构对第2.2.1.1条的分析,"新方法"不符合反倾销协定的可能性很大。

---

① See Appellate Body Report, *EC-Tube or Pipe Fittings*, para. 6.56.

② Ibid., para. 6.56.

③ Ibid., paras. 6.64 - 6.75.

④ Ibid., para. 6.82.

⑤ Ibid., para. 6.82.

⑥ Ibid., para. 6.83.

• 实务论坛

《网络安全法》体系下的数据跨境传输监管框架研究

傅　鹏*

摘　要:数据的跨境传输是关系国家网络安全的重要领域。近年来,随着国家对数据安全的重视程度不断加深,规制跨境数据传输的法律法规相继出台。以《网络安全法》《个人信息和重要数据出境安全评估办法(征求意见稿)》等法律法规为基石,我国跨境数据流动的全局监管框架已经初现端倪。上述规定,逐步实现了跨境数据流动监管中管制主体的延伸、管制规则的细化以及数据出境评估模式的制度化。面对这一趋势,有重要跨境数据传输需求的企业应密切关注监管动态,对日常经营进行必要调整,并积极建立自身的数据出境安全评估机制。

关键词:跨境数据传输;全局监管;关键基础设施;双层评估制度

A Brief Introduction to the Cross-border Transmission Regulation Framework of Data under the Network Security Law System

Fu Peng

Abstract: Cross-border transmission of data is an important area of national cybersecurity. In recent years, with the country's increasing emphasis on data security, regulation of cross-border data transmission laws and regulations have been introduced. The global regulatory framework for the flow of cross-border data flows in China is beginning to take shape with the laws and regulations such as the Internet

* 海问律师事务所律师。

Security Law of the People's Republic of China, the Measures for the Assessment of the Entry Statistics of Personal Information and Important Data Exit (Draft for Soliciting Opinions). The above provisions have gradually realized the extension of the control subject in the cross-border data flow supervision, the refinement of the regulatory rules and the institutionalization of the data exit assessment model. Faced with this trend, there are important cross-border data transmission needs of enterprises should pay close attention to regulatory dynamics, the daily operation of the necessary adjustments, and actively establish their own data outbound security assessment mechanism.

Key Words: cross-border data transmission; global regulation; key infrastructure; double assessment system

一、前　　言

近年以来,随着中国对网络安全、数据安全和个人信息保护领域规则规范的不断重视,立法机构及有关政府主管部门出台了一系列与该等领域相关的法律或监管规则。其中,数据的跨境传输,经常被理解为属于关系到国家网络安全、数据安全最重要和敏感的领域之一。与此同时,大量企业(特别是在中国设有机构的跨国企业)长久以来存在数据跨境传输需求,格外关注这一领域的立法和监管动态。

中国的数据跨境监管立法,总体而言可以被分为"局部监管"和"全局监管"两个维度。"局部监管"这个维度侧重于对某些特定行业、特定领域、特定业务的数据跨境传输进行局部性质的监管,要求将该等特定行业、领域、业务涉及的数据资源和信息技术(Information Technology, IT)资源(如服务器、存储设备、处理利用活动等)部署在中国境内,并同时限制有关的数据跨境传输(一般而言,对数据资源和IT资源进行本地部署的相关要求与数据跨境传输管理具有高度相关性,所以本文不另行单独区分)。而"全局监管"这个维度侧重于就全体网络运营者涉及的数据跨境传输行为确立一般性、全局性的管理规则。

2016年11月颁布的《中华人民共和国网络安全法》和2017年4月11日刚刚发布征求意见的《个人信息和重要数据出境安全评估办法(征求意见稿)》[以

下简称《数据出境评估办法(征求意见稿)》]以及早先在2013年发布的《信息安全技术公共及商用服务信息系统个人信息保护指南》(以下简称《个人信息保护指南》)等文件构成了数据跨境传输"全局监管"维度的重要代表和基石规则。本文主要通过分析《网络安全法》和《数据出境评估办法(征求意见稿)》的相关规则,梳理"全局监管"维度下的数据跨境传输管理的核心框架和重点、难点,以期对《网络安全法》体系下的全局数据跨境传输监管框架进行简要综述。值得注意的是,上述《网络安全法》序列下的"全局监管"维度相关规则建立时间短,主要的实施细则之一《数据出境评估办法(征求意见稿)》也仍然处于征求意见阶段,所以该领域的具体企业行为指引还有赖于主管机关在规则制定层面或实务操作层面给予进一步的细化规则或指导。但是,通过上述已经正式颁布或征求意见的规定,在"全局监管"维度的相关规则下的总体监管思路已经初现端倪。

与上述相对应,在过去的几年中,有关监管机构发布的一系列行业和业务导向的监管规则,构成了"局部监管"维度的代表,包括但不限于《征信业管理条例》《中国人民银行关于银行业金融机构做好个人金融信息保护工作的通知》《金融消费者权益保护实施办法》《网络预约出租汽车经营服务管理暂行办法》《网络出版服务管理规定》《地图管理条例》《人口健康信息管理办法(试行)》《保险公司开业验收指引》等规范性文件,以及《互联网域名管理办法(修订征求意见稿)》《关于规范云服务市场经营行为的通知(公开征求意见稿)》等征求意见阶段的规范当中包含的相应规定。由于上述"局部监管"维度的监管思路和模式与"全局监管"维度有所不同,而本文主要旨在就"全局监管"模式进行分析,所以本文不具体分析"局部监管"维度的相关规范细节,而有待择机另行讨论。

另外,以《中华人民共和国保守国家秘密法》为代表的国家秘密相关规则也涉及对信息跨境传输的控制,但由于上述系列规则的思路与一般业务监管和网络运营管理意义上的数据跨境监管有所区别,所以本文不做引用或分析。

二、《网络安全法》的数据跨境传输监管框架

(一)《个人信息保护指南》眼中的数据跨境流动监管

2013年《个人信息保护指南》首次明确在"个人信息保护"部分明确提出,未经个人信息主体的明示同意,或法律法规明确规定,或未经主管部门同意,个人

信息管理者不得将个人信息转移给境外个人信息获得者,包括位于境外的个人或境外注册的组织和机构。

不过,毕竟由于《个人信息保护指南》只是行业规范,并不是法律或其他具有强制执行力的规范性文件,所以上述规定更多地被理解为政策鼓励和倡导的方向,有关的违反行为并不直接对应强制性罚则。

(二)《网络安全法》对数据跨境传输的管理要求

1.《网络安全法》的基本规则

2016年11月《网络安全法》的横空出世引起了广泛热烈的讨论。作为网络安全领域的"基本法",《网络安全法》特别使用大量篇幅对"关键信息基础设施"进行了规定,对"关键信息基础设施运营者"提出了一系列要求。其中,特别引人关注的是对关键信息基础设施运营者收集的数据信息的跨境传输奠定了"本地部署+传输评估"的基本管理模式。

具体而言,《网络安全法》第37条规定,关键信息基础设施的运营者在中华人民共和国境内运营中收集和产生的个人信息和重要数据应当在境内存储。因业务需要,确需向境外提供的,应当按照国家网信部门会同国务院有关部门制定的办法进行安全评估;法律、行政法规另有规定的,依照其规定。上述条文对自身有一个最重要的限制,就是"本地部署+传输评估"这一限制的对象应当是关键信息基础设施的运营者。

2."关键信息基础设施"及其运营者

(1)《网络安全法》的界定

"关键信息基础设施"是《网络安全法》颁布以来讨论最多、不确定性最大的制度之一。《网络安全法》对"关键信息基础设施"赋予了开放性定义,即指"对公共通信和信息服务、能源、交通、水利、金融、公共服务、电子政务等重要行业和领域,以及其他一旦遭到破坏、丧失功能或者数据泄露,可能严重危害国家安全、国计民生、公共利益的关键信息基础设施"。

(2)《国家网络空间安全战略》的界定

此后,2016年12月由国家互联网信息办公室(以下简称网信办)发布的《国家网络空间安全战略》(以下简称《安全战略》)进一步将关键信息基础设施释明为"是指关系国家安全、国计民生,一旦数据泄露、遭到破坏或者丧失功能可能严重危害国家安全、公共利益的信息设施，包括但不限于提供公共通信、广播电视传输等服务的基础信息网络，能源、金融、交通、教育、科研、水利、工业制造、医疗卫生、社会保障、公用事业等领域和国家机关的重要信息系统，重要互联网应用系统等”。

《安全战略》与《网络安全法》相比，在含义描述的顺序上相对更加清晰和容易理解。《网络安全法》在描述上采用了先列举行业领域，后进行“一旦遭到破坏、丧失功能或者数据泄露，可能严重危害国家安全、国计民生、公共利益”性质描述的界定方式，使得一段时间以来有一种理解认为在列举的“公共通信和信息服务、能源、交通、水利、金融、公共服务、电子政务等重要行业和领域”信息基础设施可能都属于“关键信息基础设施”。相比之下，《安全战略》采用先界定性质、后进行不穷尽列举的方式，并明确了在列举的行业领域，评定为关键信息基础设施的基础设施也是需要符合条件的“基础信息网络”“重要信息系统”或者“重要互联网应用系统”，从而确认了在认定“关键信息基础设施”这一问题时，应当以“基础设施”作为认定基准单位，而非以行业或者运营主体作为认定基准单位。

(3)《国家网络安全检查操作指南》的界定

除上述文件明确界定的含义外，通过互联网等公开渠道，可以在若干地方政府网站检索到标有“2016 年 6 月”由“中央网络安全和信息化领导小组办公室”发布的《国家网络安全检查操作指南》(以下简称《安全检查操作指南》)。《安全检查操作指南》对“关键信息基础设施”进行了非常明确的界定和列举。

首先，该指南规定“关键信息基础设施是指面向公众提供网络信息服务或支撑能源、通信、金融、交通、公用事业等重要行业运行的信息系统或工业控制系统，且这些系统一旦发生网络安全事故，会影响重要行业正常运行，对国家政治、经济、科技、社会、文化、国防、环境以及人民生命财产造成严重损失”。从这一概念来看，其规定的设施重要程度(包括事故出现时造成的危害程度)的有关要求是略低于《网络安全法》和《安全战略》的要求的。

其次，《安全检查操作指南》明确列举，关键信息基础设施包括网站类，如党政机关网站、企事业单位网站、新闻网站等；平台类，如即时通信、网上购物、网上支付、搜索引擎、电子邮件、论坛、地图、音视频等网络服务平台；生产业务类，如办公和业务系统、工业控制系统、大型数据中心、云计算平台、电视转播系统等。

此外,《安全检查操作指南》非常详尽地列举了认定“关键信息基础设施”所参考的业务或影响指标。

上述标准的范围,总体来说可能比严格依据《网络安全法》和《安全战略》的定义所能界定的范围来得更加宽泛。同时,由于《安全检查操作指南》的成文时间早于《网络安全法》的颁布时间,所以《安全检查操作指南》在时间顺序上不会是《网络安全法》就“关键信息基础设施”这一制度的实施细则。但是,作为在法律颁布前明确就全国范围内的同一事项进行检查的统一指导性文件,其可能在主管机关就关键信息基础设施起草实施细则条例的过程中,提供所需的甚至是重要的参考。

(4)关于“关键信息基础设施”的小结

从以上分析可以看出,《网络安全法》和《安全战略》为“关键信息基础设施”提供了开放性的,宽泛的定义。通过公开渠道检索的《安全检查操作指南》虽然对“关键信息基础设施”进行了非常详尽的界定,但是鉴于其发布时间、发布背景等原因,所以也可能不会被镜像复制到关键信息基础设施制度最终的实施细则当中。值得注意的是,国务院办公厅《关于印发国务院2016年立法工作计划的通知》(国办发〔2016〕16号)已经明确列明由网信办起草《关键信息基础设施安全保护条例》。业界期待该条例对关键信息基础设施的定义、范围、规则适用、运营者义务等一系列问题提供明确、系统的规定。

3.《网络安全法》对数据跨境传输管制主体的自我限制

不论“关键信息基础设施”概念最终会落脚在怎样的范围之内,明确的是,关键信息基础设施有其自身的评估标准,一定不是任何网络设施都可以被认定为关键信息基础设施;或者说,一定是具有很高重要性、满足上述定义描述情况的设施,才是关键信息基础设施。

《网络安全法》上述对关键信息基础设施运营者,在中国境内收集的个人信息和重要数据所奠定的“本地部署+传输评估”规则,首次在国家法律层面确立了“全局监管”维度的数据信息跨境传输规范。

三、《数据出境评估办法(征求意见稿)》的细则规定和监管路径

《数据出境评估办法(征求意见稿)》通过总共18条的规定,对《网络安全

法》提出的数据跨境传输监管模式下的传输管制主体、数据出境要求、出境评估模式等重要问题进行了详细规定,也留下一些有待进一步细化或者在实践中予以明确的事项。虽然还在征求意见阶段,但是该征求意见稿反映了当前监管部门在全局性的数据跨境传输领域的主要理解和监管倾向。

(一)管制主体的全面延伸:不加“关键信息基础设施”前缀的“网络运营者”及其他个人和组织

《数据出境评估办法(征求意见稿)》第 2 条规定,对于网络运营者在中华人民共和国境内运营中收集和产生的个人信息和重要数据,应当在境内存储。因业务需要,确需向境外提供的,应当按照该办法进行安全评估。

上述规定和《网络安全法》第 37 条关于跨境传输主体的规定有一个显著不同,就是《网络安全法》呈现的被规制主体自带限制,即“关键信息基础设施的运营者”进行数据部署和传输,受有关条文约束。《数据出境评估办法(征求意见稿)》并没有上述限制,而是将管制对象界定为“网络运营者”。

《网络安全法》和《数据出境评估办法(征求意见稿)》项下的“网络运营者”概念比较宽泛,系指“网络的所有者、管理者和网络服务提供者”。其中使用的“网络”概念,在《网络安全法》框架下也较为宽泛,系指“由计算机或者其他信息终端及相关设备组成的按照一定的规则和程序对信息进行收集、存储、传输、交换、处理的系统”。上述两个宽泛的概念做文意解读可以指向较为宽泛的对象。

例如,“网络运营者”这一概念字面上没有区分互联网、公用通信网、局域网或其他性质的网络。所以其潜在涵盖对象并不限于涉及互联网的相关主体,也包括涉及公用通信网、局域网及其他性质的网络的主体。

再如,“网络运营者”包括了网络的所有者、管理者和网络服务提供者。尤其是其中的网络服务提供者,并没有如《互联网信息服务管理办法》等互联网或增值电信服务相关管理规范一样明确区分所提供服务,是“经营性”还是“非经营性”。所以,“网络运营者”也可能包括了广泛的“企业自用”网络以及“公共服务”网络的运营者。

因此,《数据出境评估办法(征求意见稿)》规定的管制对象,由于在条文文字层面并不自然带有“关键信息基础设施”这一前提限制,所以就规定本身而言,可以被解读为面向广泛的“网络运营者”,比《网络安全法》规定的管制对象要宽泛。在没有进一步实践执法案例予以释明的情况下,上述“网络运营者”可能涵盖对数据跨境传输存在大量需求的跨国公司在中国设立的主体和机构。

更进一步的是,《数据出境评估办法(征求意见稿)》第16条规定,“其他个人和组织”在中华人民共和国境内收集和产生的个人信息和重要数据出境的安全评估工作参照本办法执行。这一规定潜在地将《数据出境评估办法(征求意见稿)》的触角进一步延伸,即在“网络运营者”这一管理对象框架以外,进一步将有关规范义务的对象扩展到“其他个人和组织”。但是,其中对于“参照本办法执行”的具体要求以及不执行的情况下的违法后果没有进一步规定,有待法规文本进一步澄清或者在实践案例中进一步明晰。

(二)管制规则的细化

《数据出境评估办法(征求意见稿)》在个人信息和重要数据“确需出境、应当评估”这一“评估原则”的方向上,同时遵循《网络安全法》关于个人信息保护的立法逻辑,确立了个人信息出境同样适用“知情同意”原则,也明确地规定了有关个人信息或者数据不能出境的禁止情况。

1.个人信息出境的“知情同意”原则

《网络安全法》规定了个人信息收集、使用和保护的若干基本原则,其中之一是“知情同意”原则,即网络运营者收集、使用个人信息,应当公开收集、使用规则,明示收集、使用信息的目的、方式和范围,并经被收集者同意。

《数据出境评估办法(征求意见稿)》基于上述原则,在个人信息出境的情境下进行了适用细化,规定个人信息出境,应向个人信息主体说明数据出境的目的、范围、内容、接收方及接收方所在的国家或地区,并经其同意;并且,同时规定,未成年人个人信息出境须经其监护人同意。

2.跨境传输的禁止情况

在适用“确需出境、应当评估”这一“评估原则”的基础上,《数据出境评估办法(征求意见稿)》第11条规定了三种禁止数据出境的情形。

(1)个人信息出境未经个人信息主体同意,或可能侵害个人利益

本条限制在概念上,与个人信息收集和使用的“知情同意”原则相一致。但是,其规定在“或可能侵害个人利益”的情况下,也禁止信息出境,在实践适用中可能给参与主体带来一定的不确定性。例如,不同主体对如何具体界定“可能侵

害”的程度的理解可能就不尽一致。

(2)数据出境给国家政治、经济、科技、国防等安全带来风险,可能影响国家安全,损害社会公共利益

本条限制的政策倾向和逻辑结论都在情理中,但是可能需要依靠更多的监管意见和执行先例来提供更丰富和更有信息量的参考,以便参与主体更好地划定“给国家政治、经济、科技、国防等安全带来风险”或者“可能影响国家安全、损害社会公共利益”等上位概念或宏观规则的界限。

(3)其他经国家网信部门、公安部门、安全部门等有关部门认定不能出境的

本条限制是比较惯常的兜底条款,即有关部门另行认定的不能出境的信息,禁止出境。

(三)评估规则的制度化:“自我评估+外部评估”双层评估模式

《数据出境评估办法(征求意见稿)》使用相当长的篇幅详尽地规定了数据出境评估制度。

1.“自我评估+外部评估”双层评估制度

《数据出境评估办法(征求意见稿)》第7条规定,网络运营者应在数据出境前,自行组织对数据出境进行安全评估,并对评估结果负责。

《数据出境评估办法(征求意见稿)》第9条规定,出境数据存在规定情况之一的,网络运营者应报请行业主管或监管部门组织安全评估。

2.应当适用“外部评估”的情形

《数据出境评估办法(征求意见稿)》第9条规定,出境数据存在以下情况之一的,网络运营者应报请行业主管或监管部门组织安全评估:

(一)含有或累计含有50万人以上的个人信息;

(二)数据量超过1000GB;

(三)包含核设施、化学生物、国防军工、人口健康等领域数据,大型工程活动、海洋环境以及敏感地理信息数据等;

(四)包含关键信息基础设施的系统漏洞、安全防护等网络安全信息;

(五)关键信息基础设施运营者向境外提供个人信息和重要数据;

(六)其他可能影响国家安全和社会公共利益,行业主管或监管部门认为应该评估。

行业主管或监管部门不明确的,由国家网信部门组织评估。

其中:

(1)上述情形A以所涉及的个人信息数量判断“重要性”,进而规定适用外部评估。该规则本身有一定的合理性。但是在实践操作中,可能会给跨国企业,尤其是涉及“to C”(面向消费者)导向的跨国企业带来特别大的挑战。跨国企业一般对数据跨境传输有着较强需求,常见的情况是部分IT基础设施(甚至是主要IT基础设施)部署在境外,日常经营需要进行大量的个人信息跨境传输;而“to C”导向的跨国企业涉及的传输量达到“50万人以上的个人信息”这一量级的并不少见。特别值得注意的是,就该规模标准,《数据出境评估办法(征求意见稿)》采用的口径是“含有或累计含有”50万人以上的个人信息,即一次性传输规模不足50万人相关数据,但是与历史累积相加达到或超过50万人规模信息的,也应当组织进行外部评估,使这一标准适用的情形更加普遍。就上述情况而言,如果执行中严格适用上述规则,则在此类跨国企业将主要IT资源部署在中国境内之前,可能使得此类跨国企业问询行业主管或监管部门组织安全评估成为常态。

(2)上述情形B以传输的数据量判断“重要性”,进而决定是否适用外部评估,也有一定的合理性。但是以数据量本身来判断重要性,没有进一步区分传输数据的不同性质。例如,当其传输音频、视频等数据,超过上述规定容量较为容易。如果传输纯文本个人信息或数据,则尽管数据本身可能十分重要,但也不一定能轻易达到1000GB的容量规模。此外,与上述情形A相比,本条对数据容量的要求没有采用“含有或累计含有”的标准,则从字面条文分析,一种可能的理解是如果每一次传输的数据量不足1000GB,则不必然需要报外部评估。当然,主管机关在《数据出境评估办法》的正式发布稿或者该规定的实际适用中,是否会采取更严格明晰的解读,也是一个值得观察的要点。

(3)上述情形E原版复刻了《网络安全法》第37条提及的需要对关键信息基础设施运营者的数据跨境行为进行管理的情况。这也从侧面印证了至少在规则确立的倾向上,《数据出境评估办法(征求意见稿)》可能意在扩展《网络安全法》第37条限定的数据跨境传输管理范围。

3. 出境评估的重点内容

《数据出境评估办法(征求意见稿)》第8条规定,数据出境安全评估应重点评估以下内容：

（一）数据出境的必要性；

（二）涉及个人信息情况，包括个人信息的数量、范围、类型、敏感程度，以及个人信息主体是否同意其个人信息出境等；

（三）涉及重要数据情况，包括重要数据的数量、范围、类型及其敏感程度等；

（四）数据接收方的安全保护措施、能力和水平，以及所在国家或地区的网络安全环境等；

（五）数据出境及再转移后被泄露、毁损、篡改、滥用等风险；

（六）数据出境及出境数据汇聚可能对国家安全、社会公共利益、个人合法利益带来的风险；

（七）其他需要评估的重要事项。

其中：

（1）上述标准A在跨国企业是内部进行数据跨境必要性评估的过程中，可能是最主要的考虑因素之一，也可能构成"确需跨境"的主要原因。如上文所述，有一部分跨国企业在中国设立的机构的主要IT资源（如服务器、信息处理平台）仍部署在境外，如果不进行跨境传输，可能导致主要业务根本无法开展，从而主张属于数据"有必要"出境的原因。但是，上述理由是否对任何情形和任何持续时间跨度都适用，也有很大的不确定性。例如，主管机关可能认为，刚涉及中国业务的跨国公司，或者中国业务规模不大的跨国公司，单独在中国部署IT资源对其而言在商业和经济上不合理；但是，如果对于在中国经营业务时间久或者业务规模较大的公司，商业上可能可以甚至有必要在中国本地部署IT资源，在这种情况下，跨国公司如果仍以上述原因主张数据"确需跨境"，则其合理性可能面临较大质疑。

（2）上述标准B和C，主要通过所涉及信息的影响和敏感程度来建立判断标准。其中，在判断第B项的个人信息敏感程度时，2013年颁布的《个人信息保护指南》可能也是值得借鉴的参考来源之一。《个人信息保护指南》规定，个人信息可以分为个人敏感信息和个人一般信息。个人敏感信息，是指一旦遭到泄露或修改，会对标识的个人信息主体造成不良影响的个人信息。各行业个人敏感信息的具体内容根据接受服务的个人信息主体意愿和各自业务特点确定。例如，个人敏感信息可以包括身份证号码、手机号码、种族、政治观点、宗教信仰、基因、指纹等。

(3)上述标准D和E站在境外数据接收方的角度,以境外方面的安全保护措施、能力和水平,所在国家和地区的网络安全环境,数据出境及再转移后的风险作为评估视角。就这一角度而言,如果传输到公认对个人信息和数据保护规定较为严格的国家或地区(如欧盟),或者传输到有关的数据和信息基础设施比较完善的地区,则依据这两条标准主张数据出境的合理性可能相对而言较有说服力。

4."外部评估"的期限和定期评估要求

(1)"外部评估"的期限

《数据出境评估办法(征求意见稿)》第10条规定,行业主管或监管部门组织的安全评估,应当于60个工作日内完成,及时向网络运营者反馈安全评估情况,并报国家网信部门。

上述规定对"外部评估"设定明确期限,有利于在保障信息跨境传输安全的同时,明晰拟传输企业的可见预期。然而,在行业主管或监管部门完成评估并向网络运营者反馈评估情况后,还需要报国家网信部门;而从上述条文文本来看,报网信部门是并行动作,且没有要求网络运营者在网信部门有进一步反馈后才能采取传输行动。当然,如果主管部门在实践中对此有不同解释或操作,则也需要特别关注。

(2)定期评估要求和情况变更时的重新评估

《数据出境评估办法(征求意见稿)》第12条规定,网络运营者应根据业务发展和网络运营情况,每年对数据出境至少进行一次安全评估,及时将评估情况报行业主管或监管部门。

此外,当数据接收方出现变更,数据出境目的、范围、数量、类型等发生较大变化,数据接收方或出境数据发生重大安全事件时,应及时重新进行安全评估。

其中,上述情况变更情形下的重新评估义务的具体适用,有待在规定层面或者在实际操作层面进一步理解和落实。根据《数据出境评估办法(征求意见稿)》第7条的规定,网络运营者是在数据出境前自行或询主管部门进行评估。与第12条的衔接过程中,如果根据第7条(或第9条,即外部评估的情形)已经评估完成、数据已经出境,但是又出现了第12条所述的情况变更,如果自行评估或报外部评估的结果确实反映不宜出境,则网络运营者面临的法定义务存在不确定性。《数据出境评估办法(征求意见稿)》本身没有规定数据出境后的回撤机制和义务。而对于该情况下新进行的评估,似乎也不一定适用于下一次拟进行的跨境传输(如果下一次传输的接收方、目的、范围、数量、类型等又与本次评估背景不一致)。就这一点,可能也有赖于规定层面或者在实际操作层面的进一步理解和实践。

5."重要数据"及其规制内容

在《网络安全法》颁布后,讨论的热点之一也包括在对"关键信息基础设施的运营者"进行数据跨境传输规制时,限制传输的对象有两个:一是法律和有关规定多次明确定义和标准的"个人信息";二是新提出的"重要数据"这一概念。《网络安全法》没有对重要数据进行界定,而"重要数据"这一术语在文义层面也没有明确的指向性,只对"重要性"提出了要求,而且没有给出要求的参照系。

本次《数据出境评估办法(征求意见稿)》对"重要数据"提供了比较宽泛的概念,即规定"重要数据是指与国家安全、经济发展,以及社会公共利益密切相关的数据,具体范围参照国家有关标准和重要数据识别指南"。

上述概念,一方面还是以比较宽泛的基础对"重要数据"的指向对象进行了描述,另一方面进一步引述重要数据参照"国家有关标准"和"重要数据识别指南"。在规范性文件层面上,上述进一步的引述并不十分明确,可能潜在指向一系列标准和指南。主管机关是否在规定层面或者在实际操作层面会提供进一步的指引还有待观察。值得特别一提的是,上文提到的《安全检查操作指南》在对"关键信息基础设施"进行明确界定的同时,也简单提及了对"重要数据"进行备份的要求。所以《数据出境评估办法(征求意见稿)》提到的"重要数据"所引述的"标准"或者"指南",是否会与《安全检查操作指南》所界定的"关键信息基础设施"及其产生的相关数据有较密切的联系,也是一个值得关注的话题。

四、期待和展望

强调数据运营、使用和数据资源部署的本地化,是近年以来中国在网络安全立法领域的重要监管趋势。与该趋势相匹配和对应的是法律规定层面加强了对个人信息和重要数据跨境传输的管理。上述监管趋势和管理路径一方面有利于保护国家信息安全,另一方面也给需要对境外进行数据传输或进行一定数据资源部署的主体提出了新的课题或问题。

其中,鉴于跨国公司对数据跨境传输一直以来都拥有比较实际的需求,同时鉴于其历史上的全球 IT 资源分布和现有系统架构部署地点等原因,也可能存在着(或者可能在未来相当一段时间内存在)将公司中国业务 IT 资源和数据处理资源,甚至公司中国业务的重要 IT 资源和重要数据处理资源部署在境外的情况。

为应对上述监管趋势和数据跨境传输管理路径的发展,跨国公司(或其他有重要跨境数据传输需求的企业)值得密切关注该领域的最新监管动态,并在日常运营(特别是 IT 资源部署)方面进行必要的准备或者调整。例如,调整 IT 和其他数据资源部署,在具备商业合理性的情况下,考虑减少对境外 IT 资源和其他数据资源(特别是数据处理资源)的依赖;更多地依靠中国本地 IT 资源支持维护公司业务发展。对于仍有跨境数据传输需求的企业,应注意全面核查该领域的合规要求,排查潜在风险。关注点可以包括但不限于,在与用户个人信息的收集和传输有关的协议或用户条款中,明确加入关于跨境传输的目的、范围、内容、接收方及接收方所在国家或地区的条款,并取得用户的事先明确同意。

此外,还要注意自身数据出境安全评估机制的建立。其中,特别关注对数据跨境传输的必要性和潜在影响进行实质评估,避免继续抱有在过往数据使用和传输的"轻手监管"时代所可能持有的"境外部署、频繁传输"心态;在数据跨境传输这一领域,也类比适用个人信息收集的"正当性原则""必要原则""最少够用原则",争取更好地适应数据跨境传输监管的新局面。

Cookie的合理使用法律问题研究

李若柳*

摘　要：随着"互联网+"时代的到来和科技的迅猛发展，中国的互联网用户逐渐增加，目前已经拥有了7.31亿网民。然而，互联网的蓬勃发展在使人们的生活更加便利的同时，也带来了一些安全隐患，其集中体现在用户的个人信息通过互联网被收集、整理、窃取、泄露等，影响了用户的日常生活，甚至对用户的生命及财产安全造成了不良影响。其中，除恶意收集用户信息的互联网企业及个人外，通过跟踪用户Cookie收集用户信息几乎成为各大互联网企业的"通病"。中国互联网协会的调查研究显示，中国互联网用户因信息泄露造成的损失严重，但其对互联网企业收集、利用自己的Cookie信息的关注度却不高，普遍缺乏防止信息通过此种方式泄露的意识，而互联网企业也甚少尽到"通知—许可"义务，默认用户同意对其Cookie信息的收集和使用，应当引起高度重视。随着央视"3·15"对网易等公司收集、利用用户Cookie信息的曝光以及中国Cookie隐私第一案——"朱某诉北京百度网讯科技有限公司隐私权纠纷案"的出现，我国学界及司法实务界都对Cookie的合理使用引起了高度重视，不断进行相关讨论并出台相关法律进行规制。但法律的滞后性及相关规定的笼统性等，使我国司法实践中对相关案件的审理仍旧存在诸多问题。本文旨在从当前Cookie使用存在的问题与面对的挑战入手，通过对Cookie不合理使用所侵害用户权益性质理论基础的探讨，确立对Cookie使用进行法律规制的基础，参照我国及欧美相关法律规定提出Cookie合理使用的原则及法律判断标准，并提出对Cookie进行合理使用的建议。

---

* 对外经济贸易大学法学院2015级民商法学硕士研究生，现就职于北京市第三中级人民法院执行三庭。

关键词:Cookie;个人信息;隐私;使用原则;法律规制

Research on Legal Issues of Cookie Fair Use

Li Ruoliu

Abstract: As the arrival of the times of the "Internet +" and the rapid development of science and technology, China's Internet users gradually increased, China already has 731 million Internet users. However, at the same time of the Internet brings convenience to people, some security risks which are closely related to people's life are also followed. They are reflected in the personal information of Internet users to be collected, collated, stolen, leaked through the Internet, affecting the daily life of Internet users, or even causing adverse effects to the safety of their life and property. In addition to some Internet companies and people collect the Internet users information maliciously, the form of collecting users information by tracking the users' Cookies almost become the major Internet companies "common problem". China Internet Association survey shows that information leakage caused serious losses to Chinese Internet users, but they pay little attention to the collection and use of their own Cookies by the Internet companies, there is a general lack of awareness to prevent information from being leaked in this way, and Internet companies do little to "notice-agree" obligations, they default that users agree to collect and use their Cookie information, this should be paid a high degree of attention. With the exploration of Netease and other Internet companies collected and used the users' Cookie information by CCTV "3 · 15" and the appearance of Chinese Cookie privacy first case-"Zhu v. Baidu Network Technology Co., Ltd. Privacy dispute case", Chinese academic and judicial practice has arouses great attention to the reasonable use of the Cookies, continuing to discuss and introduce relevant laws to regulate it, but the lag of the law and the general of the relevant provisions made our judicial practice in the case of the trial still has many problems. This article is intended to start with the existing problems and challenges in Cookies' using, and through the discussion on the theoretical basis of users' rights and interests involved by unreasonable use of Cookie, establish the basis for legal regulation of Cookie use, with reference to Chinese and European and United States relevant laws and regulations to suggest the rational use of the principle of Cookie and legal criteria, and suggest on how to make a reasonable use of Cookie.

Key Words: Cookie; personal information; privacy; use principle; rules regulate

互联网普及程度的提高给予了互联网企业接触到更多用户 Cookie(数据)信息的机会,Cookie 使用也能够带给他们更大的经济利益。在我国相关法律规制缺位的情况下,互联网企业对 Cookie 的使用出现了许多新的问题与挑战,值得我们深刻反思。

一、Cookie 概念与使用的法律问题

Cookie 是指当用户进行网站浏览时,网络存储在用户个人电脑上的一个文本文件,其中记录了用户的账号、密码、浏览过的网页、搜索过的关键词及加入购物车的商品等信息,用来辨别用户的身份和记录用户的操作,在服务器与用户电脑之间进行信息传递。[①] Cookie 能够记录用户的诸多信息,如姓名、性别、年龄、学历、地域、婚姻状况、家庭状况、子女状况、收入、职业、兴趣爱好、购物偏好等。

2015 年 5 月 6 日,针对我国 Cookie 隐私第一案——"朱某诉北京百度网讯科技有限公司隐私权纠纷案",南京市中级人民法院作出了二审判决,撤消南京市鼓楼区人民法院一审判决,认定北京百度网讯科技有限公司(以下简称百度)的个性化推荐行为不构成侵犯朱某的隐私权,驳回朱某的全部诉讼请求。本案的基本情况如下:原告朱某在进行网页浏览过程中,发现自己在百度搜索相关关键词后,会在第三方网站或百度广告联盟的特定网站上出现与其所搜索的关键词相关的广告。比如,朱某在百度搜索页面搜索"人工流产""减肥""隆胸"关键词后,再进入"500 看影视"和"4816"网站,就会自动弹出有关流产、减肥、丰胸的广告。原告朱某认为百度未经其知情同意和自主选择,利用技术对其搜索的关

---

① 参见杨程:《Cookie 应用中的消费者个人信息保护初探》,载《中国工商报》2014 年 11 月 5 日,第 3 版。

键词进行收集、跟踪,并将其个人需求和兴趣偏好显示在相关网站上,利用这些记录对其浏览的网页进行广告投放,使其感到精神高度紧张、十分恐惧,影响了其正常工作与生活,侵害了其隐私权。[①] 本案中,一审法院与二审法院判决过程中的争议焦点,集中反映了我国 Cookie 使用中存在的法律问题。

(一)对 Cookie 所收集信息性质界定的分歧

一审法院与二审法院对于百度所收集、使用的用户 Cookie 信息性质的界定产生了分歧。一审法院认为,本案中原告朱某对特定词汇进行搜索的行为将在互联网上留下其私人的活动轨迹,该活动轨迹展示了其个人偏好、兴趣、需求等私人信息,而个人隐私不仅包括用户个人信息,也包括私人活动与私有领域,而朱某的网上活动轨迹在一定程度上标识了其个人私生活情况及基本情况,应属于个人隐私范畴。而二审法院则认为 Cookie 只是一项中立的网络工具,本案中百度所收集的 Cookie 信息无法与特定的个人相联系,也不属于用户个人信息范畴。二审法院在论证中援引了《电信和互联网用户个人信息保护规定》第 4 条[②]之规定,认为百度所提供的个性化推荐服务根本不可能与朱某发生对应识别关系,朱某所搜索的关键词中并不包含朱某的身份信息,因而不属于隐私范畴,百度公司无从依据上述搜索信息认定该用户即为朱某本人,故百度所收集的 Cookie 信息不属于个人信息,仅为网络碎片化信息。

(二)对 Cookie 不合理使用侵害用户权益性质的争议

基于对 Cookie 所收集信息性质界定的分歧,导致了一审和二审法院对 Cookie 不合理使用是否侵害用户权益及侵害何种用户权益的争议。本案中,一审法院认为,虽然 Cookie 技术本身并不存在侵害用户权益问题,但是百度公司利用 Cookie 技术收集原告朱某的网上活动轨迹,并利用该信息与百度广告联盟的其他网站共同向朱某进行相关个性化推荐行为,系进一步利用朱某的隐私进行

---

① 参见王融:《反转的法律天平——我国 Cookie 隐私第一案判决》,载《现代电信科技》2015 年 11 月刊。

② 《电信和互联网用户个人信息保护规定》第 4 条规定:个人信息是指电信业务经营者和互联网信息服务提供者在提供服务的过程中收集的网络用户姓名、出生日期、身份证件号码、住址、电话号码、账号和密码等能够单独或者与其他信息结合识别用户的信息以及网络用户使用服务的时间、地点等信息。

商业活动，且这种对信息的使用并不是利用 Cookie 技术的必然结果。百度公司仅将公开、宣扬他人隐私作为侵犯隐私权的唯一方式，但实际上，收集、利用他人信息也构成侵犯他人隐私权的形式，因而百度公司收集、使用朱某信息的行为构成了对朱某隐私权的侵害。而二审法院则认为，应严格遵循网络侵权责任的构成要件，即最高人民法院《关于审理利用信息网络侵害人身权益民事纠纷案件适用法律若干问题的规定》（以下简称《规定》）第 1 条[①]之规定及第 11 条至第 17 条之规定，认为隐私权侵权构成要件应为“利用网络公开个人隐私及个人信息的行为”且已“造成损害”，因百度的个性化推荐仅是向原告个人进行推送，并没有向第三方及公众展示，故不构成隐私权侵权，而由于百度所收集的用户 Cookie 信息系网络碎片化信息，故不对用户的权益构成任何侵害。

（三）“默示同意”能否构成 Cookie 信息使用的合理前提

同样基于对 Cookie 所收集信息性质的不同认定，致使一审和二审法院对“默示同意”能否构成百度公司收集和使用用户 Cookie 信息的合理前提，产生了不同意见。一审法院认为，百度公司采取“默示同意”原则不足以保障用户的知情权与选择权。百度首页上的“使用百度前必读”提示在整个页面的底部且夹在“@201X 百度”和证号之间，用户很少会留意到，而“必读”中的隐私声明对 Cookie 的介绍和所收集利用的内容揭示较少，十分泛化，而许多网民对 Cookie 又知之甚少，即便读过隐私声明，也无法认识到 Cookie 对其信息的收集会对其产生何种影响，更无从说到去选择禁止 Cookie 收集，使该提示实际上流于形式，无法真正保障用户的知情权与选择权。其认定“默示同意”不构成对 Cookie 信息使用的合理前提。而二审法院则认为，百度网站首页“使用百度前必读”中的“隐私权保护声明”中已经明确告知用户使用 Cookie 技术是为用户提供服务，保障了用户的知情权。而且百度网站也提供了关闭 Cookie 信息收集的选项，及清除 Cookie 的选项，充分保障了用户的选择权。二审法院援引《信息安全技术公共及商用服务信息系统个人信息保护指南》（以下简称《指南》）对个人敏感信息（personal sensitive information）的定义“若被修改或泄露，可能会对该信息归属者

---

① 《规定》第 1 条规定：本规定所称的利用信息网络侵害人身权益民事纠纷案件，是指利用信息网络侵害他人姓名权、名称权、名誉权、荣誉权、肖像权、隐私权等人身权益引起的纠纷案件。

造成不良后果的个人信息”及个人敏感信息需经本人授权同意或用作特定目的方可使用,而个人一般信息则无须用户明示同意的规定,认定因百度公司所收集的用户 Cookie 信息属于网络碎片化信息,故仅经过用户“默示同意”即可,百度公司已尽到该义务,能够对用户 Cookie 信息进行使用。故二审法院认为,“默示同意”已构成 Cookie 信息使用的合理前提。

二、Cookie 使用的挑战

(一) Cookie 合理使用界限不明

随着我国互联网的迅猛发展及 Cookie 技术使用的推广,我国相关法律法规也对 Cookie 的使用加以规制,我国当下规制 Cookie 信息收集、使用的法律法规包括工业和信息化部发布的《电信和互联网用户个人信息保护规定》《规范互联网信息服务市场秩序若干规定》,全国人民代表大会常务委员会发布的《全国人大关于网络信息保护的决定》,国务院发布的《互联网信息服务管理办法》《规定》以及于 2017 年 6 月 1 日起施行的《中华人民共和国网络安全法》(以下简称《网络安全法》)。但综观上述法律法规的规定,其中并没有对 Cookie 合理使用的界限进行明确,如《网络安全法》第 41 条、第 42 条[①]之规定,其虽订明网络运营者应当公开信息收集、使用的规则,但却未指明该规则是什么;虽订明网络运营者不得收集与其提供的服务无关的信息,但却未指明如何判定用户信息是否与网络运营者所提供的服务相关,用户的何种信息是可以确定在收集范围内的,而何种是明确不应被随意收集的;其虽订明网络运营者应在法律、行政法规的规定及双方约定的范围内收集、使用用户个人信息,但由于收集内容并无相关明确规定,且收集之后的用户信息如何使用是在规定范围内的使用,是合理使用,是否

---

① 《网络安全法》第 41 条规定:网络运营者收集、使用个人信息,应当遵循合法、正当、必要的原则,公开收集、使用规则,明示收集、使用信息的目的、方式和范围,并经被收集者同意。网络运营者不得收集与其提供的服务无关的个人信息,不得违反法律、行政法规的规定和双方的约定收集、使用个人信息,并应当依照法律、行政法规的规定和与用户的约定,处理其保存的个人信息。第 42 条规定:网络运营者不得泄露、篡改、毁损其收集的个人信息;未经被收集者同意,不得向他人提供个人信息。但是,经过处理无法识别特定个人且不能复原的除外。网络运营者应当采取技术措施和其他必要措施,确保其收集的个人信息安全,防止信息泄露、毁损、丢失。在发生或者可能发生个人信息泄露、毁损、丢失的情况时,应当立即采取补救措施,按照规定及时告知用户并向有关主管部门报告。

不违反相关略显笼统的规定就构成了合理使用。上述问题都使 Cookie 合理使用界限不明的问题成为我国互联网行业发展与法律规制的挑战。

(二) Cookie 信息使用与个人信息保护失衡

"朱某案"中,二审法院认为,若遵循一审法院支持百度公司收集、使用朱某 Cookie 信息的行为构成隐私权侵权的判决,则会极大地阻碍互联网技术和业务的正常发展,扼杀互联网贴近用户需求新业务的生存空间,明示在 Cookie 信息使用促进互联网行业发展与用户个人信息保护中偏向了前者,而这种利益失衡不仅体现在法院的判决中,也体现在我国对于互联网企业非法跟踪用户 Cookie 的态度中。早在 2012 年,谷歌公司采取技术手段绕开苹果 safari 浏览器禁止追踪用户 Cookie 的功能,对已经选择关闭 Cookie 追踪的数百万用户实施了追踪行为,以达到精准网络营销的目的,后其因秘密追踪网络浏览痕迹、侵犯用户隐私被美国联邦贸易委员会罚款 2250 万美元。2013 年谷歌公司又为其同样的行为支付了 1700 万美元的罚款。我国于 2013 年的"3·15"晚会上,同样爆出了互联网企业非法追踪用户 Cookie 的情况。据央视及消费者协会的明察暗访,诸如"品友互动""易传媒""网易公司"等多家互联网公司都在用户"默示同意"的情况下进行用户 Cookie 的收集、跟踪,并对信息进行整理、分析,甚至打包出售。网易公司作为网民常用的网站,不仅跟踪用户 Cookie,甚至分析用户邮件内容,以达到其精准定位用户个人情况、需求的目的。他们提道,在当今大数据时代,谁掌握更多的用户 Cookie 信息,谁就拥有更大的优势地位,你买的是人,你买的是人群,你买的是 35 岁的男性,对吧,收入 8000 元以上的男性。有点像买卖人口?买卖人口,就这么简单。① 在相关协议出台之后,虽然部分互联网企业开发了禁止 Cookie 追踪的技术,但是巨大的利益驱使许多互联网企业竞相开发"反禁 Cookie 追踪"技术,使用户的 Cookie 信息仍旧能够在第一时间被这些公司收集,如"FlashCookie",第三方将该代码遍布在网站的基层,通过用户对网页上出现的视频或动画的点击,使用户在不知不觉中将自己的 Cookie 信息拱手让给这些互联网企业。

---

① 《央视 3·15 王辉曝光网络广告公司利用 Cookie 跟踪用户》,载牛华网:http://www.newhua.com/2013/0315/204021.shtml,最后访问日期:2017 年 11 月 20 日。

从上述两个事例我们可以看到,由于对非法追踪用户Cookie行为的重视程度的不同,我国与美国互联网企业相同的行为所承担的后果却是截然不同的。美国为防止互联网企业跟踪用户Cookie,曾发起过《禁止追踪隐私权保护法》,后因此法案对网络广告业、电子商务产业的伤害过大而无疾而终。但从中却可以看到美国打击跟踪用户Cookie的决心,现在美国则把选择权交到了用户手中,在敦促互联网企业开发出能够禁止Cookie追踪的浏览器的前提下,用户可以自行选择是否关闭互联网企业对Cookie的追踪,并对未经允许追踪用户Cookie的互联网企业予以严厉的打击。而我国由于对Cookie信息的性质还尚存争议,对其保护手段也不甚完善,且尚未制定个人信息保护法,仅有的法规、条例由于过于笼统和缺乏强制力。这使我国的Cookie追踪行为屡禁不止,虽然部分互联网企业开发了禁止Cookie追踪的技术,但是巨大的利益驱使许多互联网广告公司竞相开发"反禁Cookie追踪"技术,使用户的Cookie信息仍旧能够在第一时间被这些公司收集。综观我国互联网行业发展进程,互联网企业收集用户Cookie信息带来了我国商业模式的巨大转变,即由商家被动收集消费者信息到消费者通过注册等方式主动向商家提供自己的信息,推动了如阿里巴巴等平台经济的快速发展。[①] Cookie技术不但能够提升用户体验,而且互联网企业通过对用户Cookie信息的分析,可以统计用户对某一产品的使用频率等情况,有效促进其产品改良并为更广大用户提供更加专业化的服务。Cookie信息收集可谓对我国互联网产业发展的一大助力。然而,虽然我国处在互联网产业发展的上升阶段,但是一味在公民基本权益与互联网行业发展利益之间偏向后者,放任非法追踪用户Cookie的行为,也会使我国互联网发展因缺乏一定之规而逐渐走向"为了利益不择手段"的极端,进而侵害用户的权益,挫伤我国互联网向好发展的积极性。

三、Cookie合理使用的原则规制

为敦促互联网企业合理收集、使用用户Cookie,应明确相关合理使用原则,使互联网企业收集、使用用户信息能够遵循一定的底线,既保障互联网行业发展

① 参见李谦:《人格、隐私与数据:商业实践及其限度——兼评中国Cookie隐私权纠纷第一案》,载《中国法律评论》2017年第2期。

利益,同时也能够有效保护用户基本权利不受侵犯。

(一)合法性原则

《网络安全法》第 41 条明确规定,“网络运营者收集、使用个人信息,应当遵循合法原则”,其他相关法规亦规定互联网企业在收集、使用用户 Cookie 信息时,应当“公开收集、使用规则,明示收集、使用信息的范围、方式和目的,并经被收集者同意”。而现实中我们却发现许多互联网企业并未完全遵守法律法规的相关规定,或者说是变相的不遵守。对比我国互联网门户网站的隐私声明与国外网站的隐私声明,我们能够发现企业在有相关法规的规制下,仍旧“打擦边球”,为“钻 Cookie 收集的空子”,而将其隐私声明做成了一种空洞而无实质内容的“流水账”,无法真正让用户了解 Cookie 为何物以及 Cookie 包含什么信息,被无端收集会受到何种影响等。对比我国百度与英国创业网网站(Venture Network Website)的隐私声明,我们可以发现,英国“Venture Network Website”的隐私声明中,详述了 Cookie 的定义、信息内容以及如何使用等,并尊重用户的选择,甚至为用户停用第三方收集 Cookie 提供了选择,对 Cookie 存储位置及如何删除、不经允许即可使用的 Cookie 依法案内容包括什么,如何进行保护等亦做了详细的说明。而我国百度在其所获取的信息一章中,对所收集 Cookie 所包含的内容并无明确介绍,仅提及 Cookie 收集有利于个性化推荐,并说明如果选择禁止 Cookie 会影响用户的使用,却未提及具体影响是什么;在“信息使用”一章中却直接告知用户会与其合作伙伴分享用户信息,却不给予用户选择的权利,并且百度不因 Cookie 收集而事先征得用户同意,而是在对外披露时才会征得用户同意,其无异于将用户信息视为自己所有,而不认为是用户所有。这些看似满足我国法规对于互联网企业需对用户进行告知义务的规定,但实际上,过于空洞的内容和近乎强制使用 Cookie 信息的隐晦措辞都没能真正实现法规的要求,充分保障用户的知情权与选择权。因而,随着我国法律关于 Cookie 信息收集及使用规则的进一步细化,我国互联网企业应当严格遵循合法性原则,从隐私声明开始,列明其所收集、使用用户 Cookie 信息的内容、方式、用途等,设置关闭 Cookie 收集选项,保障用户知情权与选择权。

(二)必要性原则

必要性,是指达到一定目标所需要的条件、因素,《网络安全法》规定信息收集、使用应当遵循必要性原则,即 Cookie 信息的收集、使用仅满足互联网企业达到其想要为用户提供服务的目标所需的条件即可,不需要全面、泛化的收集、使用用户 Cookie。Cookie 现在应用最多的领域是网络精准营销,这也是互联网企业盈利的手段之一。网络精准营销是指"通过现代网络信息技术手段,收集、整理并分析用户的网络行为数据,据此计算出目标用户的消费走向、个人喜好,并将广告信息进行精准投放的一种营销方式"。[①] 通俗地说,网络精准营销就是网站通过对用户曾在其页面上或相关第三方网站上输入过的诸如姓名、性别、年龄、工作情况等 Cookie 信息的收集,配合用户曾进行过的搜索内容,对该用户的个人信息及喜好等进行还原,以达到当用户再次打开该页面时,能够对用户进行其喜爱的商品或服务的精准广告投放,增加用户的浏览或购买的可能性,以增加其盈利。然而,当用户的信息不断被收集、整理并加以利用的同时,用户并未对此种精准广告投放产生过多的好感,而是引起了强烈的反感,使用户深陷个人信息被泄露的恐慌感中。再加上部分网站将其分析出的用户信息进行"打包销售",让用户接到了许多垃圾电话、短信、邮件等,不胜其烦,也增加了网络用户对其自身安全的忧虑。

根据中国互联网协会发布的《中国网民权益保护调查报告(2016)》中的数据,网民最重视的权益是隐私权,其次是选择权、知情权及安宁权。对安宁权而言,网民最反感的骚扰来源由高至低分别是骚扰电话、电脑广告弹窗、APP 推送信息、垃圾短信、APP 强制用户评价、垃圾邮件等,而这些正是部分互联网企业对用户 Cookie 信息进行不加限制的使用的后果。据数据统计,2016 年有 84% 的网民因个人信息泄露受到不良影响,超七成用户遭遇垃圾电子邮件,手机 APP 推送广告现象严重,网民因个人信息泄露造成的侵权年平均损失 133 元。[②] 这些触目惊心的数字时刻提示我们,网络精准营销已经逐渐变成了"网络精准骚扰",互联网企业并未仅在其所应提供服务范围内合理使用用户 Cookie 信息,而是为了能够获取更多的利益而泛化使用用户 Cookie 信息,丢失了对 Cookie 信息使用的必要性原则。

---

① 汤媛媛:《大数据时代网络精准营销与隐私权保护》,载《长白学刊》2016 年第 6 期。

② 参见郝智超:《中国网民权益保护调查报告 2016》,载《中国信息安全》2016 年第 4 期。

《网络安全法》第41条第2款[①]之规定，确立了互联网企业对用户Cookie信息的收集、使用应当在其所提供的服务范围内遵循必要性原则。比如，提供音乐下载的网站应当仅针对音乐相关内容收集用户Cookie，如用户喜爱的歌曲类型、歌手、电台等，对用户进行个性化推荐，而不是利用其所收集到的用户Cookie信息或其合作网站收集到的用户Cookie信息对用户个性化推送如衣服、化妆品等广告信息，否则就丧失了其合理使用用户Cookie的必要性，对用户的安宁权造成了一定程度的侵害。

（三）平衡Cookie信息使用与个人信息保护利益原则

目前，我国为了能够更好地保障互联网行业发展的利益，牺牲了部分用户的基本信息安全权益，这种价值选择是存在一定问题的，而且不能长期坚持。Cookie的合理使用若能够达到对Cookie信息使用与个人信息保护利益的平衡，使人们能够在放心交出自己信息的同时享受信息流通所带来的便利，则能够达到既维护用户基本权益又促进互联网行业蓬勃发展的目标。而加强信息保护手段和实现互联网技术的进步正是达成这一目标的前提。

首先，立法中应明确要求互联网企业开发“禁止Cookie追踪”技术，保障其网站不受第三方代码侵袭。避免第三方网站通过其页面收集用户Cookie，并明确若选择关闭Cookie的用户在该网站或同属于该网站统领下的网站上遭受Cookie信息泄露或网络精准营销并对用户的财产或精神情感造成损害，则应由该网站承担责任，可向实际实施侵害行为的第三方网站追偿。此规定不仅有利于激励大型门户网站积极开发“禁止Cookie追踪”技术，而且使用户的个人信息权益能够得到应有的保障，避免了用户投诉无门、举证困难的问题。同时，也要对第三方进行合理规制，以避免网站受到不妄之灾却无从找到侵权人。由于Cookie等技术具有与时俱进性，无法被预知和估计，所以立法也应对新出现的“反禁Cookie跟踪”技术有及时的反应，以解释或决定的方式及时填补随着科技发展而出现的法律漏洞。

其次，不仅应明确网站追踪用户Cookie使用户遭受财产损害的救济方式，同

---

① 《网络安全法》第41条第2款规定：网络运营者不得收集与其提供的服务无关的个人信息，不得违反法律、行政法规的规定和双方的约定收集、使用个人信息。

时也应当明确追踪用户Cookie进行网络精准营销对用户精神造成损害的救济途径。但为防止用户滥诉,也应设定精神损害门槛,如用户已经关闭了Cookie收集,但其Cookie依旧被追踪并被网络精准营销达到一定频率,使其产生恐慌感或精神高度紧张,对其正常生活造成影响,则其可以请求精神损害救济。此种方式既可以使不希望遭受网络精准营销的用户在被收集Cookie时对其精神损害得到有效救济,同时也为愿意接受个性化推荐的用户打开了方便之门,所有的选择权皆掌握在用户自己手中,而互联网企业也能够依据用户的不同选择,决定是否提供网络精准营销,从而提高其网络精准营销的成功率,降低其网络精准营销或招致不满的可能性,进一步提升用户上网体验,树立良好的企业形象,充分发挥Cookie信息使用对我国互联网行业发展的推动作用。

最后,应明确对互联网企业违反上述规定的法律责任。根据其造成的损害后果及影响程度等规定相应处罚,罚款金额应明显高于其预期收益金额,增加其违法成本,关闭其违法收集、利用用户Cookie信息的利益之门,并进行社会公告,打击其企业形象,使其为其违法行为付出巨大代价,以警示其他互联网企业不要有类似行为。比如,《网络安全法》第64条①之规定即是对《电信和互联网用户个人信息保护规定》第五章“法律责任”的规定的调整与进步,该规定对违反规定的法律责任承担的规定,多是“由电信机构依据职权责令限期改正,予以警告,可以并处一万元以下至三万元不等的罚款,并向社会公告”。然而我们知道,进行网络精准营销甚至进行用户Cookie信息买卖的收益是巨大的,而且已经成为当下各互联网企业自认为的“竞争优势”,警告及较低的罚款对于他们而言,违法成本较低,获益率较高,企业往往会选择铤而走险,从而无法达到遏制其随意收集、使用用户Cookie信息的作用。而《网络安全法》第64条,则将罚款金额调整至“没收违法所得”或处以“违法所得的一倍以上十倍以下罚款”“情节严重的,可

---

① 《网络安全法》第64条规定:“网络运营者、网络产品或者服务的提供者违反本法第二十二条第三款、第四十一条至第四十三条规定,侵害个人信息依法得到保护的权利的,由有关主管部门责令改正,可以根据情节单处或者并处警告、没收违法所得、处违法所得一倍以上十倍以下罚款,没有违法所得的,处一百万元以下罚款,对直接负责的主管人员和其他直接责任人员处一万元以上十万元以下罚款;情节严重的,并可以责令暂停相关业务、停业整顿、关闭网站、吊销相关业务许可证或者吊销营业执照。违反本法第四十四条规定,窃取或者以其他非法方式获取、非法出售或者非法向他人提供个人信息,尚不构成犯罪的,由公安机关没收违法所得,并处违法所得一倍以上十倍以下罚款,没有违法所得的,处一百万元以下罚款。”

以责令停业整顿、关闭网站、吊销营业执照”等,这些规定能够更大力度地打击互联网企业不合理使用用户 Cookie 行为,平衡 Cookie 信息使用与个人信息保护之间的利益,促进我国互联网行业健康发展。

四、Cookie 合理使用的法律判断标准

(一)公开性

互联网企业所收集用户 Cookie 信息的公开性,是保障用户知情权的重要标准。公开,是指公开所收集 Cookie 信息的方式、渠道、范围、内容、目的,收集后的 Cookie 信息如何保障不被泄露,对所收集 Cookie 信息的使用的方式、权限、是否长期保存等,充分保障用户的知情权。

在欧盟,“通知—许可”原则是 Cookie 的收集与使用者应当严格遵循的前提。欧盟从在《直销隐私权与电子通信规则》(Direct Marketing-Privacy and Electronic Communication Regulations)中对 Cookie 的合理使用加以规制到出台了极具针对性的 EU Law on Cookies,专门对 Cookie 的合理使用进行规范。欧盟的多数成员也在欧盟“Cookie 法案”的指导下,结合各自实际情况,出台相应的“Cookie 法案”。以英国 2015 年 12 月新修订的《英国数据法律:实践指南》(UK Cookie Laws:Practice Guidance)为例,该法案明确互联网企业设立专门部门进行 Cookie 收集、使用的审查,规定 Cookie 的合理使用以“通知—许可”为原则,而且用户的同意必须为明示的,除“购物车 Cookie”和“为安全保障而使用的 Cookie”不需要经过用户同意外,其他 Cookie 包括但不限于分析性的 Cookie(如搜索关键词)、广告服务 Cookie 和一些用于个人网站的 Cookie 等的使用均需在隐私声明中列明被收集的 Cookie 将因何并如何被使用,且该隐私声明无须用户进行寻找,而是在用户打开该网站时自动弹出的弹窗或提示中,对用户告知其 Cookie 将会被收集和使用,并将关闭 Cookie 收集的链接放置在弹窗或提示中,使用户可以方便地进行自主选择,并且该弹窗或提示除非被用户对是否同意 Cookie 收集和使用进行选择后方能关闭,否则会出现在用户每一个新打开的网页中来对用户加以提示。并且用户可以对部分 Cookie 的收集和使用进行选择,如某些网站在对其他 Cookie 禁止后,用户可以对需要定位的 Cookie 收集选择打开该服务。同时,该法案也对第三方在网站上放置 Cookie 收集代码进行规制,加大对用户信息

的保护力度。[①]

我国立法可以借鉴欧盟“Cookie法案”的相关制度,对Cookie信息公开性标准加以细化。具体而言,法律除明确禁止互联网企业非法获取、非法利用、非法传播用户Cookie信息外,还应明确互联网企业在收集用户Cookie时应当在显著的位置或者以弹窗、提示的方式履行隐私告知声明的义务,详细向用户阐释其对于Cookie收集的范围、方式及用途,并提供可永久关闭Cookie收集的选项,以保障用户的知情权。如有需要,可以单独列明哪些属于可以不经用户同意即可进行收集的Cookie,但这些Cookie一定是不与用户个人敏感信息紧密相关的。应定明互联网企业隐私声明的示范文本,防止互联网企业继续在法律规定之下“打擦边球”,示范文本中应当包括但不限于以下内容:相关术语定义及解释,信息收集内容、方式、用途,信息保护方式,用户关闭收集的方式和链接,单独开启某项收集的方式或链接,删除本地及云端用户信息的方式和链接,对第三方网站引入的规定以及其他与Cookie收集有关的详细规定。

(二)用户自决

用户自决即用户可以自己决定,是否被某一网站收集Cookie,何时被收集,是被这个网站收集还是被另一个网站收集,并可对位置、健康数据、通信录等是否单独被收集进行选择。最重要的是,用户可以自主决定将储存在本地及云端的Cookie进行删除,以保障自己对个人信息的绝对控制权。

近年来,美国互联网企业追踪用户Cookie涉诉案件频发,比较具有代表性的案件包括“双击诉讼”“谷歌公司追踪用户Cookie”“微软公司追踪用户Cookie”等。随着案件的高发,美国不断在立法、司法和执法方面加大对Cookie追踪的追查和处罚力度,谷歌公司就曾在2012~2013年先后因以技术手段绕开苹果禁止Cookie追踪屏障对用户Cookie进行追踪行为而被处以2250万美元和1700万美元的罚款,足以窥见美国对相关案件的重视程度。美国在其2016年12月新修订的《电子商务与网络法》(2016年更新)[E-Commerce and Internet Law (2016 update)]的第四部分“隐私、安全和网络广告”(Privacy, Security and Internet Advertising)中,详细阐述了互联网用户信息可能因互联网企业技术、个人披露或

① See UK Cookie Laws: Practice Guidance, 09, U. K.

网上社交被收集的情形,并明确将是否禁止浏览器对用户 Cookie 进行追踪的权利完全交到用户手上,用户可以通过个性化设置的方式选择禁止此浏览器对其全部 Cookie 追踪,也可以在单独的网页上禁止对该网页上 Cookie 的追踪。同时,该法案规定用户拥有将储存的 Cookie 数据加以删除的权利,将 Cookie 的收集和利用相关权利完全交到了用户手中,这也是美国互联网 Cookie 立法中长期坚持的理念。值得一提的是,本次对该法案的修改新增了对"FlashCookie"的规制。"FlashCookie"是指在流媒体上也就是视频或动画内容上添加代码,在用户鼠标点击到时即可对用户 Cookie 进行收集追踪的一种技术手段,此种技术手段令已经被禁止追踪的 Cookie"死灰复燃",让用户信息再次处于不安全的状态下。法案此次亦明确规定在已开发出技术的"火狐浏览器"上,用户可通过禁止追踪或删除的方式达到对"FlashCookie"的"自治"。①

我国应借鉴美国将用户 Cookie 信息是否被收集、如何被收集的权利完全交给用户个人的做法,在立法中赋予用户自己决定其 Cookie 是否被收集与使用的权利,并将其作为互联网企业合理使用用户 Cookie 信息的法律判断标准,以充分保障用户的选择权。

(三)充分履行信息安全保障义务

《网络安全法》第 42 条至第 49 条之规定,充分揭示了互联网企业在收集、使用用户 Cookie 信息时应当履行的保障用户信息安全的义务。其中包括保障义务内容、禁止行为及监管方式三个方面。互联网企业充分保障用户 Cookie 信息安全的义务内容,包括采取技术或其他必要措施防止其收集的用户信息泄露、篡改、毁损;不得非法出售用户信息;未经用户同意,不得向他人提供用户信息;用户若发现互联网企业违反上述规定的行为,有权请求其对信息进行删除等。而互联网企业在履行信息安全保障义务时,应严格遵守不得窃取或以其他非法方式获取用户信息;知悉信息内容的部门及工作人员应严格保密的规定。加强监管是制约互联网企业在使用用户 Cookie 信息时充分履行信息安全保障义务的重要举措,包括互联网企业对其内部人员的监管及对恶意第三方窃取、使用用户信息的监管;网信部门及有关部门的监管;以及互联网企业应当建立用户监督投诉

---

① See E-Commerce and Internet Law, 50. 06 U. S. C. Part Ⅳ.

渠道,使用户能够在上网过程中监督其信息安全情况,并对有关问题及时反馈。

互联网企业充分履行用户信息安全保障义务不仅需要法律的明示,同时更应鼓励其承担起自己的企业社会责任,积极提升相应信息安全保障技术,及时填补网站出现的问题及漏洞,使其所收集、使用的用户信息能够在安全的环境下得到合理使用。

• 贸大法学优秀
本科学位论文汇编

反垄断法下的企业高管个人责任

王亚静*

摘　要:本文针对反垄断法下,企业高管的个人责任制度进行分析研究。首先从理论和现实两个角度分析研究意义,对企业高管及其个人责任加以界定。随后从国内现有制度和国外实践予以分析和探讨。国内分析是针对我国现有反垄断法制度,与企业高管相关的责任制度进行研究,分别从民事责任(揭开经营者面纱)、刑事责任、行政责任和其他细则方面进行梳理;国外部分选取世界上较典型的司法辖区进行分析,对其反垄断法系下的经验和制度进行归纳和总结。我国作为世界上重要的反垄断司法辖区,应当紧跟世界潮流,考虑反垄断体系下企业高管个人责任的发展方向。

关键词:反垄断法;企业高管;个人责任

The Individual Responsibility of Enterprise
Executives Under the Anti-monopoly Law

Wang Yajing

Abstract: This article studied the individual liabilities of corporate senior manager under Antitrust Law. Firstly, it analyzed the research significance from the angle of theory and status. After defining the concepts of corporate senior managers and their individual liabilities, we discussed this topic at two levels, internal and external. Based on the existing PRC Anti-Monopoly Law (AML) and other relevant

---

* 对外经济贸易大学法学院2013级本科生,现就读于香港大学金融法(L. L. M.)专业。

legal systems, interior analysis summarized the liability system, including civil liability, criminal liability, administrative liability and others. External analysis selected several typical jurisdictions and discussed their experience and system concerning individual liabilities. China, as one of the major antitrust enforcement jurisdictions, therefore shall follow the international trend and reconsider its penalty system on individuals for the AML violation.

Key Words: antitrust law; corporate senior manager; individual liabilities

一、导　　论

(一)研究基础

《中华人民共和国反垄断法》(以下简称《反垄断法》)中没有对企业高管个人责任的规定,只有在"法律责任"的论述章节中,规定了经营者责任,但在法律实务中,许多反垄断行为的决策和实施都离不开经营者内部的管理者。国内现行法律体系下对企业高管的相关处罚制度的缺失,已成为反垄断执法深入发展、维护市场秩序的重大桎梏。本文针对"经营者"内部的"企业高管",探讨涉及企业高管个人责任的立法和执法领域空白。

2016年以来国内反垄断执法进一步深入,愈加常态化、精细化,并进入了高速发展的黄金期,也进入了反垄断体系完善和成熟的关键阶段。

2016年英国竞争与市场管理局(Competition and Markets Authority, CMA)督促托德(Trod)有限公司将其董事总经理丹尼尔·阿斯顿(Daniel Aston)的董事资格取消。① 这是CMA依据英国《公司董事资格取消法》,②首次在竞争案例中落实涉及企业高管在不正当竞争行为中的责任制度。

我国反垄断执法的需要,以及当今世界各大司法辖区的"潮流",均表明研究我国针对高管违反反垄断法的个人责任及发展方向具有极强的现实意义。

---

① Competition and Markets Authority (CMA), "Online sales of posters and frames: Director Disqualification", GOV. UK. Accessde Nov. 1. 2017, https://www.gov.uk/cma-cases/online-sales-of-posters-and-frames-director-disqualification.

② See Company Directors Disqualification Act.

（二）文献综述

国内学者很早就注意到了“反垄断法下的企业高管个人责任”这一课题。2007 年起草《反垄断法（草案）》时，时建中教授就指出法案中缺失“高管个人责任”的相关内容。① 其观点引发了法学界对于垄断行为责任主体的思考。

随着对“企业高管个人责任”的研究的深入，在 2010 年 5 月 28 日召开的“深化垄断行业改革与反垄断高层论坛”上，相关企业管理人员的职责与规范成为议题之一。同年，崔福臣在《论反垄断法视野下企业高管的刑事责任》一文中，分析国外反垄断法体系为国内立法提供经验参考。2013 年杜仲霞在《我国反垄断法刑事责任之重构》一文中从四个角度阐明了重构反垄断体系下的刑事责任制度的必要性，强调企业高级管理人员应成为责任主体的一部分。在明确了研究的必要性后，学者进一步研究了具体的责任承担方式。欧欢欢的《浅论垄断行为的刑事责任及制度构建》提出对实施垄断行为的企业和内部决策者的“双罚制”。王慧鹏在分析美国经验的基础上，提出我国应建立“惩罚性损害赔偿制度”。② 总体而言，国内对于该课题的研究仍处于起步阶段。

（三）概念界定

1. 企业高管

根据《反垄断法》的相关规定，③可以归纳出“经营者”的定义，即参与一系列相关市场活动中的行为人和组织。在反垄断实务中，违反反垄断法的经营者一般都是具有一定市场力量的公司，内部管理层以自然人身份参与垄断行为，本文即针对内部管理层这一主体进行探讨。

本文所指的企业高管，不仅指公司法和证券法规中的相近定义，更指在实施

---

① “在法律责任制度供给方面，目前的反垄断法草案还有一个不容忽视的缺失：法人型的、其他组织型的经营者实施垄断行为，草案没有规定其董事、经理等高级管理人员或者直接责任人须承担任何类型的法律责任。”详见时建中：《反垄断法草案应进一步完善法律责任规定》，载《经济观察报》2007 年 8 月 19 日，第 3 版。

② 参见王慧鹏：《完善我国反垄断法私人执行制度的研究》，华东政法大学经济法学院 2014 年硕士学位论文。

③ 《反垄断法》第 12 条规定：“本法所称经营者，是指从事商品生产、经营或者提供服务的自然人、法人和其他组织。”“其他组织”的概念，在最高人民法院《关于适用〈中华人民共和国民事诉讼法〉若干问题的意见》第 40 条中界定为“合法成立、有一定的组织机构和财产，但又不具备法人资格的组织”。

垄断行为中作出决策或实际参与执行的单位人,小到部门主管,大到高级管理人;不仅指法律层面公司的法定代理人,更包括公司章程中规定的实际管理者。

2.企业高管个人责任

本文研究的企业高管个人责任,主要从责任类型入手分析,针对民事责任、刑事责任、行政责任三大主要责任类型以及特殊行业进行分析。

企业高管个人的民事责任是指其相关行为(如企业高管决定实施市场垄断等),侵犯了市场其他主体的民事权益,因而要承担的法律责任。刑事责任是企业高管因实施了被反垄断法、刑法定义为犯罪的相关行为,被司法机关所追究的法律责任。行政责任指因违反经济法律法规而被处以行政处罚。除此之外,也从现有的行业规章加以论述,梳理了与危害市场竞争行为相关的责任制度作为补充。

二、我国反垄断法下企业高管法律责任的现状

(一)"揭开经营者面纱"

此处所指的"揭开经营者面纱"是类比公司法中的"揭开公司面纱"所言的,以企业高管承担垄断行为的"个人民事责任"为主,即限制企业高管随意运用其独立人格①进行决策,或决策中存在主观故意、重大过错等行为,减少因此出现的危害市场等相关行为,维持市场合理竞争秩序。

1.行为界定

广泛的司法实践经验表明,垄断行为的实施阶段是产生企业高管个人民事责任的高频区。

首先是越权行为。《中华人民共和国公司法》(以下简称《公司法》)强调企业管理人员要为自身违法行为造成的损失担责,②并对公司有关业务执行机构(如公司经理人③)进行了补充说明。公司经理人对公司承担受信义务,一旦违背则应承担责任。

① 此处所提及的"独立人格"是由企业高管的"法人经营者"地位来获取。

② 《公司法》第150条规定:董事、监事、高级管理人员执行公司职务时违反法律、行政法规或者公司章程的规定,给公司造成损失的,应当承担赔偿责任。

③ 《公司法》第50条规定:有限责任公司可以设经理,由董事会决定聘任或者解聘。

其次是高管违反忠实和勤勉义务。《公司法》对此有明确规定,①其中的勤勉义务与垄断责任关系较密切。企业高级管理人员需要做到“双重谨慎”。在反垄断法下,若企业高管在垄断犯罪中未尽到合理的谨慎义务,侵害本企业利益,达成价格垄断、实施经营者集中等,可引用《公司法》提请民事赔偿。

2. 民事责任类型的界定

民事责任类型在国内现行法律体系有明确规定。主要体现于《中华人民共和国侵权责任法》(以下简称《侵权责任法》)②和《中华人民共和国民法通则》(以下简称《民法通则》),③以损害赔偿和停止侵害为主。④ 本文论述的企业高管民事责任体系同样适用。

《反垄断法》中虽多次提到“责令停止违法行为”等行政命令,但在此过程中企业是处罚主体,较少涉及企业内部高级管理人员,即讨论企业高管是否履行停止侵害的民事责任,意义不大。

因此,赔偿损失成为主要的民事责任类型。具体赔偿数额的确定,目前国内可借鉴《中华人民共和国反不正当竞争法》(以下简称《反不正当竞争法》)有关法律责任的相关条文,⑤以被侵害方损失的利润以及其他合理支出为主,同时没收管企业高管在垄断行为中的违法所得。

(二)刑事责任的认定与处罚

1. 企业高管在垄断行为中的刑事责任

关于刑事责任的条文,见于《反垄断法》第 52 条,在提到企业高管会因妨碍

---

① 《公司法》第 148 条规定:董事、监事、高级管理人员应当遵守法律、行政法规和公司章程,对公司负有忠实义务和勤勉义务。

② 《侵权责任法》第 15 条列举了 8 种承担侵权责任方式,包括停止侵害、排除妨碍、消除危险、返还财产、恢复原状、赔偿损失、赔礼道歉、消除影响、恢复名誉。

③ 《民法通则》第 134 条列举了 10 种民事责任,包括停止侵害;排除妨碍;消除危险;返还财产;恢复原状;修理、重做、更换;赔偿损失;支付违约金;消除影响、恢复名誉;赔礼道歉。

④ 最高人民法院《关于审理因垄断行为引发的民事纠纷案件应用法律若干问题的规定》第 14 条规定:被告实施垄断行为,给原告造成损失的,根据原告的诉讼请求和查明的事实,人民法院可以依法判令被告承担停止侵害、赔偿损失等民事责任。

⑤ 《反不正当竞争法》第 20 条规定:经营者违反本法规定,给被侵害的经营者造成损害的,应当承担损害赔偿责任,被侵害的经营者的损失难以计算的,赔偿额为侵权人在侵权期间因侵权所获得的利润;并应当承担被侵害的经营者因调查该经营者侵害其合法权益的不正当竞争行为所支付的合理费用。

反垄断调查等接受处罚,但缺乏具体量刑标准。实际操作中会引用《中华人民共和国刑法》(以下简称《刑法》)相关条文加以处理。

《刑法》对企业高管"忠实义务的履行"有明确限制,[①]其第169条第2项提到"以明显不公平的条件",与垄断、不正当竞争存在概念交叉。迁移到反垄断中个人刑事责任的认定,即为企业高管的行为若存在上述《刑法》规定的内容之一,对企业和社会带来损失和消极后果,有潜在的犯罪风险。

2. 相关刑事责任的构成要件

明确了高管刑事责任的认定和处罚的意义和目的,接下来对于企业高管的刑事责任的认定,主要从其四个犯罪构成要件进行分析。

(1)主体

本文所指的垄断犯罪的主体指企业高管,如串通招投标罪的决策者,即多数是企业的高级管理人员。

(2)主观方面

垄断犯罪的主观方面以直接故意为主,即企业高管,明知其相应行为会产生影响市场竞争的消极后果,却未停止实施,主观意愿上希望其发生。在上述情况中,若行为人是直接故意,则应追究其因失职导致的相关刑事责任。若是间接故意,则应按照实际情况考量。

(3)客体

由于垄断犯罪具有社会危害性广、破坏力大、影响后果严重等特点,其犯罪客体种类繁多,以市场经济秩序、公平竞争秩序以及消费者的权益为主。

(4)客观方面

客观方面是指扰乱市场秩序的相关行为,如滥用市场支配地位等。《刑法》规定的大多数经济犯罪要求"达到情节严重的程度",垄断犯罪加以类比也应有此情节犯要求,或可同时依据其破坏程度、非法获利金额等来加以辅助判定。[②]

---

① 《刑法》第169条规定:上市公司的董事、监事、高级管理人员违背对公司的忠实义务,利用职务便利,操纵上市公司从事下列行为之一,致使上市公司利益遭受重大损失的,处3年以下有期徒刑或者拘役,并处或者单处罚金;致使上市公司利益遭受特别重大损失的,处3年以上7年以下有期徒刑,并处罚金……

② 参见李豫黔:《垄断行为刑事责任论》,华东政法大学经济法学院2009年硕士学位论文。

3. 我国存在的不足

我国并未规定刑罚威慑和制裁制度,这样的立法缺失成为绊脚石。企业高管在承担相应的民事责任和行政责任之后,刑事责任即成为最后的措施。

(三)调查环节的行政责任

反垄断法下的行政责任主要是竞争者、经营者等广泛市场主体,因实施反垄断法所禁止的垄断行为而承担的行政处罚。本文将论述主体细化为危害竞争的管理者、决策者。

行政责任的产生阶段主要是在案件调查过程中,是否配合调查等相关行为。《反垄断法》第 42 条①强调"配合调查",第 52 条②是具体的处罚方式。结合《中华人民共和国行政处罚法》可知,被调查的人拒绝、阻碍调查的行为的,企业高管理应受到相关执法机构的行政处罚。

(四)公司与行业细则

除上文提及的三大责任类型外,我国由于垄断行为所导致的高管个人责任,也体现在其任职资格限制和其他处罚方面,下文将就关联公司和行业的细则进行分析。

1. 公司、上市公司

《公司法》第六章有明确条文对高管任职资格进行了限制,③其中关于对市场秩序的表述可与垄断责任相关联。针对上市公司的高管,早期主要是《中华人

---

① 《反垄断法》第 42 条规定:"被调查的经营者、利害关系人或者其他有关单位或者个人应当配合反垄断执法机构依法履行职责,不得拒绝、阻碍反垄断执法机构的调查。"

② 《反垄断法》第 52 条规定:"对反垄断执法机构依法实施的审查和调查,拒绝提供有关材料、信息,或者提供虚假材料、信息,或者隐匿、销毁、转移证据,或者有其他拒绝、阻碍调查行为的,由反垄断执法机构责令改正,对个人可以处二万元以下的罚款,对单位可以处二十万元以下的罚款;情节严重的,对个人处二万元以上十万元以下的罚款,对单位处二十万元以上一百万元以下的罚款。构成犯罪的,依法追究刑事责任。"

③ 《公司法》第 146 条第 2 款规定:"有下列情形之一的,不得担任公司的董事、监事、高级管理人员……(二)因贪污、贿赂、侵占财产、挪用财产或者破坏社会主义市场经济秩序,被判处刑罚,执行期满未逾五年,或者因犯罪被剥夺政治权利,执行期满未逾五年。"

民共和国证券法》(以下简称《证券法》)①和《证券公司高级管理人员管理办法》。②《证券法》中禁止合谋、串通等与垄断行为中的经营者集中、垄断协议相关。《证券公司高级管理人员管理办法》第17条规定了高管任职资格失效的情形,其中明确包含《公司法》《证券法》关于任职资格的规定,垄断行为可直接迁移适用。任职资格受限只是一方面,还有民事和刑事处罚,③以罚款、警告、涉嫌犯罪为主,详见《证券公司高级管理人员管理办法》第五章。

还有相关的部门规章,如《证券公司董事、监事和高级管理人员任职资格监管办法》《期货公司董事、监事和高级管理人员任职资格管理办法》分别对证券公司、期货公司的高管任职作了更加细化的规定。

2. 保险业

《保险公司董事、监事和高级管理人员任职资格管理规定》中有对任职资格的限制④和其他处罚。⑤ 其他处罚具体是指民事赔偿、行政处罚和刑事责任等。

3. 银行业

银行业的部门规章,主要是银监会发布的《银行业金融机构董事(理事)和高

---

① 《证券法》第68条规定:上市公司董事、监事和高级管理人员应当保证上市公司所披露的信息真实、准确、完整。第77条禁止操作证券市场的相关行为。

② 《证券公司高级管理人员管理办法》第二章规定了相关任职资格。

③ 《证券公司高级管理人员管理办法》第41条规定:证券公司高管人员违反法律、行政法规和中国证监会的规定,依法应予行政处罚的,依照有关规定进行处罚;涉嫌犯罪的,依法移送司法机关,追究刑事责任。第42条规定:申请人隐瞒有关情况或者提供虚假材料申请高管任职资格的,给予警告。第43条则规定了相关警告和暂停、吊销任职资格的情形,包括公司出现较大经营风险、重大经济损失或者发生重大金融犯罪案件和损害客户合法权益等。

④ 《保险公司董事、监事和高级管理人员任职资格管理规定》第43条规定:隐瞒有关情况或者提供虚假材料申请任职资格的机构或者个人,中国保监会不予受理或者不予核准任职资格申请,并在1年内不再受理对该拟任董事、监事或者高级管理人员的任职资格申请。该条文中的隐瞒情况和提供虚假资料都可能在反垄断审查中出现。第44条规定:以欺骗、贿赂等不正当手段取得任职资格的,由中国保监会撤销该董事、监事或者高级管理人员的任职资格,并在3年内不再受理其任职资格的申请。欺骗和贿赂等情况在垄断行为中出现频率不高,但也有一定可能性。

⑤ 《保险公司董事、监事和高级管理人员任职资格管理规定》第45条规定:保险机构违反《保险法》规定,中国保监会依照《保险法》除对该机构给予处罚外,对其直接负责的主管人员和其他直接责任人员给予警告,并处1万元以上10万元以下的罚款;情节严重的,撤销任职资格或者从业资格。此条主要是针对保险机构违法,直接负责的相关主管的行政处罚和资格限制等。第46条规定:保险机构或者其从业人员违反本规定,由中国保监会依照法律、行政法规进行处罚;法律、行政法规没有规定的,由中国保监会责令改正,给予警告,对有违法所得的处以违法所得1倍以上3倍以下罚款,但最高不超过3万元,对没有违法所得的处以1万元以下罚款;涉嫌犯罪的,依法移交司法机构追究刑事责任。主要是针对违法所得的相关罚款和涉嫌犯罪的可追究相关刑事责任。

级管理人员任职资格管理办法》。与上述行业类似，其中规定具有良好的守法合规记录和履行对金融机构的忠实与勤勉义务等是任职的基本条件。

通过上文对国内现行责任体系（民事、刑事、行政）与相关公司和行业细则的分析，目前国内针对由垄断行为导致的"企业高管个人责任"，主要借鉴和引用已有的法律成文规定，对责任进行定性、定量并采取相应处罚措施。但由于引用的条文相对分散和混乱，加之在实务操作中相关司法和执法部门拥有较大的自由裁量权，惩罚力度和措施差异明显，不利于市场的稳定和国内反垄断执法的进一步发展。

三、国外反垄断法系下企业高管的法律责任

本文选取3个较为典型的国家，介绍域外有关企业高管的个人责任制度。

美国对竞争规制起源较早，发展相对完善。《谢尔曼法》《克莱顿法》《联邦贸易委员会法》共同构成了现今美国竞争法体系的主体。

欧盟对竞争的相关法规主要是《欧盟运行条约》（Treaty on Functioning of the EU）和第1/2003项委员会条例[Regulation（EU）1/2003]。

日本现行的反垄断法体系，以《禁止私人垄断与维护公平交易法（反垄断法）》①《禁止私人垄断及确保公正交易法施行令》《不公正的交易方法》和日本公正交易委员会颁布的相关指南等共同组成。

（一）处罚金制度

国外司法辖区对违反竞争法的企业高管、个人普遍采用处罚金制度，即民事责任的主要类型。

首先是美国，个人的罚金上限经历了逐步发展的一个过程。1990年美国国会提高了《谢尔曼法》个人的罚金上限，从100,000美元提至350,000美元。②

---

① 1947年4月14日第54号法，最新由2005年4月27日第35号法修改。See Act Concerning Prohibition of Private Monopoly and Maintenance of Fair Trade（Anti-monopoly Act）（Law No. 54 of April 14,1947,as last amended by Law No. 35 of April 27,2005）.

② Antitrust Amendments Act of 1990, Pub. L. No. 101 – 588（1990）,104 Stat 2880（codied at 15 USC § § 1,2）.

2004 年《反托拉斯刑事惩罚增强与改革法》(Antitrust Criminal Penalty Enforcement and Reform Act)将罚金从 350,000 美元提高到 1000,000 美元。违反反垄断法的个人罚金还会依据《联邦刑事罚款强制执行法》(Federal Criminal Fine Enforcement Act)受到双倍处罚。

在欧洲大陆,罚款主要针对实施串通招投标行为的个人。在德国,个人可能会面临上限 1000,000 欧元的处罚。荷兰的执法机构针对个人的罚款最高达 450,000欧元。法国罚款上限为 75,000 欧元。

日本关于个人民事责任的相关规定,涉及损害赔偿①和停止损害②两个方面。执行垄断协议或滥用市场支配地位的高级管理人员可能受到最高 5 年监禁或最高 500 万日元的罚款。

总体来说,美国针对反垄断法个人的处罚金制度发展早且成熟,欧洲各国的罚金上限存在差异,日本的罚金与经济情况相关。罚金的上限以及执行力度,与司法辖区自身的经济发展状况和法律体系的完善度相关。

(二)刑事诉讼和监禁制度

刑事责任方面体现为刑事诉讼和判处监禁。

美国着重刑事制裁。20 世纪 90 年代初,例行起诉和严厉惩罚成为竞争政策的公认要素。后期改革卡特尔刑事责任制度,个人的监禁刑期进一步延长。③ 近年来,美国司法部反托拉斯局(U. S. Department of Justice Antitrust Division)的职能不断强化,对个人垄断违法责任的追究常态化。

欧洲大陆,针对个人刑事责任的处罚以监禁形式为主。例如,针对串通投标的行为,爱尔兰处以最高 10 年的监禁期,④法国为 4 年。丹麦针对出于故意的卡特尔违法行为的个人监禁刑期最高可到 18 个月;情节严重达 6 年。

---

① 日本《禁止私人垄断与维护公平交易法》第 25 条规定:进行私人垄断或不当交易限制的使用不公正交易方法的事业者,对被害者负有损害赔偿的责任。

② 日本《禁止私人垄断与维护公平交易法》第 24 条规定:受害者可直接向法院提起停止侵害的诉讼请求。该条款是充实日本反垄断法民事责任救济手段的重要表现之一。

③ 《反托拉斯刑事制裁强化和改革法》将个人刑事责任下的有期徒刑刑期从 3 年增加到 10 年。

④ See Marco Slotboom (VVGB Advocaten), Individual Liability for Cartel Infringements in the EU: An Increasingly Dangerous Minefield, Kluwer Competition Law Blog, Accessed Nov. 1, 2017, http://kluwercompetitionlawblog.com/2013/04/25/individual-liability-for-cartel-infringements-in-the-eu-an-increasingly-dangerous-minefield/.

不同司法辖区的司法实践虽存在差异，但总体来看，刑事监禁成为当今反垄断法个人责任制度的发展方向。

（三）高管个人资格取消与限制

行政责任主要表现为行政执法机构对于个人的处罚决定，在国外与高管个人资格的限制、取消密切相关。

例如，英国针对参与价格垄断的个人，面临最高为期15年的剥夺担任企业高管资格。德国竞争管理机构根据《反限制竞争法》（German Act against Restraints of Competition），对个人有关行政责任拥有起诉自由裁量权。

四、我国反垄断法下企业高管法律责任的完善

结合国内现有的对反垄断行为企业高管的处罚以及国外实践，笔者意识到国内高管个人责任制度需要进一步体系化、明确化。

（一）责任的定性与定量

在责任的定性与定量上，从三大类基础责任类型入手。

1. 民事责任

民事责任方面主要是借鉴国外司法辖区成熟的处罚金制度。罚金会对被起诉和罚款的企业、企业高管造成“信任危机”，从而产生威慑效果。关于罚金具体金额的确定，需结合垄断行为涉及的市场份额、高管个人获利、市场经济等共同确定。

2. 刑事责任

刑事责任方面，政府机构必须坚持“严打威慑”理念，通过严厉的刑事处罚起到威慑作用。严厉刑罚制度适用的基础是《刑法》和《反垄断法》针对高管所作出的不利于市场竞争的行为的刑事责任。为了体现刑事处罚的最后手段性，要对相关罪名的适用范围和情形予以严格限制。例如，尽快确定企业高管不同违法程度下的监禁年限，并与主动自首行为的减免制度相联系（在刑事责任的认定中，应当提供刑事豁免，与现有宽大制度结合）。

3. 行政责任

行政责任集中于垄断行为的调查环节,针对是否配合调查、阻挠调查、隐藏证据等,可采取相应的行政处罚。其主要与企业高管相关资格的剥夺相关,如任职资格和董事资格,停止参与公司的治理、决策等事宜。

(二)配套制度的补充

除上述针对企业高管个人责任制度的定性分析和发展建议外,还需要注意配套制度的补充与完善,并以宽恕制度为主。

国内现行宽恕制度①主要针对经营者,可以借鉴美国和欧盟的做法,进一步完善,如前文所提到的刑事责任认定中的豁免与宽恕制度。在认定存在宽恕情节时,根据时间和情节来判定宽恕程度。时间主要有垄断调查开始前、调查中通报前、通报后三个阶段,情节依据违法行为的严重性进行划分。行为包括主动汇报、积极协助调查取证、停止相关违法行为、主动承担损害赔偿责任等。

五、结　　语

近些年来,复杂的市场经济环境对国内反垄断责任体系提出了更严苛、细致的要求。国外的实践,进一步凸显了高管个人责任制度建立的必要性与重要性。

法律制度的确立和调整不会在真空的环境中发生。反垄断法下企业高管个人责任的完善,应立足于国内现有的反垄断法体系、政治制度和文化基础,考虑国情的特殊性,遵循社会主义法治理念的要求,处理好法律与政治这两个上层建筑中的基本要素,服务于市场经济和社会的良性发展。

我国逐渐成为世界上重要的反垄断审查地区,反垄断执法工作越发受到世界瞩目。我国应深入研究反垄断法下企业高管的责任制度,加强对企业和高管

---

① 《反垄断法》第46条第2款规定:经营者主动向反垄断执法机构报告达成垄断协议的有关情况并提供重要证据的,反垄断执法机构可以酌情减轻或者免除对该经营者的处罚。《工商行政管理机关禁止垄断协议行为的规定》第11条规定:经营者主动向工商行政管理机关报告所达成的垄断协议的有关情况并提供重要证据的,工商行政管理管理机关可以酌情减轻或者免除对该经营者的处罚。第12条规定:对第一个主动报告所达成垄断协议的有关情况、提供重要证据并全面配合调查的经营者,免除处罚。对主动向工商行政管理机关报告所达成垄断协议的有光情况并提供重要情况的其他经营者,酌情减免处罚。

的双重威慑，提升企业的反垄断合规意识和水平，维护市场竞争的良性发展，进一步促使我国在国际竞争规则制定和秩序构建中掌握更多话语权，以更好地参与经济全球化与贸易一体化。

从"替代国法"到"新方法"：WTO视角下的欧盟对华反倾销措施

张　骏*

摘　要：随着2016年12月11日《中国入世议定书》第15条(a)项第(ii)目的失效，欧盟针对中国出口产品适用的反倾销"替代国法"将失去法律依据。任何潜在的替代性方法，如欧盟在当前敏感时期所提出的"新方法"，都必须回归到WTO反倾销一般规则和相关判例的规制框架下。同时，"欧盟—生物柴油案"为判断欧盟潜在"新方法"的WTO合规性迈出了积极的一步。以该案法理作为参考，若欧盟将来以任何形式企图使其"替代国法"死灰复燃，中国应该毫不犹豫诉诸WTO争端解决程序，捍卫自己的合法权益。

关键词：替代国法；中国入世议定书；WTO

From the "Non-Market Economy Methodology" to the Newly-proposed Approach: WTO Scrutiny of the EU's Desperate Anti-Dumping Regime against China

Zhang Jun

Abstract: The expiration of para. 15(a)(ii) of China's Accession Protocol on 11 December 2016 shall terminate the application of the NME methodology to the Chinese exports, as well as the imposition of burden of proof upon the Chinese producers. Any alternatives to that NME methodology, e. g., the newly-proposed approach by the EU during this sensitive period of time, must be consistent with the

* 对外经济贸易大学法学院2013级本科生，现为对外经济贸易大学法学院2017级硕士研究生。

WTO's anti-dumping rules and jurisprudence. Meanwhile, the EU-Biodiesel case took a positive step toward the resolution of problems on that "new approach". With this clear and unequivocal jurisprudence, China should not hesitate to file a WTO action against the EU, wherever it finds that the EU has brought its NME methodology back to life.

Key Words: non-market economy methodology; China's Accession Protocol; WTO

加入世界贸易组织(World Trade Organization, WTO)之时我国曾在《中国入世议定书》中承诺,涉及中国产品反倾销调查中的正常价值确定,除非相关中国出口商能够证明其所在行业由市场经济条件主导外,进口成员方有权使用第三国替代价格而非中国国内市场价格来确定被调查产品的正常价值。[①] 另外,根据《中国入世议定书》第15条(d)项之规定,此种中国非市场经济地位的假设应在2016年12月11日到期失效。随着此等失效日期的临近,有关是否应当在反倾销调查中继续视中国为非市场经济国家的争论持续升级。[②] 其中部分学者一反正常逻辑,提出2016年12月11日之后,WTO成员方(如欧盟)针对中国的替代国法仍可继续适用。[③]

虽然欧盟和美国迄今仍未废除其国内法中的"替代国法",两个WTO成员却均"未雨绸缪",为2016年12月11日之后的对华反倾销调查寻求新的替代性方法。以欧盟为例,欧盟委员会已经提出修改现行反倾销法规的建议。[④] 一旦相

---

① Accession of the People's Republic of China, WT/L/432, 23 November 2001.

② Barbara Barone, One Year to Go: The Debate over China's Market Economy Status (MES) Heats Up, Directorate-General for External Policies, Policy Department, European Parliament, 1 – 24 (2015); Joris Cornelis, "China's Quest for Market Economy Status and Its Impact on the Use of Trade Remedies by the European Communities and the United States", *Global Trade & Customs Journal* (2007).

③ See Jorge Miranda, "Interpreting Paragraph 15 of China's Protocol of Accession", *Global Trade &Customs Journal*, (2014); Laurent Ruessmann & Jochen Beck, "2016 and the Application of an NME Methodology to Chinese Producers in Anti-dumping Investigations", *Global Trade & Customus Journals* (2014); Bernard O'Connor, The Myth of China and Market Economy Status in 2016; Terence P. Stewart, William A. Fennel, Stephanie M. Bell & Nicholas J. Birch, "The Special Case of China: Why the Use of a Special Methodology Remains Applicable to China after 2016", *Global Trade & Customs Journal* (2014).

④ Council Regulation (EC) No. 2016/1036 of 8 June 2016 on protection against dumped imports from countries not members of the European Community.

关提议内容确定之后,欧盟委员会将正式向欧洲议会和理事会递交提案以寻求二者的审议和通过。①

在此背景下,中国应该积极准备应对将来欧盟对华的新反倾销调查策略。值得注意的是,最近发布的"欧盟—生物柴油案"裁决报告,向我们展示了欧盟在反倾销规则修改过程中可能采取的模式。在该案中,专家组和上诉机构第一次就 WTO《反倾销协定》第2.2.1.1条中的"合理"标准作出了分析,从而在很大程度上丰富了现有 WTO 体制内反倾销规则的法理。因此,"欧盟—生物柴油案"中相关法理的理解,对于分析中国在2016年12月11日后可能遭遇何等欧盟反倾销措施意义深远。

本文以分析欧盟现存"替代国法"和中国的市场经济地位之间的关系为切入点,进一步解释为何《中国入世议定书》相关条款的失效会导致该"替代国法"的废除。随后,本文将对欧盟近期寻求所谓"新方法"的实践做简单梳理。最后,本文将以对"欧盟—生物柴油案"的法理分析为基础,讨论本案将对中国日后挑战欧盟对华反倾销"新方法"带来的启示。

一、在 WTO 体制下审视欧盟"替代国法"与中国的市场经济地位的关系

(一)《中国入世议定书》第15条:欧盟"替代国法"的主要依据

简言之,各成员方入世议定书中的规则与 WTO 多边贸易协定相一致,但其中也包含成员方的特别承诺。② 每个新加入的成员方在入世议定书中作出的特别承诺,都是 WTO 法律规范的组成部分。③ 就我国而言,《工作组报告》第151段载明,各成员方认为中国属于转型经济体,因此在涉及我国产品的反倾销价格

---

① See Cecilia Malström, "Commissioner for Trade at a meeting of stakeholders in Brussels", Accessed Nov. 17 2017. available at: http://trade.ec.europa.eu/doclib/docs/2016/march/tradoc_154363.pdf.

② For a compilation of terms of accession, including commitments on rules, see the addendum to the WTO Secretariat Technical Note on the Accession Process, WT/ACC/10/Rev.4/Add.1, May 25, 2010.

③ Matthew Kennedy, "The Integration of Accession Protocols into the WTO Agreement", *Journal of World Trade* (2013).

对比上，可能需要采取不同的方法。[①]

正是为了解决以上的顾虑，《中国入世议定书》第 15 条(a)项第(ii)目规定了当中国出口商不能证明自己所在行业由市场经济条件主导时，进口成员方可以在反倾销调查的价格比对过程中，采取偏离《反倾销协定》第 2.1 条规定的一般方法之外的特殊方法。

欧盟在其《反倾销一般条例》(以下简称《一般条例》)中，再次确立此种偏离的特殊方法，并将中国界定成了一个非市场经济国家，却没有提供市场经济国家的定义。[②]《一般条例》中对替代国法的适用规定如下：除非中国出口商能够证明其在市场经济条件下运营，否则欧盟反倾销调查机关将采取特殊方法确定涉案产品正常价值。[③] 在实践中，欧盟使用的此种特殊方法，正是规定在《一般条例》第 7(a)条中的“替代国方法”，即使用相关产品在第三国的销售价格而非中国国内销售价格来确定正常价值。此等方法的使用，使欧盟在实践中往往得以高估相关产品的倾销幅度，相较使用一般方法而言，欧盟可对中国出口产品征收更高昂的反倾销税。

(二)欧盟将我国视为非市场经济国家的标准以及此等标准的 WTO 合规性

部分 WTO 成员如欧盟、美国，[④]对是否认可另一成员为市场经济国家制定了一系列具体标准，这些标准同样适用于我国。就欧盟而言，其判断标准并未载于其国内立法之中。[⑤] 官方文件显示，欧盟在判断一国是否为市场经济国家时会考虑五条标准。[⑥] 此外，《一般条例》第 2.7(c)条则列明了在判断个案中中国出口商是否在市场经济条件下运营所需考虑的五条标准。

---

① Report of the Working Party on the Accession of China, WT/ACC/CHN/49, 1 October 2001.

② Council Regulation(EC) No. 2016/1036 of 8 June 2016 on protection against dumped imports from countries not members of the European Community.

③ Art. 7(a) of the Basic Regulation.

④ Section 771 (18) (A) of the Tariff Act of 1930 defines the NME as “any country that the administering authority determines does not operate on market principles of cost or pricing structures, so that sales of merchandise in such country do not reflect the fair value of the merchandise”.

⑤ European Parliamentary Research Service, Granting Market Economy Status to China: An Analysis of WTO Law and of Selected WTO Members Policy(2015).

⑥ Commission Staff Working Document, Progress by the People's Republic of China towards Graduation to Market Economy Status in Trade Defence Investigations(19 Sept. 2008).

在对以上标准的适用中,欧盟对我国市场经济地位的最终评估在2008年9月完成,结论是中国仅仅满足一条相关标准,因此不具有市场经济地位。此外,自2012年起,没有中国出口商在欧盟反倾销调查中被判定为在市场经济条件下运营。①

正如部分学者所指出的,若对欧盟以上所谓的市场经济标准进行分析,不难发现这些标准极可能与基本的WTO规则不符。例如,尽管《反倾销协定》第2.2.1.1条仅规定相关出口商的会计记录应符合相应出口国的公认会计准则(Generally Accepted Accounting Principles, GAAP),欧盟却把该标准提升到应符合国际会计准则。因此,尽管欧盟从始至终否认中国具有市场经济地位,其用以判断中国非市场经济地位的标准是否符合WTO规则,是有争议的。

上述欧盟判断市场经济的标准对我国尤其重要,因为在《中国入世议定书》第15条下,能否满足成员内国市场经济标准直接决定了最终何种方法将被反倾销调查机关使用。具体说来,根据第15条(a)项第(i)目,我国出口商可向反倾销调查机关证明市场经济条件主导其所在行业;或者根据第15条(d)项第1句及第3句,中国可证明其为市场经济国家或市场经济条件主导某一特定行业。以上证明成功,则确定正常价值的一般方法能够适用;反之,替代国法将适用。

尽管第15条体现了对我国非市场经济地位的假设,但应当注意,不同于一些学者的看法,②第15条(a)项和(d)项均无意认定我国在加入WTO之时是否为一个市场经济国家,因为"地位"和"方法"是完全不同的两个问题。③ 此等关系的澄清,正是化解2016年12月11日后欧盟能否继续对华使用替代国法之谜团的关键。

(三)"替代国法"和"市场经济地位"是完全不同的两个问题

部分学者辩称,第15条假设中国是一个非市场经济国家,④而事实上中国在

---

① See Minyou Yu, Jian Guan, "The Non-Market Economy Methodology Shall Be Terminated After 2016", *Global Trade & Customs Journal*(2016).

② See Bernard O'Connor, "Much Ado About 'Nothing': 2016, China and Market Economy Status", *Global Trade & Customs Journal*(2015).

③ See Appellate Body Report, EC-Fasteners, para. 86.

④ See Jorge Miranda, "More on Why Granting China Market Economy Status After December 2016 is Contingent upon Whether China Has in Fact Transitioned into a Market Economy", *Global Trade & Customs Journal*(2016).

2016年后将继续是个非市场经济国家,因此,"替代国法"将对中国继续适用。[①]此等观点是极其荒谬且不合理的,因为他们混淆了"方法"和"地位"的关系。正如一些学者所指出,二者的概念范畴是完全不同的,[②]具体理由如下:

第一,《中国入世议定书》第15条仅仅服务于"确定正常价值"的目的,而无意于认定中国是否为一个市场经济国家。如前文所述,《工作组报告》第151段载明WTO成员考虑到中国是一个转型经济体,担心正常价值确定的一般方法在进行对华反倾销价格对比的过程中可能并不合适。正是为了解决这一顾虑,涉及中国商品的正常价值确定之特殊方法才被规定在了《中国入世议定书》第15条中。因此,整个第15条的目的和宗旨,是解决涉及中国出口产品的反倾销调查中正常价值的确定问题,而绝非认定中国是否是一个市场经济国家。

第二,认为中国只有证明其实际上是一个市场经济国家,或者中国出口商只有证明市场经济条件在其行业中主导,才能在反倾销调查中适用一般方法的观点是错误的。尽管第15条(a)项第(i)目规定只有在上述相关市场经济标准被满足时,一般方法才能够适用,但应该认识到,这一规定是一个典型的充分条件,而不是必要条件。[③] 它仅仅意味着一旦条件满足(相关市场经济标准的满足得以证明),结论(适用正常价值确定的一般方法)就是确定的。因此,我们可以推断"非常市场经济地位"的废除并不取决于中国实际上是不是一个市场经济国家。相反,相关市场经济条件的达成仅仅是一个给中国出口商的附条件的"优待",即能够让其在2016年12月11日之前提前结束"替代国法"的适用。因此,第15条(d)项中所涉及的需要证明的市场经济条件,与判断中国实际上是否是一个市场经济国家没有关系。

至此我们能够得出结论,第15条的目的仅仅在于解决针对我国出口商反倾销调查过程中的价格对比问题。尽管这一问题的解决途径之一是通过证明中国或者相关行业是否具有市场经济条件,但这并不说明第15条的根本目的,是去定义中国实际上是否是一个市场经济国家。因此,"方法"和"地位"的问题必须

① See Jorge Miranda, "Interpreting Paragraph 15 of China's Protocol of Accession", 9(3) *Global Trade & Customs Journal*(2014).

② See Minyou Yu, Jian Guan, "The Non-Market Economy Methodology Shall Be Terminated After 2016", *Global Trade and Customs Journal*(2016).

③ Ibid.

得到有力的澄清。

二、欧盟“替代国法”在第15条(a)项第(ii)目失效后的废止

根据第15条d项第2句,欧盟赖以适用“替代国法”的第15条(a)项第(ii)目将在中国“入世”15年后,即2016年12月11日失效。前文已经阐明,“方法”和“地位”是两个完全不同的问题。根据这一结论,无论2016年12月11日之后中国是否实际上是一个市场经济国家,《中国入世议定书》中授权使用“替代国法”的条款都会失效。第15条(d)项第2句中的“无论如何”,意味着没有任何解释空间去曲解相关条款的失效。换句话说,该等“替代国法”的废止并不取决于任何市场经济条件的达成。因此,任何基于中国2016年12月11日之后事实上仍然是非市场经济国家,从而替代国法得以继续适用的观点都是错误的。

但部分学者认为第15条的剩余部分仍将使“替代国法”继续有效。其中,欧康纳认为第15条(a)项中的条款将继续为“替代国法”提供法律依据。[①] 特伦斯(Terence)和其他学者亦持有类似观点。[②] 他们声称第15条(a)项第(ii)目仅仅简单地列明可供成员方选择的其中一种方法,而该条款的失效也仅仅废止了这一种方法。[③]

作为对以上观点的回应,本文认为:第一,第15条(a)项第(ii)目失效将导致“替代国法”的废止的观点是有WTO争端解决先例支持的;第二,“替代国法”将无法在第15条的剩余条款中找到其存续的法律依据。

(一)“替代国法”的废止在“欧盟—紧固件案”中已经被确认

关于《中国入世议定书》第15条(d)项中的“失效条款”范围问题,上诉机构已经在“欧盟—紧固件案”中做出了回应。上诉机构认为第15条(d)项有两部分

---

① See Bernard O' Connor, "The Myth of China and Market Economy Status in 2016", Accessed Nov. 17, 2017. http://worldtradelaw.typepad.com/files/oconnorresponse.pdf.

② See Alan H. Price, Timothy C. Brightbill & Scott Nance, "The Treatment of China as an NME Country After 2016", *Wiley Rein LLP* (2015).

③ See Terence P. Stewart, William A. Fennell, Stephanie M. Bell & Nicholas J. Birch, "The Special Case of China: Why the Use of an NME Methodology Remains Applicable to China After 2016", *Global Trade & Customs Journal* (2014).

内容:第一部分是在2016年之前提前终结“替代国法”的条件;第二部分是2016年之后“替代国法”的终结。[①] 因此,在上诉机构看来,2016年12月11日是“替代国法”终结的截止日期,尽管第15条(d)项中也包含在这截止日期前提前终结“替代国法”的条件。换句话说,如果中国能够证明载于该条款中的市场经济条件,则“替代国法”将在2016年12月11日之前不对中国适用;但即使中国不能证明相关条件满足,“替代国法”也将在2016年12月11日后失效废止。

诚如部分学者所指出的,“欧盟—紧固件案”中的这部分法理被人为忽视了。[②] 比如,一些学者提出上诉机构的这部分论述仅仅是附带意见(obiter dictum),因此并无遵循的必要。[③] 但这种观点是错误的。的确在该案中,上诉机构所要解决的争议要点并不是第15条(a)项第(ii)目的失效问题,因而其相关论述也许并不构成判决理由(ratio decidendi),但这部分论述却也构成对第15条a项和d项的法律解释。[④] 因此,这部分解释不应该被轻易忽视。没有确凿的原因偏离这项解释时,[⑤]上诉机构在“欧盟—紧固件案”中的解释应当被遵循。

作为小结,认为第15条(a)项第(ii)目的失效将会使“替代国法”失去法律依据的观点,与上诉机构在“欧盟—紧固件案”中的观点是一致的。如前文所述,这并不意味着中国将会自动被所有WTO成员方视为市场经济国家。但是,即使个别WTO成员方在其内国法中仍然将中国归类为非市场经济国家,这种归类在反倾销调查范畴内也仅有一种象征性意义,不能对“替代国法”的废除带来任何的实质性影响。[⑥]

---

① See Appellate Body Report, EC-Fasteners (China), para. 289.

② See Ediwin Vermust, Juhi Dion Sud, Simon J. Evenett, “Normal Value in Anti-Dumping Proceedings against China Post - 2016: Are Some Animals Less Equal Than Others”, *Global Trade & Customs Journal* (2016).

③ See Theodore R. Posner, “A Comment on Interpreting Paragraph 15 of China's Protocol of Accession by Jorge Miranda”, *Global Trade & Customs Journal* (2014).

④ See Minyou Yu, Jian Guan, “The Non-Market Economy Methodology Shall Be Terminated After 2016”, *Global Trade & Customs Journal* (2016).

⑤ See Appellate Body Report, US-Stainless Steel, para. 160.

⑥ See Ediwin Vermust, Juhi Dion Sud, Simon J. Evenett, “Normal Value in Anti-Dumping Proceedings against China Post - 2016: Are Some Animals Less Equal Than Others”, *Global Trade & Customs Journal* (2016).

(二)第15条的剩余部分并不能给替代国法提供法律依据

第15条(a)项第(ii)目失效后,"替代国法"将不能在第15条的剩余条款,即第15条(a)项中找到法律依据。正如一些学者所指出,第15条(a)项的结构决定了其自身并不对成员方课以单独的义务。[①] 相反,它仅仅给成员方赋予了根据第(i)目和第(ii)目条件是否满足进行选择的权利。这一结构和WTO规则中的其他自成一体的帽款有明显不同。以GATT(关税及贸易总协定,General Agreement on Tariffs and Trade,GATT)第13.2条为例,其明确单独规定了各成员方应如何对各自的数量限制措施进行监管。另外,GATT第13.2条第d项则单独规定了当涉及主要供应国,数量限制措施份额当如何分配的问题。这说明第13.2(d)条与第13.2条对成员方课以了在不同情形下适用的、完全不相同且独立运行的义务。[②] 回到《中国入世议定书》第15条(a)项,其在帽款中明确载明,帽款的适用将依据第(i)目、第(ii)目进行。该帽款本身再无多余文字规定成员方的权利义务。

更进一步说来,将15条(a)项剩余条款解释为"替代国法"的新法律依据,将会不可避免地使第15条(d)项第2句冗余,进而违反了WTO相关判例所建立的条约解释"有效性原则"。根据该原则,在对条约进行解释时,应当对条约的每个部分都做有效性解释,避免某一部分的冗余和无效。[③] 将这一原则适用到第15条(a)项则不难发现,如果将第15条(a)项解释为单独为"替代国法"提供了另一个法律依据,便会使它与随后的第15条(a)项第(ii)目规定了完全相同的权利义务关系。这无疑将会使第15条(a)项第(ii)目的存在显得冗余,进而与条约有效性解释原则相矛盾。

三、欧盟在2016年之后的对华反倾销措施:"新方法"的出现

(一)欧盟的困境:对华激进贸易措施的诉求

身处波诡云谲的当今国际局势中,欧盟的未来充满了诸多不确定因素。在

---

① See Minyou Yu, Jian Guan, "The Non-Market Economy Methodology Shall Be Terminated After 2016", *Global Trade & Customs Journal*(2016).

② See Appellate Body Report, EC-Bananas III(2nd 21.5 by Ecuador), para. 338.

③ See Appellate Body Report, US-Gasoline, para. 23.

国际层面,世界经济的低迷使反全球化与贸易保护主义抬头。2017 年 3 月 1 日,美国联邦贸易代表(United States Trade Representative,USTR)发布了特朗普政府年度贸易政策安排。其中抨击了 WTO 争端解决机制的权威性以及呼吁政府采取更为激进的贸易措施,并声称美国将主动进攻以捍卫其在贸易政策制定方面的主权,WTO 裁决报告并不当然导致美国国内法的更改。① 作为回应,中国外交部发言人 2017 年 3 月 3 日再次强调,中国将会坚持遵守其在 WTO 项下的义务,捍卫和发扬以规则为基础的多边贸易体制。② 相同的立场则在 2017 年 3 月 5 日中国政府年度工作报告中出现,李克强总理强调,中国将会毫不动摇地推进全球经济合作,捍卫多边贸易体制。③

而在欧盟内部层面,欧盟则深陷诸如英国脱欧、难民危机和失业率提高等一些问题。在欧盟委员会近期发布的《影响评估报告》中,欧盟委员会估计一旦欧盟给予中国市场经济地位并在反倾销调查中对中国使用一般方法,被削弱的反倾销措施将不能保护欧盟本土市场遭受中国倾销商品带来的损害。④ 这将在短期内带来约 73,700 个工作岗位的流失,长期看来则远不止如此。⑤ 欧盟主要受此影响的成员方将占欧盟 80% 的就业人口。⑥

正是在此种背景下,欧盟将会把现行贸易政策调整得更加激进。⑦ 而就对华反倾销调查而言,最直接的办法便是寻找一个能在 2016 年 12 月 11 日之后继续

---

① See USTR office,"2017 Trade Policy Agenda and 2016 Annual Report of the President of the United States on the Trade Agreements Program" (March 2017), Accessed Nov. 11, 2017, https://insidetrade. com/sites/insidetrade. com/files/documents/mar2017/wto2017_0064b. pdf.

② Extract of the press conference, Accessed Nov. 11, 2017, https://insidetrade. com/trade/china-responding-trump-trade-agenda-re-emphasizes-commitment-wto-system.

③ See Li Keqiang, Premier of the State Council, "Report on the Work of the Government, delivered at the 5 th session of the 12 th National People's Congress of the People's Republic of China on 5 March 2017", Accessed Nov. 11, 2017, http://www. gov. cn/guowuyuan/2017 – 03/16/content_5177940. htm.

④ Commission Staff Working Document, Impact Assessment, Possible Change in the Calculation Methodology of Dumping Regarding the People's Republic of China (and other non-market economies), p. 34.

⑤ Ibid, p. 35.

⑥ Ibid, p. 32.

⑦ See European Council, "Towards a robust trade policy for the EU in the interest of jobs and growth", Accessed Nov. 11, 2017, http://ec. europaeu/priorities/publications/european-council – 20 – 21 – october – 2016 – towards-robust-trade-policy-eu_e n, (2016).

使用的替代性方法。[①]

(二)欧盟对《一般条例》的修订

2016年7月20日,欧盟委员会提出要正式着手解决《中国入世议定书》相关条款失效的问题。[②] 其发布的《影响评估报告》,则进一步分析了是否要对中国继续使用"替代国法"。在后续欧盟委员会提出的修改《一般条例》的建议中,提及了增加一种"国别中立"的"新方法"来解决国家干预情况下的价格扭曲问题。在此新提议的方法下,当成员方市场被认定为存在国家干预时,其国内价格和成本就不能用来确定正常价值。相反,推定正常价值将会建立在未被扭曲的市场价格或基准价格之上。为了达到这个目的,可供使用的数据包括了欧盟主管机关所认定的合适的第三替代国价格。

欧盟是否会放弃其对华"替代国法"仍有待观察事态的进一步发展,而目前这一争议,也已经从学界的讨论升级到了WTO争端解决的层面。2016年12月12日,《中国入世议定书》第15条"失效条款"规定的截止日期届满的第二天,中国向美国和欧盟正式发起磋商请求,也由此正式将争端诉诸WTO争端解决途径。[③] 在4月3日举行的特别会议上,争端解决机构同意设立专家组审议中国和欧盟有关反倾销调查中价格对比方法的争端。

根据上文可以断定,"新方法"将会保留继续适用"非市场经济"方法的可能性,只不过这种适用表面上是不分国别地普遍适用而已。欧盟贸易委员会委员玛尔姆斯特伦(Cecilia Malstrom)也提道,"新方法"将力图达到与旧"替代国法"相当的保护程度。[④] 因此,中国更有必要根据现有信息,提前预判欧盟潜在"新方

---

① See "Commission urges Member States to support proposals to strengthen European defence against unfair trade", Accessed Nov. 11, 2017, http://trade. ec. europa. eu/doclib/press/index. cfm? id = 1564, last visit 2016 November 24.

② Extracts of the press conference, Accessed on Nov. 17, 2017, http://ec. europa. eu/avservices/video/player. cfm? ref = I124960.

③ See WTO News: DS515 United States-Measures Related to Price Comparison Methodologies; DS516 European Union-Measures Related to Price Comparison Methodologies, Accessed on Nov. 17, 2017, https://www. wto. org/english/tratop_e/dispu_e/dispu_status_e. htm.

④ European Commission, Proposal for a Regulation of the European Parliament and of the Council Amending Regulation (EU) 2016/1036 on protection against dumped imports from countries not members of the European Union and Regulation (EU) 2016/1037 on protection against subsidized imports from countries not members of the European Union, (2016), p. 2.

法”的 WTO 合规性。

四、WTO 视角下的欧盟“新方法”:基于“欧盟—生物柴油案”的分析

2016 年 10 月 6 日发布的“欧盟—生物柴油案”上诉机构报告,展示了欧盟在反倾销规则修改过程中可能采取的模式。在本案中,专家组和上诉机构第一次就 WTO《反倾销协定》第 2.2.1.1 条中的“合理”标准作出了分析,从而在很大程度上丰富了现有 WTO 体制内反倾销规则的法理依据。① 因此,对“欧盟—生物柴油案”中相关法理的分析,对中国 2016 年 12 月 11 日后将遭遇何等的欧盟反倾销措施,具有很强的借鉴意义。

(一)涉案措施:欧盟《一般条例》本身及其实施

本案中,原告阿根廷提起了两层诉求。第一层是针对欧盟《一般条例》第2.5 条本身(as such)之诉。② 根据这一条款,当欧盟反倾销主管机关在进行涉及阿根廷进口产品的反倾销调查中,认为推定正常价值“不正常或者人为偏低”,而这种结果是由于所谓的“国内市场扭曲”造成时,欧盟主管机关便可不使用或者调整后使用阿根廷出口商所记录的成本数据。③ 阿根廷认为欧盟此项措施违反了《反倾销协定》第 2.2.1.1 条以及第 2.2 条。

阿根廷的第二层诉求,是针对欧盟针对其生物柴油产品所具体实施的反倾销措施(as applied)。具体说来,在涉及倾销幅度计算、损害认定以及反倾销税的征收过程中,欧盟以下措施违反了《反倾销协定》项下的义务:第一,拒绝在计算涉案产品成本时使用阿根廷出口商记录的数据;第二,拒绝在确定涉案产品推定

---

① See Weihuan Zhou, Andrew Percival, “Panel Report on EU-Biodiesel: A Glass Half Full? Implications for the Rising Issue of ‘Particular Market Situation’”, *The Chinese Journal of Global Governance*(2016).

② Council Regulation (EC) No. 1225/2009 of 30 November 2009 on protection against dumped imports from countries not members of the European Community(codified version), Official Journal of the European Union, L Series, No. 343 (22 December 2009), pp. 51 – 73, and corrigendum thereto, L Series, No. 7(12 January 2010), pp. 22 – 23.

③ Panel Report, EU-Biodiesel, para. 3. 1. a. i.

正常价值时使用阿根廷国内生产成本作为依据。

上诉机构的报告最终没有支持阿根廷在第一层面的诉求(as such claim),原因是阿根廷未能满足其作为原告所担负的举证责任,而非对涉案《一般条例》相关条款的法律解释。因此,本文将跳过该部分,重点分析上诉机构在阿根廷第二层诉求(as applied claim)中对《反倾销协定》第2.2.1.1条的法律解释。

(二)阿根廷的"As Applied"之诉:对替代国法适用的限制

专家组支持了阿根廷的诉求,裁定欧盟所谓"人为偏低"和"市场扭曲"的理由,并不能为拒绝使用阿根廷出口商的成本记录提供足够的法律支持。专家组认为,《反倾销协定》第2.2.1.1条仅关于接受反倾销调查的出口商的成本记录是否"准确且值得信赖"地反映了涉案产品的实际成本,而不是关于该项记录本身是否"合理"。[①] 专家组因此认定,反倾销价格比对的目的,是确定能够反映涉案产品实际成本,而不是合理反映欧盟主观假想的"合理"成本,即没有所谓"国家干预"下的成本。

上诉阶段,欧盟不同意专家组认为《反倾销协定》第2.2.1.1条并不要求对成本本身合理性进行分析的观点。在欧盟看来,第2.2.1.1条本身赋予了反倾销调查机关自由裁量权,并在认为涉案出口商保留的成本记录本身"不合理"时可以拒绝使用。[②]

上诉机构再次驳回欧盟的观点,认定《反倾销协定》第2.2.1.1条仅仅要求涉案出口商保留的成本记录能够"合适并足够"反映涉案产品实际的成本。[③] 在反驳欧盟提出"若要'合理'反映实际产生成本,则成本记录本身必须'合理'"的观点时,上诉机构回应这一论点在《反倾销协定》第2.2.1.1条中并无依据。换句话说,在《反倾销协定》第2.2.1.1条下,只要相关记录"真实"反映涉案产品成本即可,而并没有另一个抽象的"合理"标准来限定该记录本身。

作为进一步解释,上诉机构认定《反倾销协定》第2.2.1.1条包含对"管理、销售和一般成本"的"合理"标准并不意味着该条款要求"成本"本身"合理"。原

---

① See Panel Report, EU-Biodiesel, para. 7.247.

② See European Union's appellant's submission, paras. 84, 87–92, 95, 105–107, 110–111, 126–127, 131, 133, 135, 137–138, 153, 159–160, and 210–211.

③ See Appellate Body Report, EU-Biodiesel, para. 287.

因很简单：该条款的副词仅仅形容“反映”这个动词，而非“成本”这个名词。因此，《反倾销协定》第 2.2.1.1 条并不赋予欧盟反倾销调查机关自由裁量权通过所谓的“合理性”标准来主观判断阿根廷出口商本身保留的成本记录本身是否“合理”。

五、结　论

如前文所述，“欧盟—生物柴油案”是 WTO 争端解决机构第一次清晰地判定所谓“国家干预”“市场扭曲”，并不构成《反倾销协定》第 2.2 条项下使用“替代国法”或“成本调整法”的根据。上诉机构同意专家组的裁决，认定《反倾销协定》第 2.2.1.1 条并不允许对出口商保留的成本记录本身进行“合理性”分析，而只要求该成本记录能够真实地根据出口成员方内国公认会计准则真实反映涉案产品成本即可。

“欧盟—生物柴油案”对中国尤其具有启示意义，因为本案展示了欧盟在 2016 年之后可能的对华反倾销模式。需要关注的是，本案涉案措施是在 2002 年欧盟认可俄罗斯联邦市场经济地位时修订的。因此，本案涉案措施在很大程度上展示了欧盟在万不得已承认中国市场经济地位后，可能会以何种形式对中国进行反倾销调查。

从这一角度来看，该案给欧盟在《反倾销协定》第 2.2 条下寻求滥用“替代国方法”或“成本调整法”的做法，施加了极大限制。这也说明了欧盟企图利用《反倾销协定》制裁所谓“由于国家干预形成的价格扭曲”是不符合 WTO 规则的。因此，无论最终欧盟将披着何种“新方法”的外衣继续对中国商品使用替代国方法，在正常价值的确定范畴内，欧盟都有义务优先使用中国国内出口商所保留的成本记录。至此，考虑到使欧盟现行“替代国法”死灰复燃的法律途径有限且门槛很高，我国在必要时须毫不犹豫地诉诸 WTO 争端解决机制，维护自己的合法权益。

• 贸大法学院学生法律沙龙综述

第 6 ~8 期沙龙综述

罗　莎*

一、第 6 期沙龙综述
——“婚姻法中夫妻共同债务问题”

离婚案件中，经常涉及夫妻共同债务的认定问题。最高人民法院在 2013 年时出台《关于适用〈中华人民共和国婚姻法〉若干问题的解释（二）》，该司法解释的出发点是为了保护债权人，主要针对的是实践中以夫妻一方不知情为由抗辩债权人，通过离婚恶意转移财产给另一方，借以逃避债务的情形。但其在实践中出现了很大争议，反对者认为该条规定过分保护债权人利益，而损害了未举债配偶的财产利益，夫妻一方利用此条串通勾结第三方，损害另一方利益的情况屡屡发生，与其立法初衷相悖。2017 年年初，一系列与此条司法解释相关的争议案件在微信朋友圈、网络媒体中广泛传播，引起了整个社会的高度关注。最高人民法院于 2017 年 2 月 28 日公布《关于适用〈中华人民共和国婚姻法〉若干问题的解释（二）的补充规定》，对上述规定进行了一定程度上的完善。

2017 年 3 月 31 日，对外经济贸易大学法学院和《贸大法律评论》编委会组织了“贸大法学院学生法律沙龙”之“婚姻法中夫妻共同债务问题”主题研习活动。本次活动的发言人有 2016 级硕士研究生吕振坤和陈伟，本科生乔鹏华和冀佳琦。

法学院 2016 级民商法专业硕士研究生吕振坤认为，婚姻关系存续期间个人借款是否为夫妻共同债务的认定，涉及对债权人以及配偶间的利益平衡。应该明确婚姻关系中夫妻债务清偿时遵循的一般逻辑，并辅之以特殊情况，方能平衡

---

* 对外经济贸易大学法学院 2016 级硕士研究生。

债权人保护与婚姻当事人保护之间的冲突。首先,夫妻债务清偿问题与普通债务清偿问题之间最大的区别在于夫妻关系。对于"用于夫妻共同生活"的目的,应该具体考虑是为了维系婚姻关系存续,还是为了夫妻生活质量。其次,应考虑夫妻一方是被迫举债还是主动举债。再次,应考虑债权人放贷情况。放贷本身就存在一定风险,故债权人应提高风险防范意识,对于恶意放贷造成的损失,债权人自己也应承担一定的后果。最后,辅之以例外情况的特殊规定。如最高人民法院《关于适用〈中华人民共和国婚姻法〉若干问题的解释(二)》第24条新增的两款规定,即司法审判的原则应为:法理与情理相结合,债权人与夫妻当事人利益相平衡。

法学院2016级国际法专业硕士研究生陈伟,从婚姻关系对债权相对性的突破与保留出发,认为由于夫妻共同生活的特征,债权人可以突破债权的相对性要求夫妻另一方承担偿还债务的连带责任,与其共同承担夫妻举债一方将借款用于非夫妻共同生活的风险。夫妻另一方不应为一方借款用于非夫妻共同生活承担连带责任,因为夫妻共同生活是债权人突破债权相对性的法理依据。基于夫妻共同生活的复杂性,借款是否用于夫妻共同生活的举证,对于债权人和非举债夫妻一方都是巨大的难题,平衡双方的利益,主要体现在双方在是否用于夫妻共同生活举证责任的平衡上。

二、第7期沙龙综述
——"于欢故意伤害案中的法律问题"

2016年4月于欢因与杜志浩等人欠款纠纷将催债者捅伤,此案经《南方周末》等多家媒体以及网络自媒体报道,冠以"杀死辱母者"的噱头,引起巨大反响和争议。有的捍卫法官判决,并阐述其法理依据;有的质疑法官在此案中的定罪量刑;有的对引发本案的导火索即催债行为及行业进行反思;也有针对于欢的行为进行情理与法律的讨论。据报道,最高人民检察院近日已经派员调查"于欢故意伤害"一案,对事实和证据进行全面审查。尽管此案在程序上并未终结,案情事实与细节有待进一步确认,但其中反映出来的问题值得认真讨论与分析。

2017年4月21日,由对外经济贸易大学法学院、《贸大法律评论》编委会组织的"贸大法学院学生法律沙龙"之"于欢故意伤害案中的法律问题"主题研习活动成功举办。本次沙龙的发言人为法学院 2016 级硕士研究生翟月和陈伟、本科生郑少杰、王好好和孙碧霞。

法学院 2016 级国际法专业硕士研究生翟月以本次沙龙的案例为视角,对正当防卫行为进行了比较法的分析。翟月分析了我国刑法历史沿革中对于正当防卫的态度和国外正当防卫的相关理论,她认为正当防卫理论在英美法系和大陆法系项下的定义存在诸多差异,如防卫的时间、防卫的限度、不法侵害的判断等问题。其中一个争议点在于对第三人正当防卫行为的认定问题。我国现有法律多规定受侵害者的正当防卫行为,而对于第三人正当防卫行为的认定问题规定得仍不够具体详细。在不法侵害人的侵害行为并未正在发生,于欢作为杜志浩不法侵害行为的非直接受害者,其行为是否可以定义为正当防卫行为是本案中值得深思的问题。

法学院 2015 级本科生孙碧霞主要关注在类似案件中我国司法公信力的构建,她认为司法公信力实质上是民意与司法权运作两方共同决定的,那么决定司法公信力高低的核心要素也必然同时受这两个方面影响。然而,根据司法权独立行使的原则和以法律为准绳裁判的基本原则,真正达到司法裁判令人信服还是应该以司法权的运行为基础,同时将民意需要纳入考虑,从而达到司法公信力的实现。

法学院 2015 级本科生王好好从非法经营罪管制高利贷行为合理性入手,对非法经营罪的扩大适用而使高利贷司法入罪的理论,在支持刑法入罪的观点及在刑法学界普遍流行的观点进行合理性分析。通过对最高人民法院《关于审理民间借贷案件适用办法若干规定》《非法金融机构和非法金融业务活动取缔办法》的相关条文规定进行梳理,认为高利贷不符合非法经营罪的构成要件,同时对非法经营罪作为刑法兜底性条款的适用范围以及刑法在我国法律体系当中的地位进行分析,认为高利贷不应司法入罪。

三、第 8 期沙龙综述

——“美联航暴力驱逐乘客事件的法律问题探析”

据新华社报道,2017 年 4 月 9 日傍晚,美国联合航空公司(United Airlines,以下简称美联航)3411 航班因特殊安排要求乘客自愿改乘其他航班,让座给该航空公司的工作人员。一名亚裔乘客因拒绝配合,而被芝加哥机场 3 名航空安全员强行带离座位,致其嘴部受伤流血,并且使包括该名乘客在内的多人受到精神刺激。事件的发生经过被一名机上乘客用手机拍摄下来,并传至社交媒体上,引起海内外广泛关注。虽然美联航这次并非超售,但航空公司超售属于行业惯例,其作为航空公司内部收益管理机制的合理性和规范性引起了广泛质疑。除此之外,芝加哥机场安全员的暴力驱逐行为也引起了很大争议,其蕴含的风险和问题具有普遍性。

2017年5月26日,由对外经济贸易大学法学院、《贸大法律评论》编委会组织了"贸大法学院学生法律沙龙"之"美联航暴力驱逐乘客事件的法律问题探析"主题研习活动。本次活动的发言人,为法学院2016级硕士研究生范晓讷和翟月,本科生李明哲和庄抒翔。

法学院2015级本科生李明哲以机票超售行为的合理性与合法性角度出发,剖析了机票超售的法律性质。他认为,在中国的航空语境下,对于超售行为没有明确的规定,故而不能说中国认可超售机票这种营销模式。但超售行为有其一定的合理性和合法性。法学院2016级国际法专业硕士研究生范晓讷在认可李明哲观点的基础上,分析了国内外航班超售的立法现状,研究了美国和欧盟现行航班超售的法律规定。她认为,已经有学者对于如何建立超售的合规性流程作了科学的分析,政府主管部门可以把整套解决机制通过立法确立下来,明确中国民航总局和中国航空运输协会的监管主体地位并建立监管体系,以此来引导航空承运者制订合法的合同条款和符合航空运输特点的运输条件。此外,航空公司应当制定合理的超售率、确保超售通知的及时性、完善事后补救机制,并成立专门的处理小组,加强行业监管力度。通过规范航空公司的管理和授权行业监管部门监管,可以有效地确保超售规则的运行。这样,法规的可执行性也会随之大大提高。

法学院2016级国际法专业硕士研究生翟月从民用航空器人身损害纠纷的国际私法解决入手,认为美联航声称该暴力事件由于超售机票导致,应适用合同中关于机票超售部分条款,但事实显示美联航当时并没有超售机票行为,该名乘客也不存在为美联航员工让渡自身合法权利的义务,其暴力驱逐行为构成对违反了联邦法规。虽然该事件主体并非中国公民,但该事件的解决方案仍具有借鉴意义。《中华人民共和国民用航空法》以及对《蒙特利尔公约》的适用都将最大限度地保障我国公民权益。同时,航空公司也应根据诚实信用原则,恪守对乘客的承诺,最大限度保障消费者权益。中国航空公司应以此案件为警戒。

第9~10期沙龙综述

韦子娟*

一、第9期沙龙综述

——“陕西榆林产妇跳楼事件”的法律问题探析

2017年8月31日20时左右,陕西榆林市第一医院绥德院区住院部5楼,一名待产孕妇从楼上坠下身亡。榆林市第一医院绥德院区发表声明称:“经检查发现胎儿头部偏大,阴道分娩难产风险比较大,医护人员曾向产妇、家属说明情况,并建议剖宫产,然而家属坚持顺产,并在《产妇住院知情同意书》上签字。17时50分,产妇向医护人员提出剖腹产的要求,医护人员征求家属意见时,家属拒绝剖腹产手术。”医护人员两次建议家属剖腹产,但家属仍坚持顺产。20时左右,待产妇从5楼分娩中心坠下,抢救无效身亡。对于榆林市第一医院绥德院区的声明,产妇马某的丈夫延某不认可,表示自己曾要求医生对妻子进行剖腹产但被拒绝。9月6日,产妇马某的丈夫、母亲和婆婆三人第一次一起接受采访,回应质疑,表示产妇死亡责任在于院方。

此案虽是极端情形,事情的真相也尚处查证中,但其蕴含的风险却具有普遍性:涉及病人是否可以完全自主行使自己的权利,医疗机构施行手术、特殊检查或者特殊治疗时必须由病人家属或关系人同意签字这一规定是否合理合法,以及医院应尽到何种义务的看护责任等各种问题。2017年9月28日,对外经济贸易大学法学院、《贸大法律评论》编委会组织了“贸大法学院学生法律沙龙”之“陕西榆林产妇跳楼事件”主题研讨活动。本次活动的发言人有对外经济贸易大

* 对外经济贸易大学法学院2016级博士研究生。

学法学院2015级本科生张月寒和2017级研究生张艺萱、黄紫玉、孙凌晨4位同学。

法学院2015级本科生张月寒旨在厘清医、患、亲三方在患者诊疗过程中所形成的三角关系,从三方关系、决定权来源角度明晰三者决定权的顺次,提出在三方决定何方居本位这一问题上,应以患者利益最大化为原则。张月寒认为,《医疗机构管理条例》存在规定不明,难以适用的问题。其第33条规定看上去对情况进行分类讨论,具有一定的合理性,但在理论与实践上都存在较大问题。其第1款的立法态度表明患者与其家属、关系人有同等的决定权。该项规定不仅与上位法相违背,为医疗纠纷的发生埋下了隐患,更背离了知情同意权产生的基础。知情同意权所扎根的基础,追本溯源,其来源于患者的基本人权——生命权、身体权与健康权。根本上而言,家属并不拥有知情同意权,其知情同意权是对患者权利的"分享",来源于患者的委托授权、代理,家属可称为"行为辅助人"。并且,从患者利益最大化的角度思考,只有患者会真正为自身利益考虑,无论关系多么紧密,都无法排除家属同意所面临的极端道德风险。故而不可过高设定亲属的决定地位,在患者有清晰意识以及识别能力的情况下,应当获取其知情同意。

法学院2017级经济法专业硕士黄紫玉认为,如榆林产妇坠楼事件中所显示,经本人或亲属《知情同意书》往往是医疗纠纷中的焦点之一。但仅根据《医疗机构管理条例》第33条之规定,同意书的效力应包含"授权"之意思,且授权主体须为患者及其家属,此条规定并没有对医院的责任进行无限免责。根据《中华人民共和国合同法》第53条和《中华人民共和国侵权责任法》(以下简称《侵权责任法》)的第54条之规定,只要院方或其工作人员存在故意或过失且造成了一定的损害结果,则院方是需要负责的。所以,同意书是一种保障患者及其亲属知情权、选择权的通知书,是患者及其亲属对医院的治疗行为进行的确认和授权书。但不是对医院的免责书,也不是医院和患者之间的生死状。

法学院2017级经济法专业硕士张艺萱主要关注了《侵权责任法》对手术签字制度的修改。虽然在立法位阶上《侵权责任法》是上位法,实践中各大医疗机构仍然沿用了之前《医疗机构管理条例》的签字制度,不能直接适用更尊重患者决定权的规定。为了避免不必要的医疗纠纷,医疗机构更愿意选择不实施相应的医疗措施。虽然《侵权责任法》立法初衷是保障信息不对等的患者权利得到最大救济,但实践中确实束缚了医生的手脚而使其不敢采取相对主动和积极的治疗措施,唯恐出错。

法学院2017级国际法专业硕士孙凌晨参照美国判例法对此问题进行了比较研究。她指出,由于"知情同意"理论源自于国外,因此,各国在该领域都有相应的立法,尤其在《纽伦堡法典》明确提出知情同意的概念之后,更多的国际组织及国家和地区都通过立法对患者知情同意权加以保护。同时,孙凌晨就美国"坎特伯雷诉斯彭斯案"(Canterbury v. Spence)和"米勒诉罗德岛医院案"(Miller v. Rhode Island)中法律法规的引用与解读进行分析,并与《医疗机构管理条例》第33条进行比较,总结出值得注意的要点,对患者知情同意制度和医师的特殊干涉权进行探讨。

二、第10期沙龙综述
——取得国家统一法律职业资格是否有必要设置学位及专业条件

2015年12月20日,中共中央办公厅、国务院办公厅印发《关于完善国家统一法律职业资格制度的意见》(以下简称《意见》)。《意见》贯彻落实党的十八大和十八届三中、四中全会精神,提出了完善国家统一法律职业资格制度的目标任务和重要举措。《意见》分别从思想政治、专业学历条件和取得法律职业资格等三个方面,明确了法律职业的准入条件。与《中华人民共和国司法部:2017年国家司法考试公告》规定的2017年国家司法考试报名条件对比可以看出:司法考试报名条件与取得法律职业资格的条件存在较大差异,取得法律职业资格的门槛远高于考试报名门槛。而这一规定也引起了广泛的关注并引发了激烈的讨论,目前对取得国家统一法律职业资格是否有必要设置学位及专业条件存在两种截然不同的看法。

对此,2017年11月3日对外经济贸易大学法学院、《贸大法律评论》编委会组织了"贸大法学院学生法律沙龙"之"取得国家统一法律职业资格是否有必要设置学位及专业条件"主题研讨活动。本次活动的发言人有对外经济贸易大学法学院2015级本科生支奕斐和2017级研究生王晓雯、黄紫玉三位同学。

法学院2015级本科生支奕斐参考了国外司法考试改革的经验,认为日本与我国同属大陆法系国家,具有与我国较相似的司法考试改革背景,司法考试和法学教育脱节,考试次数不限,通过率相对低。根据日本的新司法考试制度,要求报考司法考试需具有研究生的学历,之后还要参加司法考试预备考试合格才可以报名司法考试。同样地,德国要求在大学至少接受3.5年正规法学教育,才可参加第一次国家司法考试。美国取得法学硕士学位或法学博士学位后,才能参加律师考试。相较这些法律制度较完备、法学教育相对成熟的国家而言,我国的法律职业资格考试的报考条件仍较低。从其他国家的经验来看,这些高门槛报考限制条件可以很好地优化从业人员的素质和质量,有利于提高国家的法治化水平。因此,我国现今的国家统一法律职业资格考试改革符合我国法治建设需要,适应了社会的发展和进步。但是,目前的司法考试改革仍在很大程度上存在有待优化的空间,需要随着我国改革的历史进程与社会发展程度进一步深化。

法学院2017级经济法专业硕士黄紫玉分析了取得国家统一法律职业资格设置学位专业条件的必要性。一是由于曾经报名资格过低的未限制学位专业的时期有其历史特殊性和客观性,已经对人才选拔造成了很大的干扰,甚至造成了许多司法乱象。随着党的十八届四中全会和十九大的召开,目前我国对“全面依法治国”的要求日益严苛。二是法律行业有其重要的特殊性,法学关乎整个社会公平正义、法治建设应当且必须对报考人员的专业、学历加以十分具体的限制。三是行政法务人员法律素养的提高已经迫在眉睫。我国行政机关法务工作者的素质远远不及公检法单位。相对低门槛进入法律圈工作的行政法务人员的水平参差不齐,且大部分法律功底有限,失误或误判将对政府公信力及法律权威产生负面影响。加强了对取得国家统一法律职业资格考试的考生的专业限制,无疑可以大大提高我国行政法务工作者的法律素养,长远看来,对提高民众对司法执法的信任程度、行政执法的公平公正性以及促进我国整体法治建设都有很大的推动作用。

法学院2017级法律专业硕士王晓雯对取得国家统一法律职业资格设置学位及专业条件表示赞成。她指出,虽然此项规定在一定程度上损害了部分群体(非法本科生)的利益,但从全局、长远来看,不可否认其对于提升我国法律职业整体水平和塑造法律职业共同体发挥积极作用。设置学位及专业条件,确立了

“法学教育”的重要性与必要性，能够促使法学教育更适应法律职业的从业要求，同时有利于增强法学专业的吸引力，改善法学本科毕业生就业形势。实施国家统一法律资格制度对推进依法治国方略的落实具有积极作用，可进一步提升我国法律职业整体素养，塑造优秀的法律共同体。

图书在版编目(CIP)数据

贸大法律评论. 第2卷, 2017 / 石静霞主编. -- 北京 : 法律出版社, 2017
ISBN 978-7-5197-1884-8

Ⅰ. ①贸… Ⅱ. ①石… Ⅲ. ①法律-文集 Ⅳ. ①D9-53

中国版本图书馆CIP数据核字(2017)第325815号

贸大法律评论(第2卷·2017)
MAODA FALÜ PINGLUN (DI 2 JUAN · 2017)

石静霞 主编

策划编辑 陈 妮
责任编辑 陈 妮
装帧设计 李 瞻

出版 法律出版社
总发行 中国法律图书有限公司
经销 新华书店
印刷 北京虎彩文化传播有限公司
责任校对 马 丽
责任印制 吕亚莉

编辑统筹 财经出版分社
开本 720毫米×960毫米 1/16
印张 17.25
字数 270千
版本 2017年12月第1版
印次 2017年12月第1次印刷

法律出版社/北京市丰台区莲花池西里7号(100073)
网址/www.lawpress.com.cn
投稿邮箱/info@lawpress.com.cn
举报维权邮箱/jbwq@lawpress.com.cn
销售热线/010-63939792
咨询电话/010-63939796

中国法律图书有限公司/北京市丰台区莲花池西里7号(100073)
全国各地中法图分、子公司销售电话:
统一销售客服/400-660-6393
第一法律书店/010-63939781/9782
西安分公司/029-85330678
重庆分公司/023-67453036
上海分公司/021-62071639/1636
深圳分公司/0755-83072995

书号:ISBN 978-7-5197-1884-8
定价:60.00元